ADAC
Reiseführer

New York

Von Christine Metzger
mit Fotos von Christian Heeb

EIN
ADAC
BUCH

Inhalt

Hoch oben auf dem Empire State Building heißt es, den Überblick bewahren

Allein unter Fenstern: Turm des Helmsley Building in Midtown

Tierisch gut: Thanksgiving Day Parade

Inhalt

Pause von den Pedalen im Central Park

Gesamtkunstwerk Guggenheim Museum

Karten und Pläne

Dies und Das

Goldfinger-Gemütlichkeit: Trump Tower

New York aktuell A bis Z

Jazz und Soul sind in Harlem zu Hause

Sprachführer

I love N. Y.

Gibt es etwas, was es in New York nicht gibt? Nein, sagen sowohl eingefleischte New Yorker als auch begeisterte Liebhaber dieser Stadt und schwärmen von Theatern, Museen und Restaurants, von ausgefallenen Geschäften und avantgardistischen Gebäuden. In New York, sagen sie, gibt es alles, und alles im **Superlativ**, vom Besten bis zum Schlechtesten, das Teuersten ebenso wie das Schäbigste. New York ist voller Gegensätze, aufregend und anregend, faszinierend und erschreckend, schlicht: »eine wunderbare Katastrophe« (Le Corbusier).

Sollte Ihnen nun, und das mag ja vorkommen, während Ihres Aufenthalts etwas auffallen, was es in dieser Stadt doch nicht gibt, so hat es gar keinen Sinn, sich mit dem eingefleischten New Yorker oder dem begeisterten Liebhaber der Stadt auf Diskussionen einzulassen. Wagten Sie es zum Beispiel anzufügen, Sie hätten ein Stadtzentrum vermisst, einen Knotenpunkt, wie Sie ihn von europäischen Städten her kennen, bekämen Sie sicher eine sehr ungehaltene Antwort: *Ein* Zentrum!? New York hat Hunderte! Jeder **Stadtteil** hat seine Kristallisationspunkte, jede Volks- und Interessengruppe ihre Zentren – die Juden und die Chinesen, die Bewohner SoHos und die der Upper West Side, die Börsianer, die Studenten, die Politiker, die Schwulen, die Künstler, die Multimillionäre und

die Obdachlosen. Acht Millionen Menschen, acht Millionen unterschiedliche Bedürfnisse und Interessen – wo kämen wir da hin mit *einem* Zentrum?

Dem lässt sich nichts entgegensetzen. Nehmen wir es also zur Kenntnis: New York hat kein Zentrum. Oder besser, es hat kein Zentrum mehr. Denn als die Stadt jung war, als sie sich langsam ausbreitete auf der Insel Manhattan, folgte sie sehr wohl dem Vorbild europäischer Städte. Da gruppierten sich Häuser, Kontore, Schulen und Theater um die Kirche und das Fort, da drängten sich die Menschen südlich des Schutzwalls – der heutigen Wall Street. Später, als die Kolonien das britische Joch abgeschüttelt hatten, es wirtschaftlich bergauf ging und die Stadt expandierte, verlagerte sich das Stadtzentrum etwas weiter nach Norden: Anfang des 19. Jh. spielte sich das *öffentliche Leben* auf der Insel Manhattan ab, nach **Greenwich Village** fuhr man zur

Mit Frau Luna um die Wette strahlen: Zwillingstürme des World Trade Centers und einer der vier Türme des World Financial Center bei Nacht

Auftakt

Sommerfrische. Die damals errichtete City Hall steht noch heute an derselben Stelle und erfüllt – eingebunden in das moderne **Civic Center** – seine Funktion als Rathaus. Die wirtschaftlichen, politischen und kulturellen Aktivitäten konzentrieren sich längst auf eigene, voneinander unabhängige Zentren. Wie sehr und wie ausschließlich bestimmte Stadtviertel bestimmte Funktionen erfüllen, kann man daran erkennen, dass zum Beispiel die Gegend um **Wall Street** an den Wochenenden zu vollkommener Leblosigkeit erstarrt. Auch **Midtown** leert sich an arbeitsfreien Tagen. **SoHo** hingegen erwacht dann zum Leben, und der **Central Park** zeigt sich als große Bühne, auf der Sportler, Familien, Akteure und Selbstdarsteller ihren Auftritt haben.

Nicht nur Arbeits- und Freizeitbereich sind in Manhattan streng getrennt, auch die einzelnen **Wohnviertel** haben ihren ganz eigenen Charakter, wobei sich in jedem dieser Viertel wiederum ein eigenes Zentrum gebildet hat. Die Entstehung und Verwandlung der New Yorker ›neighborhoods‹ gehört mit zu den spannendsten Kapiteln der Geschichte der Stadt. Bei der Behandlung der verschiedenen *Sehenswürdigkeiten* wird daher in diesem Buch auch immer auf die **Sozialgeschichte** des entsprechenden Viertels eingegangen. Geschichten zur Geschichte finden Sie dort erzählt, wo sie passiert sind: Wenn Sie sich zum Beispiel für die Entwicklung der deutschen Gemeinde

Oben: *Musik- und Naturerlebnis bei einem sommerlichen Open-Air-Konzert im Central Park*

Unten: *Meisterwerke der Kunst können im Metropolitan Museum bewundert werden*

Unten rechts: *Mammon beschäftigt die Spekulationskünstler an der Börse*

New Yorks interessieren, können Sie un-
ter dem Punkt *Lower East Side Tenement
Museum* [Nr. 30] Genaueres nachlesen.
Das anhängende Stichwortregister führt
Sie zu den entsprechenden Punkten.

Die **Gliederung des Buches** musste
aufgrund der Tatsache, dass es in Manhattan eben nicht das *eine* Zentrum

gibt – den Nukleus, von dem man aus-
schwärmt, um die Stadt zu erobern –, anders als sonst in dieser Reihe üblich aufgebaut werden. Wir entschlossen uns für
eine Darstellung der Sehenswürdigkeiten
von *Süden* nach *Norden*. Damit folgen
wir dem historischen Ablauf der Stadt-
entwicklung, da New Yorks Geschichte

Oben: *Zweierlei Maß – vor den hoch aufragenden Doppeltürmen des World Trade Center nimmt sich Pier 17 puppenstubenklein aus*

Links: *Einst stand die Überfahrt von Ellis Island nach Manhattan am Ziel vieler Träume, heute ist sie ein beliebtes Touristenvergnügen*

Oben rechts: *Geldbesessenheit – Trump Tower an der Fifth Avenue*

Unten rechts: *Lichtblick – Lämpchenbäume vor dem legendären Restaurant ›Tavern on the Green‹ im Central Park*

an der Südspitze der Insel Manhattan beginnt. Bei den vielen Attraktionen, die New York bietet, musste notgedrungen eine Wertung vorgenommen werden, die natürlich subjektive Züge trägt.

In der Fülle des Angebots liegt es auch begründet, dass die *anderen Stadtteile*, die zu New York gehören, nur marginal behandelt werden. Neben dem, was Manhattan zu bieten hat, verblassen die Sehenswürdigkeiten von Brooklyn, der Bronx, Queens und Staten Island. Wer nach New York fährt, will das **Empire State Building** sehen, die großartigen architektonischen Zeugnisse der Moderne

kennenlernen, über die **Fifth Avenue** bummeln und die Lichter des **Broadway** genießen.

Wer New York sagt, meint **Manhattan** – und insofern ist es gar nicht so abwegig, mit dem Gedanken zu spielen, dass New York vielleicht doch *ein* Zentrum haben könnte, ein Zentrum, in dem 1,5 Millionen Menschen leben und noch einmal so viele arbeiten, einen Mittelpunkt, der so groß ist wie manch eine europäische Stadt – vielschichtig, interessant und aufregend wie nur ein Ort auf der Welt: Manhattan. Diesen Großstadt-Dschungel muss man verkraften können. Doch das Abenteuer lohnt sich!

Oben: *Einmal im Jahr zur Schönen der Nacht werden – Kostümfest an Halloween*

Links: *Im Juli 2000 versammelten sich Tausende von Segelschiffen um die ›Lady Liberty‹ und formierten sich anlässlich der offiziellen Millenniumsfeiern der Stadt New York zur größten Schiffsparade der Welt*

Rechts: *Himmlische Hausblicke – die Grand Army Plaza in Manhattan, von unten betrachtet*

Der Reiseführer

Dieser Band stellt New York in *sechs Kapiteln* vor. Von der Südspitze Manhattans geht es in den Norden der Insel. **Stadtpläne** und **Metrokarte** erleichtern die Orientierung. Besondere Empfehlungen zu Hotels, Restaurants, Aussichtspunkten etc. bieten die **Top Tipps**. An Kurzurlauber wendet sich die Rubrik **1 Tag/1 Wochenende**. Nützliches von A bis Z präsentiert der **Aktuelle Teil**, z. B. Informationen vor Reiseantritt, Einkaufen, Essen und Trinken, Öffnungszeiten der Museen und Stadtbesichtigung. Ein **Sprachführer** hilft Reisenden bei ihrem Aufenthalt in ›Big Apple‹.

*Giovanni da Verrazano (1485–1525),
europäischer Entdecker von Manhattan*

1524 Giovanni da Verrazano, ein Florentiner Seefahrer in französischen Diensten, entdeckt die New York Bay, Manhattan und den Fluss, den man später Hudson nennen wird.

1609 Henry Hudson sucht für die niederländische Ostindien-Kompanie die Ost-West-Passage nach Indien. Er segelt den Hudson River hinauf, der seitdem seinen Namen trägt.

1613 Auf Hudsons Spuren wandelt der Niederländer Adriaen Block. Sein Schiff brennt aus, und er muss auf der Insel Manhattan überwintern. Eine Karte aus seiner Feder verzeichnet bereits den Namen ›Nieuw Nederland‹; es ist die erste Karte, die Manhattan und Long Island als getrennte Inseln zeigt.

1624 Etwa 30 Familien, hauptsächlich Wallonen, verlassen Amsterdam, um den Atlantik zu überqueren. Sie landen in der New York Bay, doch bleiben dort nur wenige der Passagiere. Sie lassen sich auf der später Governor's Island genannten Insel nieder. Belegt ist es nicht, aber man nimmt an, dass auch einige auf die Insel Manhattan zogen.

1626 Peter Minuit aus Wesel am Rhein landet mit neuen Siedlern, die im Laufe des Sommers etwa 30 Häuser auf der Insel Manhattan bauen. Er kauft den Indianern die Insel für 60 Gulden ab und holt einige der Wallonen, die 1624 die New York Bay auf der Suche nach anderen Siedlungsorten verlassen hatten, wieder zurück. Der entstehende kleine Ort an der Südspitze der Insel erhält den Namen Nieuw Amsterdam.

1638 Willem Kieft wird als neuer Gouverneur bestellt. Seine Amtszeit dauert bis 1647. In dieser Zeit kommt es zu ernsten Zusammenstößen mit den Indianern.

1647 Peter Stuyvesant löst Kieft ab und versucht, Ordnung in die recht verwahrloste Stadt zu bringen. Seine erste Amtshandlung ist es, die Sperrstunde für Wirtshäuser auf 21 Uhr zu legen. Außerdem lässt er den Schutzwall bauen, aus dem später Wall Street wird.

1654 Die ersten Juden kommen aus Curaçao nach New York. 1685 erhalten sie das Recht, öffentliche Gottesdienste abzuhalten.

1655 Das erste Sklavenschiff landet, direkt aus Afrika. Erneute Auseinandersetzungen mit den Indianern.

1664 Im ersten Jahr des englisch-holländischen Seekriegs muss Stuyvesant die Stadt kampflos den Engländern überlassen. Nieuw Amsterdam wird umgetauft und nach dem Herzog von York benannt. 1673 gewinnen die Holländer New York für kurze Zeit zurück, müssen die Stadt aber bereits 1674 wieder an die Briten abteten.

1690 New York zählt 3900 Einwohner und ist damit nach Boston und Philadelphia die drittgrößte Stadt Nordamerikas.

1693 William Bradford richtet die erste Druckerei der Stadt ein. 1725 gibt er die erste Zeitung New Yorks heraus, die ›New York Gazette‹.

1712 Sklavenaufstand: Acht Weiße werden getötet, 19 Schwarze hingerichtet.

1750 In der Nassau Street öffnet das erste Theater seine Pforten.

1754 Das King's College – heute Columbia University – wird gegründet.

1765 Nach der Einführung des Stamp Act, der ersten direkten Besteuerung der

Kolonisten durch die Briten, werden die Kolonisten aktiv: In New York findet der Stamp Act Congress statt, der die Aufhebung des Gesetzes fordert. Man beschließt den Boykott aller europäischen Güter. Großbritannien nimmt daraufhin den Stamp Act 1766 zurück, erlässt aber 1767 den Townshend Act, der Glas, Papier, Blei, Farben und Tee mit einer Importsteuer belegt.

1773 Die Boston Tea Party – die Kolonisten werfen 342 Kisten Tee, der zu versteuern gewesen wäre, in den Hafen Bostons – verschärft die Auseinandersetzung zwischen Großbritannien und seinen Kolonien.

1775 Die Kolonisten stellen Truppen auf. Ihr Befehlshaber George Washington schlägt in Greenwich Village sein Hauptquartier auf.

1776 New York ist nach Philadelphia die zweite Stadt, in der die amerikanische Unabhängigkeitserklärung (unterzeichnet am 4. Juli) verlesen wird. Washington verliert die Schlacht von Long Island und muss New York den Briten überlassen. – Große Teile New Yorks werden durch ein Feuer zerstört, zwei Jahre später ereignet sich nochmals eine Brandkatastrophe.

1783 Die britischen Besatzer ziehen sich aus New York zurück.

1788 New York ratifiziert die Verfassung der Vereinigten Staaten.

1789 Am 30. April wird dort, wo heute die Federal Hall steht, George Washington als erster Präsident der Vereinigten Staaten vereidigt. Damit ist New York Bundeshauptstadt.

1790 Philadelphia wird Hauptstadt, New York ist mit 33 000 Einwohnern die zweitgrößte Stadt des Landes.

1792 Unter einer Platane an der Wall Street wird die Börse gegründet.

1797 New York verliert seinen Status als Hauptstadt des Staates New York; Albany im Norden nimmt seine Stelle ein.

1807 Das erste Dampfschiff, die ›Clermont‹, gebaut von Robert Fulton, fährt in 32 Stunden auf dem Hudson von New York nach Albany. Sieben Jahre später richtet Fulton eine Dampffährverbindung zwischen Manhattan und Brooklyn ein.

1811 Eine Kommission legt den Plan vor, die Insel Manhattan mit einem rasterförmigen durchnummerierten Straßennetz zu überziehen.

1820 New York ist mit 124 000 Einwohnern die größte amerikanische Stadt.

1822 Eine im Süden der Insel Manhattan ausgebrochene Gelbfieber-Epidemie ist, zwingt zwei Drittel der Bevölkerung nach Greenwich Village auszuweichen.

1825 Durch die Fertigstellung des Eriekanals, der New York mit den Großen Seen verbindet, erhält der New Yorker Hafen einen enormen Aufschwung. Außerdem werden in Manhattan Leitungen für die ersten Gaslaternen gelegt.

1832 Die erste Pferdebahn New Yorks verkehrt zwischen der Prince Street und der 14. Straße.

1834 Gründung der ersten nationalen Arbeitergewerkschaft, der ›New York General Trades Union‹. Sie kann sich allerdings nur zwei Jahre halten. – Auf der 2., 6. und 8. Avenue nehmen dampfgetriebene Züge den Verkehr auf.

1835 Ein Feuer zerstört fast alles, was vom holländischen New York noch übrig geblieben war. Mehr als 600 Häuser fallen den Flammen zum Opfer. – Erste Ausgabe des ›New York Herald‹.

1840–56 New York, größter Einwandererhafen der USA, registriert 3 Mio. Immigranten. In der Mehrzahl sind es Iren, die ihre Heimat wegen der Kartoffelfäule verlassen, und Deutsche, die nach der missglückten Revolution von 1848 fliehen.

George Washington (1732–1799), erfolgreich als General und als Präsident

Mit großem Pomp wird 1883 die Brooklyn Bridge eingeweiht

1851 Am 18. September halten die New Yorker die erste Nummer der ›New York Times‹ in Händen.

1858 Frederick Law Olmsted und sein Partner Calvert Vaux erhalten den Auftrag, mitten in Manhattan eine Oase zu gestalten, den Central Park.

1861–65 Sezessionskrieg zwischen den Nord- und Südstaaten. New York gehört zum siegreichen Norden.

1872 Geburtsjahr von Bloomingdale's, dem bis heute berühmten Kaufhaus.

1877 Eröffnung des Museum of Natural History.

1880 Das Metropolitan Museum of Art wird eröffnet. – Elektrisches Licht erhellt die Straßen von New York.

1883 Die Brooklyn Bridge zwischen Manhattan und Brooklyn wird eröffnet – Im Metropolitan Opera House findet die erste Vorstellung statt.

1886 Im Hafen weiht Präsident Stephen G. Cleveland die Freiheitsstatue ein.

1891 Eröffnung der Carnegie Hall.

1892 Ellis Island wird zur Aufnahmestelle für Einwanderer – jährlich betreten eine halbe Million Immigranten die USA via New York.

1894 Die jüdische Tageszeitung ›The Forward‹ erscheint erstmalig.

1897 Manhattan, Brooklyn, The Bronx, Queens und Staten Island schließen sich

zu einer Stadt, Greater New York, zusammen. Am 1. Januar 1898 tritt die Charta in Kraft.

1900 New York hat 3,4 Mio. Einwohner. 1930 sind es schon fast 7 Mio.

1902 Der Bau des ersten Wolkenkratzers mit 22 Stockwerken, das Flatiron Building, ist vollendet.

1904 New York geht in den Untergrund: der erste Abschnitt der Subway wird fertiggestellt. Von City Hall kann man unterirdisch die 145. Straße erreichen. – Ein Großteil der in New York ansässigen Deutschen unternimmt einen Schiffsausflug auf der ›General Slocum‹, die während der Fahrt auf dem East River sinkt.

1913 Grand Central Terminal und das Woolworth Building werden fertiggestellt; letzteres ist für einige Zeit das höchste Gebäude der Welt.

1916 Ein Baugesetz verlangt, dass Wolkenkratzer sich nach oben verjüngen, damit sich die Straßen nicht in dunkle Schluchten verwandeln.

1919 Eine Verfassungsänderung verbietet bundesweit Herstellung, Handel, Transport, Ex- und Import alkoholischer Getränke (Prohibition; bis 1933). In New York schießen illegale Kneipen, sog. ›speakeasies‹, aus dem Boden.

1920 Die US-amerikanischen Frauen erhalten das Wahlrecht.

1927 Charles Lindbergh landet nach seinem 33,5-Stunden-Nonstoppflug von

New York in Paris. Die New Yorker veranstalten ihm zu Ehren einen Festzug.

1929 Gründung des Museum of Modern Art. – Schwarzer Freitag, Panik in der Wall Street – mit dem Börsenkrach beginnt die Depression.

1931 In Washington drückt Präsident Herbert C. Hoover auf den Knopf – in Manhattan gehen im Empire State Building die Lichter an, und das lange Jahre höchste Gebäude der Welt ist eröffnet.

1938 Premiere für die Cloisters, das Museum für mittelalterliche Kunst ganz im Norden der Insel Manhattan.

1943 Rassenunruhen in Harlem, nachdem ein weißer Polizist einen Schwarzen erschossen hat.

1945 Ein Flugzeug fliegt gegen das Empire State Building – 14 Tote.

1947 Beginn der Bauarbeiten am UNO-Gebäudekomplex.

1954 Das Ellis Island Immigration Center schließt seine Pforten.

1957 Leonard Bernstein komponiert die ›West Side Story‹.

1959 Nach 16-jährigen Auseinandersetzungen mit den Anrainern wird das Guggenheim Museum eröffnet. Die Stadt erwirbt Grund, auf dem nach und nach das Lincoln Center entsteht.

1963 Der Abriss der Pennsylvania Station (McKim, Mead & White) beginnt. Zwei Jahre später wird eine Denkmalschutzkommission gegründet.

Im Jahr 1919 beginnt die Prohibition;
alkoholische Getränke werden vernichtet

1966 Die Metropolitan Opera im Lincoln Center wird eröffnet.

1970 Bevölkerungsabwanderung; New York verliert in den nächsten zehn Jahren fast eine Million Bürger. – Der erste N. Y. City Marathon findet statt.

1972 Große Unternehmen ziehen ich aus der Metropole zurück, ein Trend, der bis etwa 1976 anhält.

1973 Das World Trade Center wird gebaut: New Yorks höchstes Bauwerk – das Empire State Building ist übertrumpft!

1975 Nur eine staatliche Anleihe rettet die abgewirtschaftete Stadt New York vor dem Bankrott. – Zum ersten Mal in der Geschichte der Metropolitan Opera übernimmt eine Frau, Sara Caldwell, den Dirigenten-Posten.

1976 Amerika feiert 200 Jahre Unabhängigkeit. Im New Yorker Hafen versammeln sich historische Segelschiffe aus aller Welt.

1980 John Lennon wird vor den Dakota Apartments am Central Park erschossen.

1983 Die Konstruktion des Trump Tower steht für den sich abzeichnenden Bauboom in Manhattan.

1987 Wall Street in der Krise: Ein Börsenkrach beunruhigt die Nation und hält die internationale Finanzwelt in Atem.

1989 David Dinkins wird der erste schwarze Bürgermeister der Stadt.

1991 Die Ergebnisse der Volkszählung von 1990 werden veröffentlicht: Zum ersten Mal stellen die Weißen nicht mehr die Mehrheit der Bevölkerung New Yorks. Etwa 100 000 Menschen in der Stadt sind obdachlos.

1993 Bombenanschlag auf das World Trade Center. – Der Republikaner Rudolph Giuliani wird zum 107. Bürgermeister von New York gewählt.

1998 Die Stadt feiert Geburtstag: Greater New York wird 100 Jahre alt.

2000 New York zelebriert die größte Millenniums-Party der Welt. Anfang Juli folgt die Opsail 2000 als größte Schiffsparade der Weltgeschichte.

2001 Nach dem Zensus 2000 zählt New York etwas mehr als 8 Mio. Einwohner. Erstmals leben mehr Hispanier (27 %) als Schwarze (25 %) in der Stadt.

Sehenswürdigkeiten

Von Miss Liberty
über den Finanzdistrikt bis Chinatown

Die **Freiheitsstatue**, liebevoll auch ›Miss Liberty‹ genannt, und ein Wald von Wolkenkratzern bewachen die Südspitze Manhattans. Hier herrscht der Mammon – nicht schnöde, sondern pompös, wie man an den Tempeln des Geldes entlang der **Wall Street** sieht. Auch die Chinesen, einst als verfolgte Minderheit hierher geflohen, opfern ihm und fahren nicht schlecht damit. An die Zeit, als New York noch vom Handel lebte, erinnert *South Street Seaport Historic District*. Später verlagerten sich die Hafen-Aktivitäten auf die Westseite der Insel. Dort wurde auf **Ellis Island** eine Station eingerichtet, die all diejenigen passieren mussten, die in das Land einwandern wollten. Ein Feuer vernichtete im 19. Jh. Großteile der Bausubstanz im Süden Manhattans, so dass heute kaum mehr alte Gebäude zu sehen sind. Städtebauliche Akzente setzen *Brooklyn Bridge*, *World Financial Center* und *World Trade Center*.

Vorhergehende Doppelseite: *Geliebte Glitzerwelt – nächtlicher Blick auf Midtown*

1 Statue of Liberty

Entwurf und Ausführung: Frédéric Auguste Bartholdi; Statik: Gustave Eiffel; Sockel: Richard Morris Hunt; Einweihung 1886; renoviert 1986 von Swanke Hayden Connell.

Millionen Einwanderer ersehnten ihren Anblick: Symbol von Freiheit, Glück und Erfolg in der ›Schönen neuen Welt‹.

Am 28. Oktober 1986 feierte man im New Yorker Hafen den 100. Geburtstag der Freiheitsstatue. Sie, die Millionen von Einwanderern willkommen hieß, war einmal selbst eine Immigrantin und den New Yorkern gar nicht so besonders willkommen gewesen.

Doch gehen wir ganz an den Anfang der Geschichte zurück und damit nach **Frankreich**. Die Statue – ursprünglich

Südspitze Manhattans mit Liberty Island, Insel der Freiheitsstatue, und Ellis Island

hieß sie ›Freiheit, die die Welt erleuchtet‹ – kam nämlich von dort. Die Franzosen wollten durch diese Gabe ihre Begeisterung für die amerikanische Revolution, »die Vollendung der Französischen Revolution jenseits des Atlantik« ausdrücken und ihrer eigenen Regierung, die den liberalen Geist im Lande gerade unterdrückte, symbolisch eins auswischen. Initiator der Aktion war der Rechtswissenschaftler Edouard de Labourlaye. Er schaffte es, die damals gewaltige Summe von 600 000 Francs aufzubringen, so dass die Mordsdame nach dem Entwurf des Bildhauers Frédéric Auguste Bartholdi gegossen, mit Kupfer drapiert und von innen mit einem schmiedeeisernen Gerüst von Gustave Eiffel versehen werden konnte. Dann zerlegte er die 46 m hohe Figur in transportgerechte Einzelteile, verpackte sie in 200 Kisten und schickte sie über den Atlantik.

Im Juni 1885 traf die Statue in New York ein, stieß dort aber keineswegs auf Begeisterung. Die Figur war nämlich ein

Ellis Island – das Tor zur Neuen Welt

Danaergeschenk: New York musste nämlich das **Podest** finanzieren, und das kostete etwa genausoviel wie die Lady selbst. 100 000 Dollar fehlten noch, als Lady Liberty schon im Hafen lag.

Rettung kam von **Joseph Pulitzer**. »Lasst uns nicht erst auf Millionäre warten« – unter dieser Devise startete er einen groß angelegten Spendenaufruf in seiner Zeitung ›The World‹. Jeder, der etwas gab, konnte seinen Namen gedruckt sehen. Pulitzer brachte auf diese Weise nicht nur binnen eines halben Jahres 101 000 Dollar zusammen – fast alles Einzelspenden unter einem Dollar –, er steigerte auch die Auflage seiner Zeitung um ein Vielfaches.

Am 28. Oktober 1886 war es dann so weit: Die ›Freiheit, die die Welt erleuchtet‹ wurde mit Pomp von Präsident Stephen Grover Cleveland enthüllt. Binnen kurzer Zeit war der ursprüngliche Bedeutungsgehalt der Figur seltsamerweise jedoch vergessen. Die Franzosen wollten ein Symbol der Völkerfreundschaft und der gemeinsamen Freiheitsliebe schaffen, und nun wurde daraus die Inkarnation der Freiheit amerikanischer Prägung, das Markenzeichen des **Einwandererstaates** schlechthin. Die ›Freiheit, die die Welt erleuchtet‹, wandelte sich zusehends zur ›Mutter der Exilierten‹, die Einwanderern aus aller Welt mit den seit 1903 im Sockel eingemeißelten Worten begrüßt:

»Bring mir deine Müden, deine Armen, deine zusammengekauerten Massen, die sich nach Freiheit sehnen,
Den erbärmlichen Abfall deiner überfüllten Küsten,
Schick sie mir, die Obdachlosen, vom Sturm Gepeitschten,
Ich erhebe mein Licht neben der goldenen Pforte!«

Dieser »Müden und Armen« wird auch im **Statue of Liberty Museum** gedacht, das im Sockel untergebracht ist. Hier sind Bilder zu sehen, Habseligkeiten aus der Heimat. Schicksale werden sichtbar, Geschichten erzählt von Erfolg und Assimilation. Auch über Entstehung und Bedeutungswandel der Statue kann man sich informieren.

Möchte man der Lady zu Kopf steigen, um durch die Fenster im Strahlenkranz einen Blick auf den Hafen und die Skyline von Manhattan zu werfen, muss man sich in Geduld üben. Oft erst nach stundenlangem Warten führt einen ein Aufzug durch den Sockel. Von dort klettert man über eine Wendeltreppe zum Aussichtssturm.

Öffnungszeiten S. 174

2 Ellis Island

Architekten: Boring & Tilton, 1898;
renoviert 1991 von Beyer Blinder Belle
und Notter Finegold & Alexander.

*Millionen von Einwanderern betraten hier
zum ersten Mal amerikanischen Boden.*

Ein Lob den Museumspädagogen, die an
diesem Projekt beteiligt waren. Hier ist
es gelungen, Geschichte auf spannende
Weise zu präsentieren, Stimmungen ein-
zufangen und dem Betrachter menschliche Schicksale unsentimental nahezu
bringen. 160 Mio. Dollar hat es gekostet, Ellis Island in das **Ellis Island Immigration Museum** zu
verwandeln, und die sind gut investiert.
Das renovierte Gebäude strahlt zwar
noch wie ein Zuckerbäckerschlösschen
aus der Gründerzeit und verbreitet eine
behagliche Atmosphäre, wie sie die **Einwanderer**, die sich der Insel näherten,
bestimmt nicht empfunden haben, aber in
ein paar Jahren wird sich sicher eine gewisse Patina auf das Gemäuer legen.
Mehr als 16 Mio. Menschen sahen der
›Insel der Tränen‹ mit Schrecken entgegen. Denn hier wurde zwischen 1892 und
1924 über das Wohl und Weh aller ein-
wanderungswilligen Zwischendeckspas-
sagiere entschieden, ihr Gesundheitszu-
stand und ihre politische Haltung über-
prüft. Es konnte durchaus passieren, dass
einer den Anforderungen des neuen goldenen Landes nicht entsprach und er wieder nach Hause geschickt wurde – trotz
des lyrischen Pathos, mit dem die eiserne
Lady die »Müden, Armen und Erbärmlichen« dieser Welt rief. Die Realität sah so
aus, dass **Gesetze**, die je nach dem An-
sturm und der politischen Situation im
Lande verändert wurden, u. a. Kranken,
politisch nicht Genehmen sowie ganz
und gar Mittellosen den Zutritt ins Land
der Freien verwehrte – der feine Unterschied zwischen ›erbärmlich‹ und ›zu erbärmlich‹ war damit definiert.

Wer abgeschoben wurde, musste auf
der Insel bleiben und das nächste Schiff
zurück nehmen. Was das bedeutete – viele der Einwanderer hatten sich verschul-
det, um die Überfahrt zahlen zu können,
oft war kein einziges Familienmitglied
mehr in der Heimat –, auch das wird in
diesem Museum deutlich gemacht. Immerhin begingen 3000 Menschen Selbst-
mord, weil das ›Goldene Land‹ sie nicht
wollte, weil sie zu krank, zu klein, zu kri-
minell, zu ›anarchistisch‹ waren.

Die Zahl der Amerikaner, die nach
Ellis Island fahren, weil sie sehen wollen,
wo ihre Eltern oder Großeltern herka-
men, ist immens: Mehr als die Hälfte der
Menschen, die zwischen 1892 und 1924
ins Land kamen, betraten hier zum ersten
Mal amerikanischen Boden. In der großen Halle im **Erdgeschoss** des türmchen-
gekrönten Ziegelgebäudes wurden im
Durchschnitt 2000 Menschen pro Tag ab-
gefertigt. Nach 1924 verlor Ellis Island
an Bedeutung, 1954 wurde die Einwan-
derungsbehörde hier geschlossen.

Planen Sie ausreichend Zeit für den
Besuch des Museums ein! Filme, Ausstellungen und Bilder, Erinnerungsstücke
– man kann hier Stunden verbringen, ohne sich zu langweilen.

Öffnungszeiten S. 173

*Sightseeing-Vergnügen zum Nulltarif: Der Trip mit der Staten Island Ferry von Manhattan
nach Staten Island. Im Hintergrund erhebt sich Brooklyn Bridge*

*Battery Park: Hinter dem East Coast Memorial erhebt sich die Glasfront von
17 State Street*

3 Staten Island Ferry

Terminal: South Street, am Fuß
der Whitehall Street

Roundtrip kostenlos!

Die **Fähre** von Manhattan nach Staten
Island ist eine der wenigen kostenlosen
Touristenattraktionen New Yorks. Die
Boote stellen die einzige Verbindung
zwischen Manhattan und dem Borough
Staten Island dar, der ansosnsten nur über
die Verrazano Narrows Bridge von Brooklyn oder von New Jersey aus zu erreichen ist. Die Fähre verkehrt Tag und
Nacht. Zur Stoßzeit legt sie alle 15 Min.
an und ab, nach 23 Uhr verkehrt sie im
Stundenrhythmus. Die Fahrt durch den
Hafen dauert 20–30 Min., der Blick auf
die Südspitze von Manhattan ist atembe-
raubend! Ein Tipp: Warten Sie auf eines
der alten Boote, denn nur bei diesen ist es
möglich, an Deck zu gehen.

4 Battery Park mit Castle Clinton

*Ein Park, den der Tourist – meist nicht
ganz freiwillig – intensiv kennen lernt:
Hier formieren sich die Warteschlangen
vor den Fähren zur Freiheitsstatue und
nach Ellis Island.*

Im 17. Jh., zu Zeiten der Holländer und
der ersten englischen Kolonisten, als die
Küste noch entlang State und Pearl Street
verlief, schützten *Kanonen* das Ufer und
die Siedlung – auf diese Zeit geht der
Name Battery zurück. Es gab auch einen
Festungsbau zur Verteidigung der jungen
Stadt. Er befand sich dort, wo heute
das U. S. Custom House [Nr. 6] steht, und
hieß, je nachdem, wer gerade am Ruder
war, Fort Amsterdam oder Fort James
und Fort George. Eine weitere Umbenen-
nung, die nach der Loslösung der Kolonien von Großbritannien nötig gewesen

wäre, ersparte man sich: Das Fort wurde nach der Revolution abgerissen.

Erst 1811, als es im Rahmen des Krieges zwischen England und Frankreich auch zu Übergriffen auf amerikanische Schiffe kam, sah man wieder Bedarf für eine Verteidigungsanlage. So entstand die West Battery, später **Castle Clinton** genannt. Seine militärische Rolle musste Castle Clinton jedoch nie erfüllen, es bekam als *Castle Garden* eine angenehmere Aufgabe zugewiesen: In der ersten Hälfte des 19. Jh. fanden in seinen Mauern Konzerte und Festivitäten aller Art statt.

1855 wurden die Räumlichkeiten einer neuen Bestimmung übergeben und zur Abfertigung von **Immigranten** genützt. 1896 kamen wieder bessere Zeiten: Das *New York Aquarium* zog ein, eine der Hauptattraktionen, die die Stadt damals zu bieten hatte. Als das alte Gemäuer dann in den 40er-Jahren des 20. Jh. abgerissen werden sollte, wehrte sich die Bevölkerung und erreichte, dass Castle

Clinton zum nationalen Monument erklärt und damit geschützt wurde.

Als Castle Clinton gebaut wurde, lag es noch vor der Küste: der **Battery Park** entstand nach und nach auf aufgeschüttetem Land und wuchs auf das Fort zu. Seine Blütezeit hatte der Park um die Wende vom 18. zum 19. Jh., als in seiner Umgebung die Reichen und Vornehmen New Yorks wohnten und sich in dieser Anlage ergingen.

Zahlreiche **Statuen** und **Denkmäler** sind auf dem Gelände zu bewundern: Da wird *Giovanni da Verrazanos* gedacht, des italienischen Seefahrers und Entdeckers der Bucht von New York und des Hudson River (1524), da steht *Emma Lazarus*, aus deren Gedicht ›The New Colossus‹ die berühmten Zeilen entnommen sind, die den Sockel der Freiheitsstatue zieren [s. S. 22]. Besonders beeindruckt das 1960 von den Architekten Gehron & Seltzer angelegte *East Coast Memorial*: Acht Granit-Monolithen tragen die Na-

Gartenidylle vor Großstadtdschungel – lebhaft kontrastiert das Grün im Battery Park mit dem hellen Schiefergrau des dahinter liegenden World Trade Center

men von Seeleuten, die im Zweiten Weltkrieg starben.

Battery Park ist heute ein **Touristen-Tummelplatz**: Im Castle Clinton werden die Tickets für die Fähren zur Freiheitsstatue und nach Ellis Island verkauft. Im Sommer sind die Wartezeiten immens, doch meist tröstet die Schlangestehenden der herrliche Blick: aufs Meer und die Freiheitsstatue einerseits und auf die Hochhauskette, die die Südspitze Manhattans konturiert, andererseits.

Besonders auffallend und architektonisch umstritten ist ein halbrunder Glas-Büroturm, der seine Adresse als Namen trägt: **17 State Street** (Architekten: Emery Roth & Sons, 1989). In dem Haus, das ehemals an dieser Stelle stand, wurde 1819 der ›Moby Dick‹-Autor Herman Melville geboren.

5 Robert F. Wagner Jr. Park

Zwischen Battery Place und dem Hudson River

Es grünt so grün im Süden Manhattans.

Wege und hölzerne Trassen, Bänke und Aussichtsplattformen, dazu Pflanzen, Bäume und der Blick über den Hudson – der in den 90er-Jahren des 20. Jh. angelegte Robert F. Wagner Jr. Park, der die Lücke zwischen Battery Park City und dem Battery Park schließt, gehört zu den schönsten Fleckchen Manhattans. In dieses Idyll fügt sich auch **Pier A**, der südlich der Uferpromenade ins Wasser ragt. An dem turmgekrönten, lang gestreckten Gebäude aus dem Jahr 1886 legten früher die Feuerwehrboote an, die im Hafenbereich eine wichtige Aufgabe zu erfüllen hatten. Die Konstruktion wird derzeit renoviert.

Eine bauliche Veränderung steht auch für das **Museum of Jewish Heritage: A Living Memorial to the Holocaust** an. Das 1997 eröffnete Museum erhält einen neuen Flügel, womit die Ausstellungsfläche verdreifacht wird. Der beeindruckende Bau, dessen Grundriss der Form des Davidssterns folgt, stammt von dem Architekten Kevin Roche. Die Sammlung stellt anhand von Bildern, Dokumenten und Berichten jüdische Geschichte und Kultur im 20. Jh. umfassend vor.

Öffnungszeiten S. 174

6 U.S. Custom House

1 Bowling Green, zwischen State Street und Whitehall Street

Architekt: Cass Gilbert, 1907; Skulpturen: Daniel Chester French.

Von den Zöllen, die hier eingenommen wurden, lebte einst Amerika.

Bis 1913 war Amerika ein glückliches Land: Es kannte keine Einkommensteuer. Besonders glücklich waren darüber natürlich die Reichen: Im Jahr 1913 wanderten 60% des Volkseinkommens in die Taschen von nur 2% der Bevölkerung. Das Geld, das die Nation brauchte, um ihre Regierung zu finanzieren, erhielt sie durch Zölle. New York als größter Importhafen nahm am meisten ein und leistete sich 1907 dieses prächtige Zollhaus im Beaux Arts-Stil. Die *Skulpturengruppen*, die die **Fassade** zieren, stellen Asien, Amerika, Europa und Afrika dar. Ihr Schöpfer Daniel Chester French ist allerdings bekannter durch seine Lincoln-Statue in Washington. Die zwölf Figuren über dem Gesims symbolisieren die großen Handelsstädte und -nationen: Griechenland, Rom, Phönizien, Genua, Venedig, Spanien, Holland, Portugal, Dänemark, Deutschland, England und Frankreich. Im **Inneren** ist die *Rotunda* mit Wandbildern von Reginald Marsh sehenswert.

Der kleine Platz, an den das Custom House grenzt, heißt **Bowling Green**. In den Anfangsjahren der Stadt ließen die Holländer hier ihre Kühe weiden, später übte das Militär Exerzieren, und in der Zeit, in der Amerika um die Unabhängigkeit von Großbritannien kämpfte, wurde Bowling Green zum Brennpunkt der politischen Auseinandersetzung: 1770 hatten die Königstreuen dort eine Statue von George III. aufgestellt, die sie ein Jahr später durch einen Zaun vor unzufriedenen Kolonisten schützen mussten. Allerdings konnte auch der dem Regentenabbild kein langes Leben gewähren: 1776, nach der Verlesung der Unabhängigkeitserklärung, stubste das Volk den König vom Sockel und kappte die Kronen, die den Zaun zierten.

Im Custom House ist das sehr gut aufgebaute und interessante **National Museum of the American Indian** untergebracht, das sich mit der Geschichte der Indianer Nord-, Mittel- und Südamerikas auseinandersetzt.

Öffnungszeiten S. 173

Ein Relikt aus alter Zeit mitten im Finanzviertel: In Fraunces Tavern wurden schon zur Kolonialzeit Gäste bewirtet. Heute treffen sich hier die Börsianer zum Geschäftsessen

Auf (beschaulichem) Kriegspfad: Die Geschichte der Indianer kann man im National Museum of the American Indian erleben

In die Umgebung von Bowling Green zogen die Reichen und Mächtigen der Stadt: Das ehemalige **James Watson House** an der State Street 7 ist als einziges Herrenhaus in dieser Gegend noch erhalten. Der elegante Bau aus den Jahren 1793–1806 (Architekt: John McComb, 1965 restauriert) mit den frei stehenden ionischen Säulen ist ein wunderschönes Beispiel des Federal Style. Heute beherbergt das Haus den **Shrine of St. Elizabeth Bayley Seton**, die 1975 als erste Amerikanerin heilig gesprochen wurde.

7 Fraunces Tavern Block

Zwischen Pearl, Broad, Water Street und Coenties Slip

Denkmalgeschützter Häuserblock, 1719–1883, verschiedene Änderungen im 20. Jh.

Wo Washington einst feucht-fröhlich Abschied feierte, nehmen heute die Börsenmakler ihr Früchte-Müsli zu sich.

Wenn die Manager und Mächtigen, die Immobilienhaie und Börsenmakler in New York frühstücken, ist das keine ent-

27

spannte Angelegenheit, sondern bereits Business: Power Breakfast heißt das Arbeitsessen am frühen Morgen, bei dem die Weichen für den Tag gestellt werden. **Fraunces Tavern** (54 Pearl Street) ist eines der Restaurants, in dem man die Damen und Herren aus den oberen Etagen des Morgens antrifft: Korrekt gekleidet, fit und schon beim Frühstück gesundheitsbewusst – Früchte, Müsli, Kräutertee statt Eiern, Kartoffeln, Speck, Kaffee.

Fraunces Tavern profitiert durch seine Nähe zu Wall Street, es war aber auch schon vor der Gründung der Börse ein beliebter Treff. Samuel Fraunces erwarb das Haus 1762 und wandelte es in eine Taverne um. Die Lage garantierte einen profitablen Geschäftsgang: Im Hintergrund der Hafen mit all seinen Aktivitäten und vor der Tür die Poststraße nach Boston. Darüber hinaus verstand es Samuel wohl auch, mit seinen Gästen umzugehen, denn bald traf sich hier alles, was im vorrevolutionären New York Rang und Namen hatte, und die Pläne, die dort gegen die Briten geschmiedet wurden, würde man heute ›konspirativ‹ nennen. Den größten Tag in seiner Geschichte erlebte das Haus 1783, als George Washington sich im Long Room von seinen treuen Offizieren verabschiedete – mit reichlich Wein und vielen Emotionen.

Das **Fraunces Tavern Museum** im Obergeschoss zeigt Dokumente aus der Geschichte der Taverne, Stilmöbel und andere Dekorationsgegenstände aus dem 18. und 19. Jh. Das heutige Haus wurde 1907 von William Mersereau errichtet. Er übernahm zwar einige noch vorhandene Teile aus dem Originalbau, der Rest aber ist ›nachempfunden‹, um nicht zu sagen erfunden. Ein besseres Bild davon, wie die Gegend im 18. und 19. Jh. ausgesehen hat, geben die übrigen Bauten des Fraunces Tavern Block.

Öffnungszeiten S. 173

8 Vietnam Veterans Memorial

Vietnam Veterans Plaza

Entwurf: William Britt Fellows und Peter Wormser, 1985; Text: Joseph Ferrandino.

Denk mal: Was für ein sinnloser Krieg!

»Etwas macht mir Sorgen: Werden die Leute mir glauben? Werden sie überhaupt etwas davon hören wollen, oder werden sie vergessen wollen, dass das Ganze je geschehen ist?« Dies ist ein Auszug aus dem Brief eines jungen Soldaten, geschrieben in Vietnam, zu lesen auf einer etwa 23×5 m großen, rechteckigen Glasplatte, die auf einem kleinen, mit roten Ziegeln ausgelegten Platz aufgestellt wurde. Die Glaswand ist voll von Texten: Briefe, Reden, Nachrichten legen ein erschütterndes Zeugnis des Krieges ab, in den Amerika von 1965 bis 1975 verwickelt war.

9 India House mit Hanover Square

1 Hanover Square

Erbaut von Richard F. Carman, 1851–54.

Reich ornamentierte Feuerleitern wie fürs Chambre séparée.

Gebaut wurde der Backstein-Palast – Florenz lässt grüßen! – als Sitz der Hanover Bank. Nach einigen Besitzerwechseln beherbergt er seit 1914 einen Privatclub. Vergessen Sie nicht, einen Blick auf die **Feuerleitern** zu werfen. Sie sind so reich verziert, dass man glauben möchte, sie wären nicht als Notausgang konzipiert, sondern als Zugang zum Chambre séparée einer begehrenswerten Dame.

Im Erdgeschoss des Gebäudes befindet sich **Harry's Bar**, ein dunkles, maskulin eingerichtetes Restaurant, in dem Börsenmakler verkehren. Im Dezember 1987, als der Börsenkrach die Welt erschütterte, gingen Bilder aus Harry's Bar um die Welt, Bilder von erregt diskutierenden Börsianern an der Theke.

Das India House steht an einem kleinen, hübschen Platz, dem Hanover Square. Er liegt wie eine Oase in der hektischen Finanzwelt: Die Menschen finden Platz auf Bänken und die Tauben auf dem Kopf der *Statue*, die Abraham de Peyster darstellt, einen Mann, der Ende des 17. Jh. eine Reihe öffentlicher Ämter in der Stadt innehatte. 1896 wurde seine Statue von George E. Bissel in Bronze gegossen.

Der Name Hanover Square ist ein Relikt aus der Zeit der Monarchie – der britische König George I. stammte aus dem Hause Hannover. Früher wurde der Platz auch Printing House Square genannt: Im Haus 81 Pearl Street stellte **William Bradford** 1693 die erste Druckmaschine in den Kolonien auf. Doch das war nicht seine einzige Pioniertat. Er war es auch, der 1725 die erste Zeitung New Yorks herausgab, die ›New York Gazette‹. Um 1765 hatte sich Hanover Square zum **Geschäftszentrum** der Stadt entwickelt. Der East River reichte damals, vor der Landaufschüttung, fast bis hierher: Hanover Square war eine feine Wohnadresse. Doch dann zerstörte der große Brand von 1835 sämtliche Bauwerke aus dieser Zeit. Er brach am 17. Dezember an der Ecke Hanover Square und Pearl Street aus und vernichtete einen Großteil des Gebiets zwischen Coenties Slip, South, Broad und Wall Street. Mehr als 600 Gebäude brannten in den drei Tagen nieder, in denen die Flammen wüteten. Feuerschutz war damals Sache privater Unternehmer, und die konkurrierenden Brigaden hatten sich anfangs tagelang gestritten, in wessen Zuständigkeitsbereich der Brand denn nun fiele – solange, bis dann für alle genug zum Löschen da war.

🔟 Trinity Church

Broadway/Ecke Wall Street

Erbaut von Richard Upjohn, 1846.

New Yorks berühmteste Kirche.

1698, als die erste Trinity Church an dieser Stelle erbaut wurde, war die Welt noch in Ordnung: Die Kirche war der größte Bau am Ort, alles überragend und

Wie der Vater, so der Sohn: John D. Rockefeller senior (links) und junior, 1925

Die Rockefeller-Dynastie

›26 Broadway‹ steht mit goldenen Lettern auf Quadersteinen, die wirken als gehörten sie zu einer Renaissance-Festung. In dem wuchtigen, 1922 von Carrère & Hastings errichteten Gebäude residierte einst die Standard Oil Company, jene Gesellschaft, mit der die Familie Rockefeller zu ihrem sagenhaften **Reichtum** kam. John D. Rockefeller hatte die Firma 1870 gegründet, elf Jahre nachdem in Pennsylvania das erste Öl gefunden worden war. Rockefeller beteiligte sich nicht an der Förderung des schwarzen Goldes, er investierte sein erstes Geld in eine Raffinerie und bereits 1879 kontrollierte er mehr als 90 % des Geschäftes. Ob Verarbeitung, Transport, Vermarktung – alles, was mit Öl zu tun hatte, lief durch Rockefellers Hände.

Obwohl verschiedentlich gerichtliche Schritte unternommen wurden, um seine Monopolstellung zu beenden, gelang es Rockefeller, bei jeder Aufsplitterung seines Konzern erneut Gewinn zu machen. Als er sich 1911 aus dem Geschäft zurückzog, wurde sein Vermögen auf eine Milliarde Dollar geschätzt. Rund die Hälfte dieses Geldes stiftete der Firmengründer für **gemeinnützige Zwecke**. Sein Sohn John D. Jr. und dessen Nachkommen taten es ihm nach. Obwohl New York sich nicht über einen Mangel an Millionären beklagen kann – hier leben immerhin 41 000 Menschen, die mehr als 10 Mio. Dollar besitzen – und Philanthropie unter den Reichen zum guten Ton gehört, gibt es doch keine Familie, die mehr für diese Stadt getan hat als die Rockefellers. Rockefeller Center, Riverside Church, Cloisters, Lincoln Center, United Nations – die Liste der Bauten, die die Familie ganz oder teilweise finanziert hat, ließe sich fortsetzen. Wann immer New York Großes plant, ruft es nach seinen Rockefellers. Und die zahlen. Darauf kann die Stadt am Hudson bauen.

Trinity Church, 1846 im neugotischen Stil errichtet

Respekt gebietend. Nicht in Ordnung war, dass das Gotteshaus 1776, im Jahr der Unabhängigkeitserklärung, als britische Truppen gerade die Besetzung New Yorks übernommen hatten, in Flammen aufging. Erneut aufgebaut in den Jahren 1788–90 und abgerissen 1839, wurde die Kirche im Jahr 1846 nach Plänen von Richard Upjohn neugotisch wiedererrichtet. Noch immer war es ein würdiges Gebäude mit einem eleganten Glockenturm, das aus dem Meer der anderen Häuser herausragte.

In dieser Form blieb Trinity Church bis heute erhalten – doch, wie hat sich die Umgebung gewandelt! Turmhohe Bauten umstehen die Kleine. Blickt man die Wall Street hinunter, wirkt die Kirche zwischen den Fassaden der Bankgebäude wie ein Spielzeughaus aus dem Baukasten eines Riesen.

Was Trinity Church an Höhe verloren hat, macht sie jedoch in der Breite wett: Die kleine Kirche thront inmitten einer Grünfläche, eines parkartigen **Friedhofs**.

Hier ruhen unter anderen der Politiker Alexander Hamilton, der Erfinder des Dampfbootes Robert Fulton und der Publizist William Bradford. Der älteste Grabstein trägt die Jahreszahl 1681.

Insgesamt besitzt die Kirche ringsum Hunderte von Quadratmetern unbebauten Landes, und das in einer Gegend, in der mit die höchsten Immobilienpreise der Welt gezahlt werden. Dass sich Trinity Church im 20. Jh. und in einer Gegend, in der das Geld regiert, behaupten kann, verdankt sie der britischen Krone, die der Episkopalischen Kirche im 17. Jh. das ganze Land zwischen Christopher und Fulton Street, Broadway und Hudson River überließ.

Die **Bronzetüren** der Trinity Church entwarf Richard Morris Hunt nach dem Vorbild des Baptisteriums in Florenz. Im **Inneren** zeichnet Frederick Clarke Withers für den *William-Backhouse-Astor-Memorial-Altar* mit Retabel verantwortlich (1876); die *Chapel of all Saints* gestaltete Thomas Nash 1913. Im

Jahr 1965 schließlich wurde der *Bishop-Manning-Memorial-Wing* von Adams & Woodbridge ausgestattet.

🔟 Wall Street

Im Tal des Geldes.

Der Talgrund heute: von Limousinen verstopfter Pfad, hastende Menschen, die um 9 Uhr morgens in ihren Löchern verschwinden und abends um 17 Uhr genauso unvermittelt und ameisengleich wieder auftauchen.

Wall Street zur Zeit der Holländer: Seit 1653 hölzerne **Befestigungsmauer**, mit der die Holländer ihre Siedlung nach Norden hin schützten; das Stadttor befand sich an der Ecke zur Beaver Street. Wirklich ein ›Wall‹? Als 1664 die Engländer im Hafen von Nieuw Amsterdam erschienen, machte es auf jeden Fall nicht viel her. Und die Bürger hatten auch keine große Lust, dem Aufruf Peter Stuyvesants zu folgen und die holländische Stadt gegen die Briten zu verteidigen, war doch ohnehin schon die ganze restliche Ostküste britisch. Also wurde aus Nieuw Amsterdam New York! Auch der Wall verschwand bald, er musste den expandierenden Stadt weichen. Ein Sklavenmarkt etablierte sich in der Gegend, später ein Getreidemarkt.

Wall Street 1792: Der junge Staat, der schwer unter der finanziellen Belastung litt, die die Unabhängigkeit mit sich gebracht hatte, brauchte Geld und beschloss, Anleihen auszugeben. Um die Bedingungen für den Handel mit diesen Papieren festzulegen, kamen 24 Makler zusammen: Sie trafen sich unter einer Platane auf der Wall Street und gründeten die New Yorker Börse.

Nur schlechte Geschäftsleute stehen lange unter Bäumen: Noch in demselben Jahr bezogen die Börsianer Räume des *Tontine Coffee House* an der Ecke Wall/Water Street. Und dann bauten sie in der Broad Street, wo die Börse noch heute steht. Die Straße blieb jedoch ein beliebter Ort, Geschäfte abzuschließen – die Zeichensprache der Börsianer soll als Verständigungsmittel entstanden sein: Die Händler auf dem Gehsteig informierten ihre Partner im Haus darüber, ob gekauft oder verkauft werden sollte.

Wall Streets **Blütezeit** kam Ende des 19. Jh. Die industrielle Revolution hatte die Welt verändert, der amerikanische Sezessionskrieg, der Bürgerkrieg zwischen den Nord- und Südstaaten, hatte einigen Leuten immense finanzielle Gewinne gebracht. Small Business war passé: Es entstanden große Korporationen, die für ihre Projekte mehr Geld brauchten, als sie selbst besaßen. Die Kapitalbesorgung übernahmen die Banken. Wertpapiere fanden reißend Absatz, Wall Street prosperierte und wurde binnen kurzem nicht nur zum Synonym für Wertpapierhandel, sondern auch zum Seismographen der Wirtschaft der westlichen Welt. Ende Oktober 1929 wurde das sehr drastisch deutlich: Die Kurse an der Wall Street fielen, es kam zum **Börsenkrach** und zur Weltwirtschaftskrise. Nachrichten über Fensterstürze schlagartig verarmter Aktionäre gingen damals um die Welt.

Heute beherrschen Meldungen über Korruption, künstlich hoch getriebene Aktienpreise und andere am Rande der Legalität angesiedelte Aktionen die Pressemeldungen. Seit der Umwandlung der

Hinter der ehrwürdigen Fassade der New York Stock Exchange dreht sich alles um schnöden Mammon

Eifrig sorgen die Börsenhändler der Wall Street dafür, dass der Rubel rollt

Maklerfirmen in Kapitalgesellschaften und der Möglichkeit, die Maklerkommission frei auszuhandeln, wurde der Konkurrenzkampf ungleich härter.

Diverse Bankgebäude mit teilweise sehenswerten Lobbies säumen Wall Street, unter ihnen **40 Wall Street**, das einst mit dem Chrysler Building [Nr. 50] um den Titel des höchsten Gebäudes der Welt kämpfte und dabei den Kürzeren zog. 1995, als viele Büroräume in dieser Gegend leer standen, erwarb Donald Trump das Gebäude für 1 Mio. Dollar. Heute, nachdem die Wirtschaft wieder boomt und der 282 m hohe Bau aufwendig renoviert wurde, ist er nach offizieller Schätzung 90 Mio. Dollar wert.

Der 1903 erbaute Tempel des Geldes der **New York Stock Exchange** zeigt Wall Street nur die schmucklose Seite – die prächtige Fassade mit dem Portikus ist gen Broad Street gerichtet. Dort liegt auch der Eingang zur Besuchergalerie, von der aus man einen Blick aufs Börsengeschehen werfen kann.

Öffnungszeiten S.175

12 Federal Hall National Memorial

28, Wall Street

Architekten: Town & Davis mit John Frazee und Samuel Thompson, 1834–42; Statue G. Washingtons von J. Q. A. Ward, 1883.

Wo Washington die Schwurhand hob.

Dieser vereinfachte Parthenon ist eines der besten Beispiele des *Greek Revival* in New York. Er wurde in den Jahren 1834–42 zur Erinnerung an die vorher an dieser Stelle stehende Federal Hall errichtet, in der sich bedeutende historische Ereignisse abgespielt hatten: 1735 zum Beispiel fand hier ein Prozess statt, der in die Pressegeschichte einging: Peter Zenger, Herausgeber der Zeitung ›New York Weekly Journal‹, stand vor Gericht, angeklagt der »aufrührerischen Verleumdung« gegen die königliche Regierung – er hatte den britischen Gouverneur der Korruption bezichtigt. Zu Recht, wie der Prozess bewies. Zengers Freispruch war ein wichtiger Schritt auf dem Weg zur Pressefreiheit.

41 Jahre nach dem Prozess wurde an dieser Stelle noch etwas anderes verkündet, was den Herrschenden – damals waren noch die Briten am Ruder – gar nicht gefiel: die **Unabhängigkeitserklärung**, die am 4. Juli 1776 vom Kongress in Philadelphia angenommen und unterzeichnet wurde. New York war die einzige Kolonie, die nicht unterschrieb: Das hinderte die Aufständischen aber nicht daran, das Dokument 14 Tage später vor dem Rathaus, eben der Federal Hall, zu verlesen.

Es war noch ein weiter Weg von der Erklärung der Unabhängigkeit bis zur Bildung eines funktionsfähigen Staates: Erst 1787 einigte man sich auf eine gemeinsame Verfassung, und 1789 wurde der erste Präsident der Vereinigten Staaten inauguriert: Am 30. April leistete George Washington vor dem New Yorker Rathaus seinen Amtseid.

Öffnungszeiten S. 175

🔳 Equitable Building

120 Broadway zwischen Pine und Cedar Street

Architekt: Ernest R. Graham (von Graham Anderson, Probst & White), 1915.

Ein Haus macht Gesetze.

Noch heute wirkt dieser Bau wuchtig, und dabei sind wir doch einiges gewöhnt.

Bauen mit und ohne Grenzen

Ende des 19. Jh. begann Manhattan in den Himmel zu wachsen: Die Erfindung des Fahrstuhls und der Einsatz neuer Stahlskelett-Konstruktionen machten es möglich, die expandierende Wirtschaft verlangte nach Büro- und Geschäftsräumen. Längst stand die Kirche nicht mehr im Dorf, Trinity Church hatte ihre überragende Stellung eingebüßt, 1913 entstand mit dem Woolworth Building [Nr. 22] gar eine ›Kathedrale des Kommerzes‹.

*Bauen durfte jeder wie er wollte – kein Gesetz setzte dem Streben nach Höhe oder der Fantasie der Architekten Grenzen. Das änderte sich nach dem Eklat mit dem Equitable Building [Nr. 13]. Wollte New York sich nicht in ein Schattenreich verwandeln, war Handlungsbedarf gegeben. Und so trat 1916 das **erste Zoning Law**, ein Baugesetz, in Kraft. Es schrieb eine Abstufung des Baukörpers vor, eine Gliederung in Sockel, Turm und Spitze. Diese ›Hochzeitskuchen-Form‹, idealtypisch verkörpert vom Empire State Building, prägte von nun an das Stadtbild, wobei es noch immer keine Höhenbegrenzung gab – außer der von der technischen Machbarkeit gesetzten. So ist vom Auftraggeber des Empire State Building überliefert, dass er einen dicken Bleistift auf den Tisch stellte und seinen Architekten fragte, wie hoch er bauen könne, ohne dass das Gebäude umfalle.*

*In den 50er-Jahren änderten sich die technischen Möglichkeiten und der Geschmack. Die Vorhangfassade, eine Gebäudehülle aus Glas, erstmals beim Bau des Sekretariatsgebäudes der United Nations realisiert, wurde en vogue, der Bauhausstil bzw. International Style setzte sich durch. Der Bau des Seagram Building [Nr. 61] führte 1961 zum Erlass der **zweiten Zoning Law**. Dieses Baugesetz erlaubte es nun, Höhenbegrenzungen, die zwar nicht absolut, aber für die einzelnen Stadtteile inzwischen vorgegeben waren, zu überschreiten, wenn der Bauherr öffentlich zugänglichen Raum schuf. Also einen Platz anlegt, Sitzmöglichkeiten in einem begrünten Foyer schafft oder ein kostenlos zugängliches Museum einrichtet.*

Das war gut gemeint, führte aber architektonisch nicht immer zu überzeugenden Ergebnissen. Der vorherrschende Baustil der 60er- und 70er-Jahre brachte reihenweise gesichtslose Glasklötze auf zugigen Plazas hervor, die keinen Fußgänger zum Verweilen einladen.

Wer sich die Auswirkungen der beiden Gesetze drastisch und plastisch vor Augen führen will, sollte sich das Rockefeller Center [Nr. 57] ansehen: Hier die Harmonie der sich zurücknehmenden Bauten aus den 30er-Jahren des 20. Jh., dort die banale Erweiterung aus den 60er- und 70er-Jahren.

Jean Dubuffets Skulptur ›Group of Four Trees‹ ziert die Chase Manhattan Plaza

Für die New Yorker, die in der zweiten Dekade des 20. Jh. lebten, muss er ein absolutes Monster gewesen sein: vierzig Stockwerke hoch und einen ganzen Block einnehmend! Und das alles ohne Charme, ohne fantasievolle Einfälle des Architekten. Vor allem aber tauchte das H-förmige Gebäude, das ohne einen einzigen Rücksprung gebaut worden war, die ganze Umgebung in Schatten. Der Proteststurm war derart heftig, dass die Stadtväter sich veranlasst sahen, 1916 das erste **Baugesetz** (Zoning Law) des Landes zu erlassen.

Neben dieser Geschichte ist das interessanteste am Equitable Building seine **Lobby**; durch sie hindurch gelangt man auf die Nassau Street. Wenn Sie ›gotische‹ Lifttüren sehen wollen – werfen Sie auch einen Blick in die Lobbies der gegenüber liegenden Gebäude **Trinity** und **U.S. Realty Buildings**, 111 und 115 Broadway (1905 und 1907, beide von Francis H. Kimball).

14 New York Chamber of Commerce
65 Liberty Street

Architekt: James Baker, 1901.

Mit dem Custom House nah verwandt.

Das Gebäude ist zierlicher und liegt auch versteckter zwischen Broadway und Nassau Street als sein Geschwister, das U. S. Custom House [Nr. 6] – aber die Ähnlichkeit lässt sich nicht verleugnen.

Das New York Chamber of Commerce ist ebenfalls ein Bau im Beaux Arts-Stil. Zwischen den ionischen Säulen standen früher drei Skulpturengruppen, die 1927 entfernt wurden – Tauben und Umweltverschmutzung hatten ihnen zu sehr zugesetzt. Von innen kann man die Handelskammer leider nicht besichtigen.

🔢 Federal Reserve Bank of New York

33 Liberty Street

Architekten: York & Sawyer, 1924; Erweiterung 1935 von denselben Architekten.

Wo die Banken hingehen, wenn sie Geld brauchen.

Was man sieht, ist nur die Spitze des Geldberges: In unterirdischen Gewölben lagern, über fünf Stockwerke verteilt, die Goldvorräte der verschiedensten Nationen und damit die größten **Goldbestände** der Welt. Finanzielle Transaktionen zwischen den Staaten spielen sich hier unter der Erde ab – praktisch und sicher.

In den ganzen USA gibt es nur zwölf Federal Reserve Banks. Sie versorgen ihre Mitgliedsbanken mit Geld und Kapital und übernehmen auch deren Überwachung. Eine wichtige Funktion also, und da ist es nicht verwunderlich, dass man sich beim Bau des Bankgebäudes dorthin orientierte, wo der Ursprung des modernen Bankwesens zu suchen ist, nach Italien. Genauer – nach Florenz zur Zeit der Renaissance: Die Ähnlichkeit mit dem *Palazzo Strozzi* ist gewollt. Den besten Blick auf das trutzige Gebäude hat man

von Osten. Der Bau, der einen ganzen Block einnimmt, wird auf der Ostseite schmaler, da er sich dem Lauf der Maiden und der Liberty Street anpassen muss. An ihrem Treffpunkt bilden die beiden Straßen die kleine **Louise Nevelson Plaza**, benannt nach der Künstlerin, die die *Skulpturen* ›Shadows and Flags‹ auf dem Platz 1978 schuf.

🔢 Fulton Fish Market

Pier 17 des South Street Seaport. Fulton Street/South Street

Hier dreht sich ab Mitternacht alles um den besten Fang. Frühaufsteher erleben den größten Fischmarkt Nordamerikas.

Kennen Sie das Gefühl? Sie fliegen von Europa nach New York, fallen am ersten Abend erschöpft ins Bett, und am nächsten Morgen sitzen Sie senkrecht in demselben. 9 Uhr, sagt Ihr Körper. 3 Uhr, sagt die Uhr auf dem Nachttisch. Was tun? Fernsehen, bis der Tag anbricht? Nein. Ziehen Sie sich an und nehmen Sie ein Taxi. Der Fahrer soll Sie zum **Fulton Fish Market** bringen. Wenn Sie dort vor Sonnenaufgang ankommen, schwingt die Gegend bereits vor Aktivität, es geht laut und hektisch zu: Kisten werden aus der garagenartigen Halle geschleppt und in Lieferwagen verstaut, Gabelstapler karren immer neue Ware herbei.

Der Fulton Fish Market existiert seit 1831 und ist der größte seiner Art in Nordamerika, pro Jahr werden 44 Mio. kg Fisch verkauft. Die Ware wird heute aus Alaska oder Norwegen eingeflogen und kommt in riesigen Containerwagen

South Street Seaport geschäftig: tags Touristentreff, im Morgengrauen Fischmarkt

an. Dafür, dass die Lastautos hier parken und entladen dürfen, zahlen ihre Besitzer horrende Summen – an die Herren von der ehrenwerten Gesellschaft ...

17 South Street Seaport Historic District

Zwischen John Street und Peck Slip, Water Street und dem East River, mit Pier 15, 16, 17 und 18

Hafenatmosphäre touristisch verpackt.

Die Erkundungstour durch den historischen Hafen von New York beginnt am **Visitors' Center** (12 Fulton Street). Neben Eintrittskarten erhält man hier Informationen über interessante Zusatz-Programme wie Schiffsfahrten und Freilichtkonzerte.

Die Geschichte des South Street Seaport lässt eine ständige Ausstellung lebendig werden.

Wo früher die Fischer ihre Boote festmachten, dümpeln jetzt die ›Ambrose‹, ein ehem. Lotsenschiff, das viermastige Segelschiff ›Peking‹ und die ›Wavertree‹, ein Dreimaster, alle drei sauber polierte und konservierte **Museumsschiffe**, die an die Zeit erinnern, als hier an der South Street New Yorks wichtigster und größter Hafen lag.

Wirkliche Bedeutung als **Hafenstadt** erhielt New York erst nach dem Krieg, den Amerika 1812–14 gegen England führte. Kriegsbedingte Handelssperren hatten zur Folge, dass importierte Waren knapp und teuer wurden. Viele britische Kaufleute sahen die Chance, gute Geschäfte zu machen, und ließen sich in New York nieder. 1818 richtete man die erste regelmäßige Schiffsverbindung zwischen New York und Liverpool ein, und als 1825 der Eriekanal fertiggestellt war, der Buffalo mit Albany und damit die Großen Seen mit New York verband, rückte New York als Hafenstadt an erste

Stelle, vor Boston, Philadelphia und New Orleans.

Die Blütezeit von South Street Seaport jedoch dauerte nur ein paar Jahrzehnte: In den 60er-Jahren des 19. Jh. ersetzten Ozeandampfer die Segelschiffe. Sie hatten jedoch einen größeren Tiefgang und konnten nicht mehr am Ufer des East River anlegen. So blieb South Street Seaport dem Regionalverkehr überlassen. Für die großen Dampfschiffe baute man die weit ins Wasser hinein ragenden Hudson Piers und die Aktivitäten verlagerten sich auf die westliche Südspitze Manhattans [s. S. 38]. South Street Seaport verfiel zusehends.

Das 1967 eingerichtete **South Street Seaport Museum** war die erste Institution, die sich in dem heruntergekommenen Hafenviertel etablierte; die meisten Attraktionen des Museumsareals befinden sich in der Water Street zwischen Fulton und Beekman Street: eine *Fotogalerie*, eine *Druckerei* aus dem vorigen Jahrhundert, *Ausstellungsräume* und *Geschäfte* verschiedener Art. Die *Schiffe*, die an den Landungsbrücken liegen, sind zu besich-

Links: *Von allen Seiten ein Genuss – Wolkenkratzer-Wald Manhattan, unten rechts ist Pier 17 zu sehen*

Unten: *Aus der Nähe betrachtet – Pier 17 am South Street Seaport*

Giganten der Finanzwelt: die ▷
vier Türme des World Financial Center
mit ihren kupfernen Dachkronen

tigen, *Hafenrundfahrten* werden angeboten, im *Trans-Lux Seaport Theater* in 210 Front Street wird ein interessanter Film über die Geschichte der Hafenstadt New York gezeigt. In dem Museum-Block zwischen der Fulton, Front, Beekman and Water Street befindet sich auch das *Visitors' Center* (207 Water Street).

Aber South Street Seaport ist mehr als ein Museum. Es ist Einkaufszentrum, Schlemmer- und Vergnügungsparadies, Boutiquen- und Galerienland. Moderne Marktgebäude, wie das **Fulton Market Building** (11 Fulton Street, Benjamin Thompson & Assocs., 1983) und der **Pier Pavillon** auf Pier 17 (Benjamin Thompson & Assocs., 1984) verwandelten die Gegend, in der früher Bordelle und Spelunken zu Hause waren, in eine glatte Konsumlandschaft, die nun Touristen wie Wall Street-Yuppies gleichermaßen anzieht. Sachkundig renoviert, zeigen auch die roten **Backsteinhäuser** aus dem vorigen Jahrhundert ein freundliches Gesicht.

Schwer vorzustellen, dass Mitte des vorigen Jahrhunderts in dieser Gegend mehr Verbrechen geschahen als in der gesamten übrigen Stadt. Dass 464 Kneipen und Getränkegeschäfte auf durstige Matrosen warteten und eine wahrscheinlich ebenso große Zahl von käuflichen Mädchen. Dass die Bewohner der Hafengegend – 22000 Menschen – so eng aufeinander lebten, dass Pocken, Cholera und Tuberkulose sich schrankenlos ausbreiten konnten. Von 138 neu geborenen Kindern starben 61 vor der Vollendung ihres ersten Lebensjahrs.

Davon ist heute in den revitalisierten Gebäuden und Straßenzügen nichts mehr zu spüren. Als architektonische Zeitzeugen jedoch sind sie interessant: Der historische Distrikt von South Street Seaport umfasst elf Häuserblöcke und drei Piers. Die Gebäude stammen aus dem 18. und – überwiegend – aus dem frühen 19. Jh. Prunkstück der Anlage ist **Schermerhorn Row** an der Südseite der Fulton Street, eine Häuserzeile, die aus kommerziellen Bauten im Georgian-Federal- und Greek Revival-Stil besteht.

Öffnungszeiten S. 174

🔳 **Battery Park City mit World Financial Center**

Zwischen Pier A und Battery Park, Chambers Street, West Street und dem Hudson River

Städtebauliches Konzept: Alexander Cooper und Stanton Eckstut, 1979; Architekt des World Financial Center: Cesar Pelli, 1985/86.

Neugeboren: Das Venedig am Hudson.

Die Geschichte wiederholt sich: So, wie einst South Street Seaport [Nr. 17] aufgegeben wurde, verlor auch der Hafen am Hudson in den 50er- und 60er-Jahren seine Bedeutung. 110 Piers und 24 Fährbrücken waren sinnlos geworden. Einerseits deshalb, weil mit der Erschließung des Luftraums die Bedeutung der Schifffahrt generell zurückgegangen war, andererseits, weil heute Containerschiffe unterwegs sind, zu deren Entladung man

riesige Stapelflächen benötigt. Die gab es in Manhattan nicht, daher wandten sich die Reeder nach Brooklyn oder Newark; die Hafen- und Werftanlagen, Schuppen und Bahngleise am Hudson verfielen.

Da das Wasser seine wirtschaftliche Bedeutung verloren hatte, taten die New Yorker lange Zeit so, als existiere es nicht. Wenn man nicht gerade im Battery Park stand und auf die Fähre nach Liberty Island wartete, hatte man in Manhattan nirgends das Gefühl der Nähe zum Meer oder zu zwei mächtigen Flüssen: Die Stadt schottete sich gegen das Wasser ab, an den Ufern von Hudson und East River liefen die Highways entlang, schnürten die Wohnfläche von der Küste ab. 374 km **Uferstreifen** hat diese Stadt, und auf der Insel Manhattan gab es keine einzige Uferpromenade. Noch in den 70er-Jahren des 20. Jh. wagten sich nur Lebensmüde in die Nähe des verfallenen Piers am Hudson. Das war Drogenland und

Homosexuellenstrich, hier trafen sich diejenigen, die die Gesellschaft ins Abseits drängte.

1966 begannen die **Bauarbeiten** fürs World Trade Center. Was die Bagger aushuben, landete im Fluss: über 1 Mio. m^3 Erde und Glimmerschiefer. Nach dem Gesetz wird neu gewonnenes Land Eigentum des Staates, nicht der Stadt. Damit war hier der Staat New York um 37 ha gewachsen und machte sich nun Gedanken, wie das Land zu nutzen sei. Zum Glück für Manhattan scheiterten die ersten Pläne, fantasielose Reissbrettentwürfe, am fehlenden Geld: 1975 war Manhattan wieder einmal pleite, Unternehmen zogen sich aus der Stadt zurück, Bürotürme standen leer – an den Bau neuer war nicht zu denken.

So kam es, dass man sich dem Projekt erst 1979 wieder zuwandte. Mit neuen Stadtplanern, Alexander Cooper und Stanton Eckstut. Und neuen, für New

York revolutionären Ideen: Im Südwesten Manhattans sollte eine Stadt entstehen, in der 30 000 bis 35 000 Menschen leben und etwa genauso viele arbeiten würden. Eine Stadt der menschenfreundlichen Maße, die nach ganz genauen Vorgaben zu errichten war. Nicht nur Gebäudehöhe und Baumaterialien waren vorgegeben, jedes Detail – Simse, Balkone, Traufen – war Teil des Gesamtplans, sogar der Belag der Wege und Plätze, die Baumsorten, das Design der Bänke und Laternen wurden festgelegt. Derart dirigistische Bauvorschriften mögen für einen Mitteleuropäer nichts Neues sein, doch für New York, wo sich – von geringen Einschränkungen abgesehen – jeder architektonisch austoben kann, war das Battery-Park-City-Projekt eine Sensation. Allein die Flächennutzung rief Begeisterungsstürme hervor: 42% Wohnbereich, 9% gewerbliche Nutzung, 30% unbebaute Fläche (Parks, Plätze), 19% Straßen. Fast die Hälfte des Areals ist also öffentlicher Raum, der von der Bevölkerung angenommen wird.

Auf der 2 km langen **Uferpromenade** geht es im Sommer zu wie auf dem Lido von Venedig. Mittags sitzen Geschäftsleute in Kostüm und Anzug auf den Stufen der 14 000 m² großen **Plaza**, die zum Wasser hinunterführen, und verspeisen ihre Sandwiches aus der Tüte, Familien mit Kindern breiten ihren Lunch auf den granitenen Picknicktischen aus. Der Hudson glitzert in der Sonne, die Freiheitsstatue hält die Fackel hoch – New York hat sich als Stadt am Wasser wieder entdeckt!

In den Wintermonaten flieht man vor dem kalten Wind vom Wasser unter den Glassturz: 38 m ist er hoch, 36 m breit und 61 m lang – doppelt so groß wie die Halle des Grand Central Terminal [Nr. 51]. Hier stehen palmenbeschattete Tische und Bänke, Musiker spielen auf, regelmäßig finden Ausstellungen und Konzerte statt. Dieser **Wintergarden** ist ein ›Geschenk‹ [s. S. 33] des Bauherren des **World Financial Center**, des kommerziellen Zentrums der Battery Park City. Der Architekt Cesar Pelli zeichnet für die Bauten verantwortlich, und an dieser Verantwortung

trägt er leicht: Wie außergewöhnlich gelungen diese vier Türme sind, wird im Vergleich mit dem World Trade Center deutlich. Dessen Architekt Minoru Yamasaki setzt klotzige Riegel in den Himmel, Pellis Türme dagegen wirken leicht, scheinen sich nach oben hin aufzulösen und erfüllen so den Anspruch, den der Planer selbst an Hochhäuser stellt: »Bauten des Himmels« sollen sie sein, die »sich nach dem Himmel sehnen, sich mit dem Himmel vermählen«.

Das World Financial Center besteht aus **vier Türmen** aus Glas und Granit, 34–51 Geschosse hoch. Pelli greift eine alte Tradition wieder auf und stuft die Gebäude nach oben hin zurück, setzt ihnen kupferne Dachkronen auf: eine Mastaba, eine Stufenpyramide, eine Pyramide und eine Kuppel. In den unteren Geschossen verwendet er überwiegend dunklen Granit, je höher er baut, desto heller wählt er den Stein, desto mehr Glas findet Verwendung. Jeder der vier Bauten hat eine prächtige Lobby, für deren Ausstattung bis zu 27 Sorten Marmor herbeigeschafft wurden. Wer sich die Mieten hier leisten kann? Nur die ganz Großen, unter ihnen die Aktienhändler Merrill Lynch, der Verlag Dow Jones sowie American Express.

19 World Trade Center

Zwischen Church und West,
Liberty und Vesey Street

Architekten: Minoru Yamasaki & Assocs. und Emery Roth & Sons, 1972/73; Skulpturen auf der Plaza: ›Globe‹ von Fritz Koenig, ›Ideogram‹ von James Rosati, Granitskulptur ohne Titel von Masayuki Nagare.

»Banale Monolithen«, doch kurzfristig die höchsten der Welt.

Manche Dinge wirken aus der Ferne besser als aus der Nähe. So auch das World Trade Center. Von Staten Island, Brooklyn oder New Jersey aus gesehen, bilden die zwei Ausrufezeichen einen interessanten Akzent in der Skyline. Steht man jedoch direkt vor ihnen auf der weiten, stets windigen Plaza, fühlt man sich einfach erschlagen. Zwei 412 m hohe, kompromisslos senkrecht in die Höhe steigende **Stahltürme**, ohne Charme oder ästhetische Finessen. »Banale Monolithen« nennt sie der Vorsitzende des American Institute of Architects.

Seine Kollegen konnte Minoru Yamasaki mit seiner gigantomanischen Anlage

◁ *Palmen und Glas, Restaurants und Geschäfte – der Wintergarten im World Financial Center ist morgens eine Oase der Ruhe*

◁ Banale Monolithen, aber trotzdem New Yorks ›Riesen‹ – World Trade Center

hohen Sears Tower. So beschränkt man sich, wenn man die **Superlative** des World Trade Center in Zahlen ausdrücken will, auf andere Angaben: 208 Aufzüge, 50 000 Arbeitsplätze, 80 000 Besucher täglich und 20 000 m² Plaza!

In den Untergeschossen sind Restaurants und Geschäfte untergebracht – zum Verweilen, Schlendern oder gemütlichen Sitzen ist die Atmosphäre allerdings zu kalt und unpersönlich. Allerdings lohnt es sich, in die Luft zu gehen. In Turm 1 befindet sich ein Restaurant – ›Windows on the World‹ –, in Turm 2 die Aussichtsterrasse. An trüben Tagen gibt im Foyer gibt eine Tafel Auskunft darüber, wie weit man sehen kann.

Öffnungszeiten S. 177

20 **St. Paul's Chapel**
Broadway zwischen Fulton und Vesey Street

Architekt: Thomas McBean, 1764–66; Turm von James Crommelin Lawrence, 1796.

St. Martin in the Fields am Broadway?

Das Material ist aus der Neuen, der Entwurf aus der Alten Welt: In Glimmerschiefer – Manhattan Schist – und

›The Globe‹, Fritz Koenigs Bronze auf der Plaza des World Trade Center

– außer den beiden Türmen gehören noch die **Plaza** sowie sechs (für New Yorker Verhältnisse) flache Gebäude zum World Trade Center – also nicht begeistern. Trotzdem bleibt unbestritten, dass die Errichtung der Zwillingstürme technisch eine beachtenswerte Leistung war. Der Höhe wegen mussten die Arbeiten von innen nach außen vor sich gehen: In den Liftschächten wurden Kräne installiert, die aus Tonnen von heraufbefördertem Stahl die Außenwände aufbauten.

1973, als die Türme vollendet waren, konnten sie sich mit einem Attribut schmücken, das die Menschen seit dem Turmbau von Babel fasziniert: höchstes Bauwerk der Welt! Zweimal 412 m, zweimal 110 Stockwerke! Die Freude war nur kurz: Chicago übertrumpfte New York noch im selben Jahr mit dem 443 m

Schlicht und elegant präsentiert sich St. Paul's Chapel, die älteste Kirche Manhattans

Brownstone präsentiert sich hier die Londoner Kirche St. Martin in the Fields. Das ist natürlich kein Zufall: Der Erbauer von St. Paul's Chapel, Thomas McBean, war ein Schüler von James Gibbs und nahm sich die Freiheit, das Werk seines Lehrers jenseits des Atlantiks nachzubauen. Das war übrigens damals weder unüblich noch verwerflich – während der Kolonialzeit und in den Anfangsjahren der Republik richteten sich die Baumeister bevorzugt nach europäischen Vorbildern.

St. Paul's ist sowohl älteste Kirche als auch ältestes städtisches Gebäude Manhattans. Hier hat schon George Washington gebetet und auch die Messe anlässlich seiner Vereidigung zum Präsidenten fand 1789 hier statt. Zur Kirche gehört ein kleiner Friedhof mit steinernen Grabplatten.

21 New York Evening Post

20 Vesey Street zwischen Church Street und Broadway

Architekt: Robert D. Kohn, 1906; Skulpturen von Gutzon Borglum.

Geschichte einer ›Zeitungsmeile‹.

Da das Verlagsgebäude der ›New York Evening Post‹ auch architektonisch interessant ist – ganz oben z. B. herrscht Jugendstil-Ornamentik –, kann es gut als Beispiel für die Zeitungsgeschichte dieser Stadt dienen.

Zwischen 1840 und der Jahrhundertwende hatten in dieser Gegend alle großen Zeitungen New Yorks ihre Stammhäuser. Die Zeitungsmeile begann dort, wo Centre Street und Park Row aufeinandertreffen und heute die Pace Uni-

versity residiert. Sie trug im Volksmund den Namen ›**Newspaper Row**‹ und zog sich nach Süden bis zur Fulton Street. Dort hatte die ›Evening Post‹ ihr erstes Redaktionshaus, 1906 zog sie um in die Vesey Street. Diese 1801 von Alexander Hamilton gegründete Zeitung war vermutlich die konservativste unter den täglich erscheinenden Blättern, während die in deutscher Sprache gedruckte ›New Yorker Staats-Zeitung‹ für ihre Liberalität bekannt war.

Unter den 15 Zeitungen, die um 1895 hier Seite an Seite an der Newspaper Row standen, war auch die **New York Times**. Ihr *Verlagshaus* befand sich an der Park Row 41, das Gebäude aus dem Jahr 1889 von George B. Post gehört heute zur *Pace University*. Mit dem Umzug der ›Times‹ 1904 begann der Exodus der Zeitungsverlage. Heute erinnert nur noch der **Printing House Square** zwischen Park Row, Nassau und Spruce Street an die publizistische Vergangenheit der Gegend. Die *Statue* auf dem kleinen Platz stammt von Ernst Plassman (1872) und zeigt Benjamin Franklin, der sich ja nicht nur als Diplomat, Staatsmann und Erfinder einen Namen machte, sondern auch als Zeitungsverleger.

Neben dem Evening Post Building steht übrigens noch das interessante **New York County Lawyers Association Building** mit seiner dreigegliederten Fassade. Es wurde 1930 von Cass Gilbert errichtet und gehört zu seinen schlichteren Werken – wie man im Vergleich mit dem U. S. Custom House am Bowling Green [Nr. 6] und dem Woolworth Building [Nr. 22] feststellen kann.

22 Woolworth Building

233 Broadway

Architekt: Cass Gilbert, 1913.

»Kathedrale des Kommerzes« befand ein Geistlicher, doch für New Yorker ist es das »schönste kommerzielle Gebäude der Welt«.

Als Frank Winfield Woolworth 1879 in Utica New York sein erstes Geschäft gründete, führte er keine Ware, die teurer als fünf Cent war. Seltsamerweise kam er damit nicht an, der Laden ging ein. Beim zweiten Anlauf in Lancester/Pennsylvania hatte er mehr Glück, vielleicht, weil er die Preise erhöhte. Nun gab es Waren für fünf und zehn Cent: Der ›Nickel and Dime Store‹ war geboren und wurde ein

Welterfolg. 1913 besaß F. W. Woolworth so viel Geld, dass er sich in New York ein neogotisches Geschäftshaus erbauen lassen konnte, einen wahren Palast, üppig genug, um seine Person, seine Kaufhäuser und seine Erfolgsstory zu glorifizieren. In der dreistöckigen **Eingangshalle**, die eine blau, grün und golden schimmernde Mosaikdecke überspannt, kann man ihn sehen: Er sitzt unter der Balkonbrüstung, karikiert als kleiner Gnom, der seine 5-Cent-Stücke zählt. Ihm gegenüber hält der ebenfalls in Stein verewigte Baumeister Cass Gilbert ein Modell des 241 m hohen Woolworth Building im Arm, das immerhin bis 1930 das höchste Gebäude der Welt war.

23 Brooklyn Bridge

Zwischen Park Row in Manhattan und Adams Street in Brooklyn

Entwurf und Ausführung: John A., Washington und Emily Roebling, 1869–83.

Die Roebling-Saga ist so recht der Stoff, aus dem die Dramen sind.

Die Idee kam John A. Roebling, als er im Stau steckte. Staus sahen damals – wir schreiben das Jahr 1853 – noch etwas anders aus als heute, sie wirkten aber sicher nicht minder nervtötend, und dieser spezielle war ob der Kälte besonders unangenehm. Roebling steckte nämlich mit der Fähre zwischen Eisschollen auf dem East River fest. Dass ihm in dieser Situation die Idee kam, das *Verkehrsproblem* zwischen Manhattan und Brooklyn durch den Bau einer Brücke zu lösen, war naheliegend. **Johann Augustus Roebling** hatte am Königlichen Polytechnikum in Berlin studiert und als Ingenieur abgeschlossen. 1831 war er ausgewandert und hatte sich zunächst als Farmer in Pennsylvania niedergelassen. Ziemlich bald realisierte er, dass ihm die Technik näher lag als die Scholle, und damit begann seine Erfolgsstory: 1841 gründete er die erste Drahtseilfabrik Amerikas, fünf Jahre später baute er seine erste *Hängebrücke*. Er wurde bekannt und ein gesuchter Ingenieur, war an Projekten wie der Brücke über den Ohio und der Eisenbahnbrücke über die Niagara-Schlucht beteiligt.

Nach jenem Stau entwickelte sich die Brooklyn Bridge für ihn zur fixen Idee: »das größte Ingenieurwerk des Kontinents und des Zeitalters« wollte er schaffen, die höchste und längste Hänge-

◁ *Das Woolworth Building, eines der schönsten Gebäude New Yorks*

brücke der Welt. 16 Jahre dauerte es, bis seine Pläne genehmigt waren, und als es endlich soweit war und er einen Platz für die Brückenpfeiler suchte, zerquetschte ihm ein von einer Fähre verschobener Steg den Fuß. Zwei Zehen mussten amputiert werden, binnen drei Wochen starb er an Wundstarrkrampf – erster von 27 Toten, die der Brückenbau forderte.

Sein Sohn Washington übernahm die Leitung des Projekts. Er war kurz vor dem Tod des Vaters aus Europa zurückgekommen, wo er mit seiner Frau Emily die Caisson-Technik studiert hatte. **Caissons** sind Kästen ohne Boden, die unter Wasser versenkt und tief verankert werden, um als Fundamente für Brückentürme dienen. Pressluft verhindert das Eindringen von Wasser in die Kästen. Die Roeblings arbeiteten mit den größten Caissons, die jemals benützt worden wa-

ren, jeder hatte die Ausmaße eines Fußballfeldes. Dort unten standen die Arbeiter – Einwanderer aus Irland, Italien und Deutschland – und gruben sich mit Stemmeisen und Spitzhacken Zentimeter um Zentimeter in den Flussgrund. Die Arbeitsbedingungen waren grauenvoll. Das Atmen und Sprechen in den Pressluftkammern fiel schwer, die Hitze war unerträglich. Knapp drei Jahre nach Baubeginn trat unter den Arbeitern eine seltsame Krankheit auf, sie litten unter Schwindel, Muskel- und Gelenkschmerzen, einige starben. Die Ärzte waren ratlos, verordneten mehr Schlaf und warme Kleidung. Heute weiß man, dass es sich um die *Caissonkrankheit* handelte, die auftritt, wenn Menschen Überdruckkammern zu schnell verlassen.

Auch Roebling erkrankte. Nach einem zweiten Zusammenbruch blieb er ge-

Zweimal Brooklyn Bridge, »das größte Ingenieurwerk des Kontinents und des Zeitalters«

Oben: Bei Nacht spannt sich die Brücke als Lichterkette zwischen Brooklyn und Manhattan

Links: Bei Tag ist sie Laufsteg für Langstreckenjogger und Spaziergänger mit Sinn für ›Netzwerke‹

lähmt und litt unter rasenden Schmerzen, die er nur mit Morphium bekämpfen konnte. Doch seine Brücke gab er nicht auf. Zehn Jahre lang saß er im Rollstuhl am Fenster seines Hauses in Brooklyn und beobachtete mit dem Fernrohr den Fortgang der Arbeiten. Dass diese in seinem Sinne vorangehen konnten, ist seiner Frau Emily zu verdanken. Sie übernahm die Leitung der gigantischen Baustelle, sorgte dafür, dass die Qualitätsansprüche der Roeblings erfüllt wurden, wandte Intrigen ab, vermittelte, verhandelte. Sie führte ein Werk zu Ende, das in jeder Phase eine **Pioniertat** war, ob unter Wasser oder in der Höhe, wo tonnenschwere Kabel gespannt und verlegt werden mussten.

Das Fest, mit dem die Brücke am **24. Mai 1883** eröffnet wurde, muss grandios und der Bedeutung der Brücke als ›achtem Weltwunder‹ angemessen gewesen sein. Schon am ersten Tag spazierten 150 000 Menschen über die Brückenpromenade, und als der Zirkusmann Barnum wenig später 21 Elefanten hinübertrampeln ließ, waren auch Skeptiker von der Haltbarkeit der Brooklyn Bridge überzeugt. Dass sie Jahre später die Umstellung auf die Massenmotorisierung – heute fahren etwa 103 000 Autos pro Tag über die Brücke – genausogut verkraftete wie die Elefantenherde, ist eine posthume Bestätigung der großartigen Leistung der Familie Roebling.

24 Sun Building

280 Broadway

Architekten: Trench & Snook, 1846; Steinmetzarbeiten: Ottavio Gori.

Das erste große Warenhaus Amerikas.

Eigentlich müssten Bloomingdale's und Macy's ihm ein Denkmal setzen: A. T. Stewart hat hier, Ecke Chambers Street und Broadway, das erste große **Warenhaus** Amerikas eröffnet. ›Marble Palace‹ nennt man diesen **A.T. Stewart Dry Goods Store** auch; es ist im Stil eines italienischen Palazzo und ganz aus weißem Marmor gebaut. Damit war Stewart so erfolgreich, dass er bald expandierte und 1876 als der zweitreichste Mann Amerikas starb. Die ›Dry Goods‹, mit denen er sein Vermögen machte, sind übrigens Textilien.

Das Gebäude wurde 1917 von der Zeitung ›New York Sun‹ aufgekauft. Die hübsche Uhr an der Ecke Broadway und Chambers Street stammt aus deren Ära.

25 Civic Center

Zwischen Brooklyn Bridge, Broadway, Foley Square und City Hall Park

Regierung, Verwaltung und Justiz: Alle Macht geht vom Civic Center aus.

City Hall Park war im 18. Jh. der ›Common‹, eine freie Rasenfläche, die allen gehörte und zum Weiden des Viehs, für Versammlungen und militärische Übungen genutzt wurde. Schon damals standen hier öffentliche Gebäude wie Gefängnis, Pulverturm, Armenhaus und der Galgen – in gewisser Weise ja ebenfalls eine öffentliche Einrichtung. Wo heute **Foley Square** liegt, befand sich ein 1811 trockengelegter Teich. Zwischen diesen beiden Plätzen spielt sich heute das politische Leben New Yorks ab.

Ein Überblick über die wichtigsten Gebäude von Süden nach Norden:

City Hall, City Hall Park. Architekten: Joseph François Mangin und John McComb, Jr., 1803–11, 1812; Änderungen: Leopold Eidlitz, 1860; John Duncan, 1898; William Martin Aiken, 1903; Grosvenor Atterbury, 1907, 1915, 1917; Shreve, Lamb & Harmon, 1956.

Als die Stadt Anfang des 19. Jh. nach Norden expandierte, zog das **Rathaus** mit. Der alte Bau an der Wall Street wurde abgerissen, für die dritte City Hall in der Geschichte New Yorks wählte man den Common als Baugrund. Den Architektenwettbewerb und die damit verbundenen 350 Dollar gewannen Joseph F. Mangin und John McComb, Jr., ein Franzose und ein Schotte, die beide länderspezifische Ansätze einbrachten. So vereint City Hall Anklänge der französischen Renaissance und des englischen Georgian Style. Nicht belegt ist, von wem die Idee stammt, bei der Ausgestaltung der Nordseite zu sparen: Während die Frontpassage mit Marmor verkleidet wurde, verwendete man für die Nordseite nur billigen Backstein. Argument der Bauherren: »Es werden doch nur ein paar Dorftrottel im Norden wohnen: darum (…) einfache Ziegel nach hinten.« Bei der Renovierung 1956 widerfuhr dem Norden endlich Gerechtigkeit: Das ganze Gebäude wurde in Alabama-Kalkstein gekleidet.

City Hall zählt zu den elegantesten Bauten New Yorks. Es lohnt sich, einen Blick in die **Lobby** zu werfen, eine *Rotunda* mit Kuppeldach und einem prächtigen freitragenden Marmortreppen-Aufgang, der zu einer Galerie mit korinthischen Säulen führt. Von dort gelangt man in den *Governor's Room*, in dem historische Möbel und Porträts von wichtigen Staatsmännern ausgestellt sind.

Öffnungszeiten S. 175

Zu Beginn des 19. Jh. gab sich New York selbstbewusst und leistete sich ein elegantes Rathaus, das allerdings zunächst nur auf der Vorderseite mit Marmor verkleidet war und sich auf der rückwärtigen Seite mit einfachem Backstein begnügen musste

Old New York County Courthouse, auch **Tweed Courthouse**, 52 Chambers Street. Architekten: John Kellum und Leopold Eidlitz, 1858–78.

Das schmucke viktorianische Gebäude heißt nach dem Politiker William M. Tweed, der bei dessen Bau 10–14 Mio. Dollar öffentlicher Gelder in seine eigene Tasche wirtschaftete. Auch hier lohnt sich der Blick in die Eingangshalle.

Surrogate's Court/Hall of Records, 31 Chambers Street. Architekten: John R. Thomas und Horgan & Slattery, 1899–1911.

Ein prächtiger Beaux Arts-Bau: Acht korinthische Säulen dominieren die Fas-sade, Skulpturengruppen und Statuen setzen dramatische Akzente. Die großartige *Eingangshalle* erinnert an die Pariser Oper, auch wenn sie bescheidenere Ausmaße hat. Der Gebäude-Inhalt ist allerdings nüchterner als seine Verpackung: Neben dem Stadtarchiv ist hier das Nachlassgericht untergebracht.

Municipal Building, Centre Street bei der Chambers Street. Architekten: Mc-Kim, Mead und White, 1914.

Architektonisch eine gute Lösung: Der mächtige Bau erdrückt die niedrigere City Hall nicht, sondern bildet einen interessanten Kontrastpunkt zu dem eleganten Rathaus.

Lässige Lebensart und künstlerischer Anspruch finden im Viertel Tribeca ideale Entfaltungsmöglichkeiten

United States Courthouse, 40 Centre Street. Architekten: Cass Gilbert und Cass Gilbert, Jr., 1936.

Der Gerichtshof mit seiner wuchtigen Säulenhalle trägt die goldene Pyramide, Gilberts Markenzeichen. Hier werden Angelegenheiten auf Bundesgerichtsebene verhandelt.

New York County Courthouse, 60 Centre Street. Architekt: Guy Lowell, 1926.

Ein mächtiger Portikus mit korinthischen Säulen gereicht dem sechseckigen Gebäude nicht gerade zum Vorteil, aber der Entwurf ging als Sieger aus einem Wettbewerb von 1912 hervor. Die Justiz heischt Respekt, auch wenn hier nur ›niedere Gerichtsbarkeit‹ stattfindet.

Criminal Courts Building, 100 Centre Street. Architekten: Harvey W. Corbett und Charles B. Meyers, 1939.

An diesem Ort ist es vor allem nachts interessant, wenn hier Recht gesprochen bzw. entschieden wird, ob von der Polizei festgesetzte Übeltäter in eine Zelle müssen oder mit einer Verwarnung davonkommen. Die Sitzungen sind öffentlich.

26 Tribeca

Zwischen Canal Street,
West Street, West Broadway
und Chambers Street

Das Goldene Dreieck der Meisterköche.

Das Kürzel Tribeca steht für ›**Tri**angel **be**low **Ca**nal Street‹ (Dreieck unterhalb der Canal Street). Der Erfinder dieser Abkürzung war ein cleverer Immobilienmakler, der Mitte der 70er-Jahre des 20. Jh. vorausahnte, dass in den sich leerenden Markt-, Fabrik- und Lagerhallen eine ähnliche Entwicklung einsetzen würde wie in SoHo. Außerdem fand er den Namen ›Tribeca‹ schicker und verkaufsfördernder als ›Lower West Side‹.

Mit beiden Annahmen behielt er Recht. **Künstler**, die sich SoHo nicht mehr leisten konnten, zogen schon in den 80er-Jahren nach Tribeca, wo sie ähnlich gute Arbeitsbedingungen vorfanden: Die großen Hallen eigneten sich hervorragend als Proberäume, Ateliers oder Studios. Und als die Künstler sich hier niedergelassen hatten, wurde Tribeca schick und zog bald auch Spitzenköche an, die hier Manhattans Gourmettempel eröffneten. Heute hat sich die Szene zwar nach Midtown verlagert, doch einige der guten Häuser sind geblieben. Dazu gehören z. B. das Odeon (145 West Broadway), das erste Restaurant, das sich 1980 in diese Gegend wagte, das Montrachet (239 West Broadway), das Chanterelle (2 Harrison Street) und der Tribeca Grill (375 Greenwich Street). Letzterer gehört dem Schauspieler Robert de Niro und ist ein Magnet für Künstler: wenige Arrivierte und viele, die hoffen, an der Bar entdeckt zu werden.

Architektonisch ist Tribeca nicht so geschlossen wie SoHo. Dennoch lassen sich bei einem Bummel durch die Seitenstraßen interessante Bauten entdecken: Alte Warenhäuser, Backsteinlager, Gusseisenkonstruktionen, Relikte aus dem frühen 19. Jh. Besonders interessant sind die **Harrison Street Houses**, zweigeschossige Wohnhäuser aus dem 18. und frühen 19. Jh., die zum Großteil von der Washington Street hierher transportiert und restauriert wurden.

Zwischen Feuerleitern und Pekingenten:
Noch immer findet man in Chinatown
eine fremde, exotische Welt mitten im facettenreichen Manhattan

27 Chinatown

Keiner blickt hinter die Kulissen.

Ursprünglich nahm Chinatown das Gebiet zwischen den Straßen Canal, Baxter, Worth, Park und Bowery ein; diese alten Grenzen sind heute allerdings nicht mehr gültig, Chinatown wächst und wächst. Little Italy hat es schon fast verschlungen, an der Grenze zu SoHo ist es bereits angekommen, und vor allem nach Osten dehnt es sich aus. Wo einst die jüdische Gemeinde der Lower East Side lebte, bedecken nun chinesische Schriftzeichen die Wände, tauchen Pagoden und Löwenstatuen auf, ziehen Restaurants und Imbissstuben ein.

Wieviele Menschen in diesem Viertel leben, wissen allenfalls diejenigen, die es beherrschen: die Triaden, die chinesische Mafia. Genau gezählt hat die Bewohner Chinatowns keiner, denn die Mehrheit derer, die hier leben, lässt sich nicht zählen. Es sind illegal Eingewanderte, die sich zu Hungerlöhnen in den vielen Textilfabriken verdingen müssen, um die Schlepper zu bezahlen, die sie ins Land

Kulturexport – auch in der Fremde ehren die meisten Chinesen überlieferte Traditionen

Chinatown – Zuflucht im Osten

Als P. T. Barnum 1841 am Broadway sein ›American Museum‹ eröffnete, zeigte er neben Zwergen und anderen Missgestalten auch einen Chinesen – damals noch eine bestaunenswerte Attraktion. Die **Masseneinwanderung** der Chinesen in die USA setzte erst Mitte des 19. Jh. ein und tangierte die Bewohner der Ostküste am Anfang überhaupt nicht – der Osten hatte sich seine billigen Arbeitskräfte immer aus Europa geholt. Als Kalifornien nach dem Goldrausch jedoch plötzlich Tausende von Menschen brauchte, die für einen Hungerlohn in den Minen schufteten und die Eisenbahn bauten, bot es sich an, Chinesen zu nehmen, die vor der Armut in ihrer Heimat flohen. Sie kamen zu Tausenden – allerdings nur Männer, am Zuzug der Familien waren die Einwanderungsbehörden nicht interessiert.

Die Schwierigkeiten begannen in den 70er-Jahren. Je zahlreicher die Chinesen wurden – 1880 stellten sie fast ein Zehntel der kalifornischen Bevölkerung dar – und je schwieriger sich die wirtschaftliche Situation des Landes gestaltete, desto größeren Feindseligkeiten sahen sich die Asiaten ausgesetzt. Sie wurden misshandelt, verloren die Arbeit und ihren Besitz. Die antichinesische Stimmung war so aufgeheizt, dass 1882 von der US-Regierung ein Gesetz erlassen wurde, das chinesischen Arbeitern die Einreise verbot. Diejenigen, die schon im Lande waren, zogen auf der Suche nach Arbeit, nach dem Schutz einer Gemeinschaft nach Osten. So entstanden die **Chinatowns** in den Städten an der Ostküste. Wie schnell sie wuchsen, zeigen die Zahlen aus New York: 1870 lebten 29 Chinesen in dem Teil der Lower East Side, der später Chinatown genannt wurde, 1890 waren es schon 3000, eine autarke Gemeinschaft, isoliert vom weißen New York durch ihre Sprache, ihre Religion und die Angst vor der Außenwelt. Chinatown war eine reine **Männerstadt** – noch 1965, als hier bereits 20 000 Menschen lebten, war die Zahl der Frauen gering. Organisationen bildeten sich, die das soziale und wirtschaftliche Leben regelten und den Männern ohne Familie Halt gaben. Die Gesetze, die hier galten, waren nicht im Rathaus von New York gemacht, und daran hat sich bis heute nichts geändert, dafür sorgt schon die chinesische Mafia, die das Heft fest in der Hand hält.

gebracht haben. Wie haarsträubend die Bedingungen sind, unter denen die Arbeiter leben, kam bei Einsätzen der Feuerwehr an den Tag: Bei zwei Bränden in der Canal und in der Market Street fanden die Feuerwehrleute 1995 in einem Keller 40, im anderen 50 Menschen; letztere zahlten für diese ›Wohnung‹ 60 Dollar Miete! Von den ›sweatshops‹, in denen die Näherinnen arbeiten, von den Elendsquartieren, sieht der Besucher nichts. Der Einfluss von **Big Business** hingegen ist nicht zu übersehen: Viele Geschäftsleute aus Hong-kong haben in New York investiert und die vergoldeten, mit Löwen verzierten Fassaden der Banken können nicht darüber hinwegtäuschen, dass die Geschäftsmethoden hier genauso hart sind wie in der Wall Street. Die Asiaten sind auf dem Vormarsch. Zwar stellen sie noch immer eine relativ kleine ethnische Gruppe in der Viel-Völker-Stadt, was jedoch ihre wirtschaftliche Macht betrifft sind sie ein nicht mehr zu übersehender Faktor im Leben der Stadt.

Dem Besucher präsentiert sich Chinatown als Enklave, als völlig **fremde Welt** mit exotischen Geschäften, mit Verkaufsständen in engen Straßen, auf denen sich Früchte und Gemüse, Fische, Krabben, Muscheln türmen, mit schmalen Restaurants, in deren Fenster rot gebeizte Enten hängen. Unter den Menschen, die in fremdartigem Singsang aufeinander einreden – viele von ihnen sprechen gar kein Englisch –, fühlt man sich wie auf einem anderen Kontinent. Wären da nicht die Zwillingstürme des World Trade Center, die ab und zu über den Pagoden und den bunten Drachenköpfen auftauchen, oder die Spitze des Empire State Building, die nachts über den Dächern leuchtet, man könnte sich Hongkong oder Taipeh glauben. Was das Verhältnis zwischen diesen beiden Städten bzw. zwischen Festlandchinesen und Taiwan betrifft, so haben sich die Machtverhältnisse in Chinatown in den letzten Jahren verschoben: Standen New Yorks Chinesen bis Mitte der 90er-Jahre des 20. Jh. auf Seiten des unabhängigen Inselstaates, so sind nun jene tonangebend, die ihre Weisungen aus Beijing bekommen und die politischen Fäden in New York entsprechend ziehen.

Auch davon merkt man natürlich als Außenstehender nichts, Chinatown lässt keinen Blick hinter die Kulissen zu. Ob Fremde oder Manhattanites, wer in dieses Viertel kommt, will die Einkaufs-

Massenspeisung: In Chinatown lockt eine Vielzahl guter und günstiger Restaurants

möglichkeiten nutzen – Tee, Ginseng, Möbel, Porzellan, Kleinkitsch made in China. Oder man will die Köstlichkeiten der chinesischen Küche genießen. Chinatown bietet Hunderte von Restaurants, meist kleine, immer volle Familienbetriebe, die in schlichtem Ambiente Köstlichkeiten aus den verschiedenen chinesischen Provinzen servieren. An Samstagen muss man mit langen Schlangen vor den beliebtesten Restaurants rechnen, Vorbestellungen werden nicht angenommen. Auch am Sonntag vormittag ist es recht voll: Da pilgern die New Yorker zum **Dim Sum Brunch** nach Chinatown. Dim Sum wird in großen Hallen serviert; die Kellner kommen mit Wägelchen vorbei, auf denen verschiedene Speisen stehen. Man nimmt, was man will – bezahlt wird nach der Anzahl und Art der Teller, die man vor sich aufgestapelt hat. Was die Preise betrifft, so sind sie noch immer reell in Chinatown, und das ist sicher auch mit ein Grund, warum sich die Gegend so großer Beliebtheit bei Touristen und Einheimischen erfreut.

»Die Rolle des Künstlers in New York besteht darin, dass er ein Viertel so attraktiv macht, dass es sich die Künstler nicht mehr leisten können, dort zu leben.« Dieser Satz von Ed Koch, Ex-Bürgermeister von New York, kann als Leitmotiv für den Spaziergang durch SoHo, die Villages und Chelsea dienen. Beginnend mit **Greenwich Village**, wo die Boheme in den 20er-Jahren fröhliche Urstände feierte, wurden die Stadtviertel nördlich von Canal Street nach ihrem Niedergang allesamt von Künstlern als billige Quartiere entdeckt und zu neuem Leben erweckt. Mit dem Effekt, dass die alte Bausubstanz in den Wohn- und gewerbegebieten erhalten blieb und heute weite Teile unter Ensembleschutz stehen. Als Greenwich Village zu teuer wurde, lenkten die jungen Kreativen ihre Schritte nach **SoHo**, **Tribeca** und ins **East Village**. In SoHo regiert heute nur noch der Kommerz, und so hat sich das neue Galerieviertel Manhattans ins westliche **Chelsea** verlagert.

28 SoHo

Vom Künstlerviertel zum Einkaufszentrum.

»Es gibt keine anständigen Restaurants zwischen der Houston Street und den Trattorien, die fünf Blöcke südlich an der Grand Street liegen; die einzige Bar, wo die Künstler sich treffen, ist Fanelli's ... Man findet keine Boutiquen, ... keine Taxen, keine Clubs. Was den Besucher ... am Loft-District am meisten verblüfft, ist, dass es keine ›Szene‹ gibt.« Wer erlebt, was sich heute in **SoHo** abspielt, weiß, dass diese Meldung aus einer anderen Zeit stammt. Und so ist es auch: Der Text wurde 1971 geschrieben. Damals begann das Viertel der verlassenen Lagerhallen wieder ins Bewusstsein der Öffentlichkeit zu rücken.

Für diesen Ruck sind vier große Uptown-Galeristen – Leo Castelli, Andre Emmerich, John Weber und Ileana Sonnabend – verantwortlich. Sie hatten am West Broadway ein Gebäude gekauft – in der Absicht, Kunst dort anzubieten, wo sie produziert wurde, nämlich ›South of Houston Street‹. Dieses Viertel war in den 60er-Jahren des 20. Jh. zunehmend für junge, noch nicht arrivierte **Künstler**

attraktiv geworden, die die Mieten in Chelsea und Greenwich Village nicht mehr zahlen konnten und in den ›Lofts‹, den Lagerhallen der ehemaligen Fabrikgebäude, ideale Räumlichkeiten für Ateliers und Studios vorfanden.

Nachdem SoHo von den **Uptown-Galeristen** entdeckt worden war, setzte langsam, aber stetig ein Prozess ein, der seit einigen Jahren abgeschlossen ist und im Amerikanischen mit dem Ausdruck **Gentrification** beschrieben wird, was nichts anderes bedeutet, als daß sich eine ehemalige Schmuddelecke in ein teueres, schickes Viertel verwandelt. Diesen Prozess leiten, wie am Fall SoHo exemplarisch zu sehen ist, in der Regel die Künstler ein, ihnen folgen die Galeristen, in deren Schlepptau sich Geschäfte, Boutiquen, Restaurants etc. ansiedeln. Dann kommen die Immobilienhändler und vermarkten das ›Künstlerviertel‹. Nun ziehen all jene zu, die den Wert einer kreativen Adresse zu schätzen wissen und die Nähe zur Boheme suchen: Wall Street Yuppies, Werbefirmen, Zahnärzte und Rechtsanwälte. Zu diesem Zeitpunkt gibt es dann eine ›Szene‹, aber die Künstler sind bereits weitergezogen, denn nur noch die Arrivierten können sich die ständig steigenden Mieten leisten.

SoHos mittellose Kreative suchten sich bereits in den 70-Jahren eine neue Bleibe, sie wichen nach Tribeca aus

◁ **Oben:** *Außen liegende Feuerleitern deuten darauf hin: SoHo ist mit Gusseisen gebaut*

Unten: *Das East Village ist ein liebliches, überschaubares – und grünes – Viertel*

[s. S. 50]. Nachdem auch dort die Gentrification begann, zogen sie in den 80er-Jahren in die Lower East Side, machten auch dieses Viertel gesellschaftsfähig und damit für ihresgleichen unbezahlbar.

In der zweiten Hälfte der 90er-Jahre setzte dann eine Entwicklung ein, die das endgültige Aus für SoHo als Hort der Kunst bedeutete. New York boomte, der Stadt ging es so gut wie nie, Touristen kamen zu Hauf, New Economy Businesses erkoren Lower Manhattan zur ›Silicon Alley‹, und das hübsche SoHo wandelte sich zum großen Einkaufszentrum. Die Gentrification erreichte ihren Höhepunkt in der ›Shoppingmallisation‹. Jeder Designer, der etwas auf sich hält, ist hier vertreten, überall regiert der Konsum, die Kunst spielt dabei nur noch eine Statistenrolle. Die ernstzunehmenden Galeristen zogen ihre Konsequenzen: Pat Hearn war die erste, die den Exodus einleitete, Ende der 90er gingen dann auch die Protagonisten Castelli und Sonnabend.

Was die Touristen genießen, jedenfalls ist das anzunehmen, wenn man die Taschen schleppenden Japaner, Franzosen und Deutschen sieht, die durch die Straßen eilen, ist für die Bewohner des Viertels eine Katastrophe. Nahezu alle Geschäfte, in denen sie Artikel für den täglichen Bedarf kaufen konnten, sind verschwunden. In SoHo heute eine Clopapierrolle oder ein Toastbrot zu finden, ist schier unmöglich. Kein Mangel besteht hingegen an Antiquitäten, Kunst-handwerk aus aller Welt, Schuhen für alle Anlässe, Bars, Restaurants, Boutiquen – aber all das ist nun mal keine Alternative zum Clopapier.

Wer nicht erwartet, in SoHo ein vibrierendes Künstlerquartier zu finden, kann das Viertel dennoch genießen, es ist eine der hübschesten Gegenden Manhattans. Große Teile stehen unter Ensemble-Schutz, denn nirgends findet man hübschere *Cast Iron Bauten*. Sehen Sie sich **Greene Street** sowie **Broome Street** an, und versäumen Sie nicht, einen Blick auf das **Little Singer Building** (561 Broadway, Architekt: Ernest Flagg, 1904) zu werfen, das durch eine ausgefallene Fassade mit Glas- und Terracotta-Elementen bezaubert.

Ebenfalls ein ›Muss‹ in dieser Gegend ist das **Haughwout Building** (487 Broadway, Architekt: John P. Gaynor, 1857). Es gilt als ›Parthenon der Cast-Iron-Architektur in Amerika‹. Die *Fassade* orientiert sich noch an den Werten der Alten Welt – korinthische Halbsäulen rahmen die Fenster, palladianische Bogen ziehen sich über vier Stockwerke. Im *Inneren* hingegen wurde 1857 von Elisha Graves Otis ein zukunftsweisendes Gerät installiert: der erste sichere Personenaufzug der Welt, damals noch dampfgetrieben.

Zu den Museen, die einen Besuch lohnen, gehört das **Museum for African Art** (593 Broadway), eines der wenigen Museen in Nordamerika, das sich aus-

Boutiquen und Modegeschäfte nutzen heute die ehemaligen Fabrikhallen SoHo's

*Jenseits von Afrika, nämlich am Broadway, lockt das Museum for African Art
Besucher an*

schließlich mit afrikanischer Kunst beschäftigt. Ebenfalls empfehlenswert sind das **Alternative Museum** (594 Broadway) und das ihm gegenüber liegende **New Museum of Contemporary Art** (583 Broadway). Im **Guggenheim Museum SoHo** (575 Broadway) sind wechselnde Ausstellungen zum Thema moderne Kunst zu sehen.

Öffnungszeiten S. 173, 174

29 Little Italy

Zwischen Canal und East Houston Street, Lafayette Street und Bowery

Italien ohne Flair.

Es ist kein Zufall, dass der Heilige, der im September in der Mulberry Street eine Woche lang gefeiert wird, San Gennaro heißt und aus Neapel kommt: Die meisten **Italiener**, die Ende des 19. Jh. nach Amerika auswanderten, stammten aus Süditalien und konnten den Schutz eines so mächtigen Mannes wie des Bischofs Gennaro von Benevent, der 304 wegen seines Glaubens enthauptet wurde, gut gebrauchen. Sie waren zwar »Hunger, Krieg, Pest und dem Feuer des Vesuv entgangen« – für diese Bereiche war San Gennaro zu Hause zuständig –, doch die Zustände, die sie in New York erwarteten, fielen durchaus auch in den Schutzbereich eines Heiligen. Harte, schlecht bezahlte Arbeit – die Männer bauten Straßen und die Kanalisation der Stadt, die Frauen waren in der Textilindustrie beschäftigt – und grauenvolle Wohnbedingungen. Um 1900 lebten in den 27 Häuserblöcken um Mulberry Street 40 000 Menschen.

In der Gegend gab es kein öffentliches Bad, keinen Spielplatz. Die hygienischen Verhältnisse waren katastrophal, Krankheiten wie Tuberkulose wüteten in den stickigen, engen Häusern – da hatte San Gennaro genug zu tun! Das Fest zu sei-

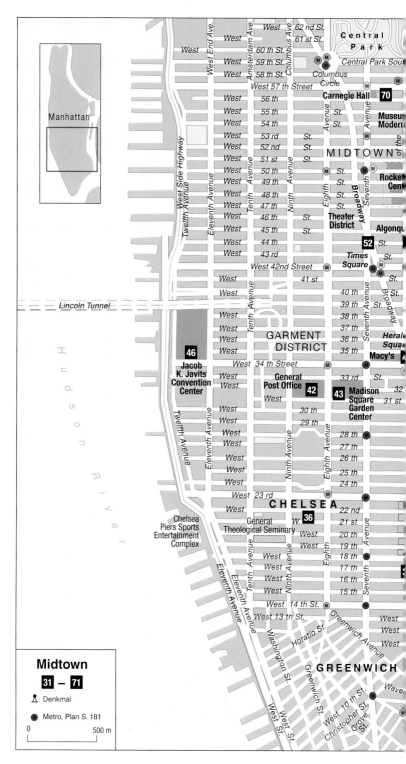

West End Ave.
Amsterdam Ave.
Columbus Ave.

West 62 nd St.
61 st St.

Central Park

West 60 th St.
West 59 th St.
West 58 th St.

Central Park Sou

West 57 th Street
Columbus Circle

West 56 th
West 55 th
West 54 th
West 53 rd
West 52 nd St.
West 51 st St.

Carnegie Hall 70

Museu
Modern

MIDTOWN

West 50 th St.
West 49 th St.
West 48 th St.
West 47 th St.
West 46 th St.
West 45 th St.
West 44 th
West 43 rd

Broadway
Seventh
Eighth
Avenue
St.

Rocke
Cen

Theater District

Algonqu

52 St.

West 42nd Street
41 st

Times Square

St.
St.

West 40 th
West 39 th
West 38 th
West 37 th
West 36 th
West 35 th

St.
St.

Seventh Avenue
Broadway

Heral Squa

GARMENT DISTRICT

Macy's

West 34 th Street

33 rd St.
32

West

General Post Office 42

43 **Madison Square Garden Center**

31 st

West
West 30 th
29 th

West
West 28 th
West 27 th
West 26 th
West 25 th
West 24 th

Ninth Avenue
Eighth Avenue

West 23 rd

CHELSEA

22 nd

West
21 st
20 th
19 th
18 th
17 th
16 th
15 th

36

Chelsea Piers Sports Entertainment Complex

General Theological Seminary

W.

West
West

Eighth
Seventh Avenue

West 14 th St.
West 13 th St.

Greenwich Avenue

West
West
West

Horatio St.
Washington St.
Greenwich St.

GREENWICH

West 10 th St.
Christopher St.
Grove St.
Wave

West St.

Lincoln Tunnel

West Side Highway
Twelfth Avenue
Eleventh Avenue
Tenth Avenue

Hudson River

Manhattan

Midtown

31 – 71

🛆 Denkmal

Ⓜ Metro, Plan S. 181

0 _____ 500 m

58

71 Grand Army tel Plaza

135 E. 57th St.

69

67 ny Bldg.

Heron Tower
68 Park Ave. Tower

E. 56th St.
E. 55th St.

Lever House 64

65 Citicorp

66 885 Third Ave.

E. 54th St.

Seagram Bldg. 61

59 St. Bartholomew's Church
General Electric Bldg. 60

58 St. Patrick's Cathedral

56 Waldorf-Astoria Hotel

ond 62

Grand Central Terminal

51

50 Chrysler Building

54 United Nations Headquarters

49 E. 42nd Street

48

ublic brary

mpire tate uilding

47 Pierpont Morgan Library

44

Little Church around the Corner
41

40

Madison Square Park

Flatiron Building

39

38 Gramercy Park Historic District

35 Theodore Roosevelt Birthplace

Union Square
34

31

EAST VILLAGE

Tompkins Square Park

Astor Place
33 Cooper Square

ILLAGE
North Washington Square South
N.Y. University

Queensboro Bridge

Roosevelt Island

West Channel

East Channel

Roosevelt Memorial

United Nations Plaza

Queens-Midtown-Tunnel

Franklin D. Roosevelt Drive

East River

Marmor, Stein und Eisen bricht

Ganz SoHo ist aus Eisen gebaut. Wer's nicht glaubt, sollte sich eine Stelle suchen, an der die Farbe abgeblättert ist und sich selbst überzeugen. Was sich hier als Marmor, Ziegel oder Sandstein geriert, ist **Gusseisen**. *Folgerichtig heißen die 26 Blöcke, die zwischen West Broadway und Crosby Street, zwischen Canal/Howard Street und West Houston Street unter Ensembleschutz gestellt wurden, denn auch* **Cast Iron Historic District**.

Gusseisen wurde im 19. Jh. als Baumaterial populär; die Technik, vorfabrizierte Teile miteinander zu verbinden, ermöglichte es, große Flächen zu überspannen und eignete sich so besonders zum Bau von Brücken, Bahnhöfen, aber auch Fabriken und Lagerhallen. Gusseisen hatte außerdem noch einen Vorteil: Es brannte nicht so schnell. Die New Yorker, die nach zwei großen Feuern innerhalb von nur zehn Jahren (1835 und 1845) gebrannte Kinder waren, wussten dies zu schätzen.

So kam es, dass die **Fabrikanten**, *die in den 1860er-Jahren in das Viertel South of Houston zogen und dort Manufakturen, Textilfabriken, Lager- und Fabrikationshallen bauten, sich der neuen Technik bedienten, die es zudem erlaubte, Gebäude sehr viel schneller und billiger zu errichten, als dies in herkömmlicher Bauweise möglich gewesen wäre. Auch ästhetisch ergaben sich neue Spielformen: Gusseisen war bestens dazu geeignet, dekorative Elemente in Serie auszuführen; die unendliche Wiederholungsmöglichkeit einer Form birgt ebenfalls Reize.*

Der **Gusseisen-Bauboom** *dauerte nur etwa 30 Jahre. 1890 war man technisch so weit, sich an die Konstruktion der ersten Hochhäuser mit Stahlskelettrahmen zu wagen, Gusseisen gehörte so zu sagen zum alten Eisen. Auch die Blütezeit SoHos ging vorbei. Schon in den 20er-Jahren begann der Verfall der Gegend, der erst rund 50 Jahre später durch den Zuzug der Künstler aufgehalten wurde.*

Kaum kratzt man in SoHo an der Fassade, schon kommt Gusseisen zum Vorschein

nen Ehren wirkt heute allerdings ein biss-chen steril, wie überhaupt Little Italy viel an Atmosphäre verloren hat. Man wird das Gefühl nicht los, dass hier nur noch die Restaurantbesitzer und Geschäftsleu-te Italien spielen, wobei die Preise zwar authentisch sind, nicht aber die Leistun-gen der Köche. Es fehlen diejenigen, die Qualitätsansprüche stellen könnten: In Little Italy leben kaum mehr Italiener. Bereits nach dem Zweiten Weltkrieg fand die **Abwanderung** in die Vororte statt, nur die Alten blieben ihrem angestamm-ten Viertel treu. Mulberry Street hält noch die Stellung, angeblich deshalb, weil es Absprachen zwischen der Mafia und ihrem chinesischem Pendant gibt. Der Rest von Little Italy ist fest in chine-sischer Hand.

Architektonisch interessant sind (von Sü-den nach Norden):

N. Y. C. Police Headquarters, 240 Cent-re Street. Architekten: Hoppin & Koen, 1909.

Das ehemalige eindrucksvolle Polizei-hauptquartier im französischen Neo-Renaissancestil, das den gesamten Block zwischen Grand/Centre/Broome Street und Centre Market Place einnimmt, wur-de im Jahr 1988 in ein Apartmenthaus verwandelt (Architekten: Ehrenkranz Group & Eckstut).

Green Point Bank, 130 Bowery. Archi-tekten: McKim, Mead & White, 1894.

Der prachtvolle Bau mit der grandio-sen *Schalterhalle* wirkt etwas deplaziert an der Bowery, einer ziemlich übel be-leumundeten Straße, die man eher mit so-zialem Elend in Verbindung bringt als mit dem großen Geld. Wie die Fifth Avenue für Glanz, Reichtum und Erfolg steht, so war die *Bowery* jahrzehntelang Synonym für sozialen Abstieg, Alkoho-lismus, Arbeitslosigkeit. Penner, Bars und billigste Absteigen prägten das Ge-sicht dieser Straße – noch in den 40er-und 50er-Jahren des 20. Jh. kamen vier bis fünf Kneipen auf einen Häuserblock.

Old Saint Patrick's Cathedral, 260–264 Mulberry Street. Architekt: Jo-seph Mangin, 1815; 1868 nach einem Feuer von Henry Engelbert restauriert.

Dies ist die Vorgängerin der Kathe-drale an der Fifth Avenue [Nr. 58]. Nach ihrem Wiederaufbau wirkt sie eher wie ein »neogotischer Schober als wie eine bedeutende Kathedrale«, so der ›New York Times‹-Journalist Paul Goldberger. Gusseiserne Säulen tragen im großräu-migen *Inneren* eine Holzdecke. Werfen Sie auch einen Blick in die benachbarte *St. Michael's Chapel*, 266 Mulberry Street (Architekten: James Renwick, Jr., und William Rodrigue, 1859).

30 Lower East Side Tene-ment Museum
90 Orchard Street
Wie die andere Hälfte lebte.

Es gibt bedeutendere Museen in Manhat-tan, doch dieses widmet sich als einziges

Zwar kann man in Little Italy nicht mehr an jeder Ecke essen ›wie bei Mamma‹, aber dafür bringt die verfeinerte italienische Küche Mittelmeer-Ambiente nach New York

dem Leben derjenigen, die im 19. Jh. die Mehrheit der Stadtbevölkerung stellten: den Hunderttausenden mittellosen Einwanderern, die damals in die Stadt strömten.

In den Jahren zwischen 1830 und 1890 erlebte New York eine Bevölkerungsexplosion: Allein in Manhattan stieg die Zahl der Einwohner von rund 200 000 auf 1,4 Mio. an. Die Menschen, die tagtäglich von den Schiffen an Land gingen, kamen aus Europa, wo sie Hunger, politischer Unterdrückung und Verfolgung entflohen waren. Die erste große Einwanderungswelle setzte ab 1845 ein und brachte mehr als eine Million **Iren** in die USA, die ihre Heimat wegen der durch die Kartoffelfäule ausgelöste Hungersnot verlassen hatten. Ab Mitte des Jahrhunderts begann dann die Massenimmigration der **Deutschen**, die dritte Einwanderungswelle brachte russische und osteuropäische **Juden**: 1,5 Mio. traten die Reise über den Atlantik an, um den Pogromen zu entfliehen, die nach der Ermordung von Zar Alexander II. im Jahr 1881 stattfanden.

New York war damals der größte Einwandererhafen der USA, aber selbstverständlich blieben nicht alle in der Stadt am Hudson. Wer blieb, und sei es auch nur, weil er zu arm war, um weiterzureisen, lenkte seinen Schritt vom Boot in die Lower East Side. Dort lag das klassische **Einwandererviertel**, dessen Gesicht sich bis ins 20. Jh. hinein immer wieder

veränderte, je nachdem welche ethnische Gruppe gerade das Sagen hatte.

Die **Wohnungsnot** schrie zum Himmel, und die Hausbesitzer zogen aus ihr Gewinn. Sie teilten Häuser, Lagerhallen oder Brauereien in kleinste Wohneinheiten, die sie an vielköpfige Familien vermieteten. Mitte des 19. Jh. begannen Spekulanten, unter ihnen die besten und reichsten New Yorker Familien, mit dem Bau von **Tenements**, mehrstöckigen Mietskasernen. Die schmalen, lang gestreckten Gebäude wurden in winzige fensterlose und unbelüftete Wohnungen unterteilt, sanitäre Einrichtungen fehlten, oft mussten sich mehr als 150 Menschen eine einzige Toilette und eine Wasserstelle im Keller oder Hof teilen. ›Railroad Apartments‹, nannte man diese Löcher, weil sie wie Eisenbahnwagons aneinandergereiht waren.

Erst 1867, nachdem es bereits mehr als 15 000 Tenements gab, wurde ein erstes Gesetz erlassen, das bestimmte sanitäre und bauliche Richtlinien vorgab. Das kümmerte die Hausbesitzer in der Regel wenig. 1879 trat dann ein zweites Gesetz in Kraft, das vorschrieb, einen engen Luftschacht zwischen aneinandergrenzenden Gebäuden zu lassen, damit ein Minimum an Luft und Licht in die Wohnungen dringen konnte.

Welche Zustände in den Tenements herrschten, kann die museale Realität nicht verdeutlichen. Ende des 19. Jh. war die Lower East Side der am dichtest be-

Graffiti in der Lower East Side warnen vor der synthetischen Droge Crack

Kleindeutschland in Amerika

Ihre erste Blüte erlebte die Lower East Side als **Little Germany**. *Die Deutschen bildeten die erste große Immigrantengruppe, die sich in Sprache, Kleidung und Gebräuchen vom britisch geprägten New York unterschied und schon deshalb dazu tendierte, sich hier in der Fremde eine eigene kleine Welt aufzubauen. Wobei diese Welt so klein gar nicht war: 1880 zählte die deutsche Gemeinde in New York 370 000 Mitglieder, das entsprach immerhin einem Drittel der Stadtbevölkerung, und Kleindeutschland hätte damit den Rang als viertgrößte Stadt der USA einnehmen können.*

Erste Anlaufstelle zahlreicher mittelloser, meist deutscher Immigranten war im 19. Jh. die Lower East Side

Das Zentrum der **deutschen Enklave** *lag im Norden der Lower East Side, also unterhalb der 14th Street, und wie es dort in den 1870er-Jahren zuging, beschreibt ein Zeitgenosse: »Kleindeutschland umfasste 400 Häuserblocks, sechs Avenues und vierzig Straßen. Tompkins Square war mehr oder weniger das Zentrum. Die kommerzielle Schlagader war Avenue B, der ›Deutsche Broadway‹. Jeder Keller war eine Werkstadt, in jedem Parterre gab es einen Laden, und die Gehsteige, teils überdacht, dienten als Umschlagplatz für Güter aller Art. Bierhallen, Austernsaloons und Lebensmittelgeschäfte fanden sich in der Avenue A. Die Bowery war die westliche Grenze, doch war sie zugleich auch der Vergnügungs- und Freizeitbezirk. Alle Formen künstlerischer Zerstreuung wurden hier geboten – sei es klassisches Drama oder Puppentheater.«*

Einen fester Bestandteil des öffentlichen Lebens stellten die vielen Wirtshäuser, die Bierhallen und Biergärten dar. Ebenso wie die **Gesangs- und Turnvereine**, *in denen die Deutschen organisiert waren, dienten sie aber nicht nur dem Amüsement, sondern erfüllten auch noch andere Zwecke: Hier traf man sich, um zu diskutieren und Politik zu machen. Fortschrittliche Politik. Viele der Immigranten hatten Deutschland nach der gescheiterten Revolution von 1848 verlassen, waren politische Flüchtlinge, Freidenker, Intellektuelle. New York war nach 1872 das Zentrum der* **Ersten Sozialistischen Internationale**, *in der Gewerkschafts- und Arbeiterbewegung gaben deutsche und vor allem deutsch-jüdische Sozialisten den Ton an. Mit Recht gelten die Deutschen aus der Lower East Side als die Stammväter des amerikanischen Sozialismus.*

*Als die Lower East Side zum Schtetl wurde, zogen die deutschen Bewohner verstärkt nach Norden, nach Yorkville. Für diejenigen, die es noch in der Lower East Side gehalten hatte, endete die Geschichte Kleindeutschlands mit einem schrecklichen Unglück: Am 15. Juni 1904 geriet die ›***General Slocum***‹, ein Ausflugsdampfer, auf dem sich 1331 Angehörige der deutsch-lutherischen Gemeinde, hauptsächlich Frauen, Babies und Schulkinder, befanden, auf dem East River in Brand – die Katastrophe kostete mehr als 1000 Leben. Die Hinterbliebenen packten ihre Habe und verließen das Viertel. Viele derer, die nicht einmal mehr dazu die Kraft hatten, sahen nur noch einen Ausweg: In dem Jahr nach dem Unglück nahmen sich rund 100 Menschen in Kleindeutschland das Leben. Eine Statue auf dem Tompkins Square Park erinnert an das Unglück: Sie zeigt ein Mädchen und einen Jungen, die auf einen Dampfer starren. Mehr ist, außer ein paar Inschriften und Namen, nicht geblieben von Kleindeutschland.*

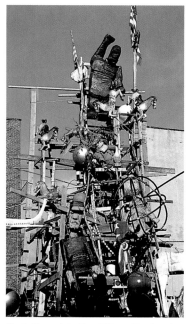

Freiluftkunst à la East Village: Fundstücke zur Pyramide vereint

die Straßenkinder ein, um ihnen Pflegefamilien und Ausbildung zu vermitteln.

Öffnungszeiten S. 174

Angesichts der katastrophalen Lebensbedingungen ist es kein Wunder, dass jeder, der nur irgend konnte, die Lower East Side verließ, sobald er ein paar Dollar erspart hatte. Gelegenheit dazu bot sich, als Anfang des 20. Jh. der Norden Manhattans bebaut wurde. Die **jüdische Gemeinde** zog nach Harlem. 1917 lebten dort und im angrenzenden East Harlem 170 000 Juden. Eine Alternative vor allem für die gut verdienende jüdische Mittel- und Oberschicht bot ab den 20er-Jahren des 20. Jh. die Bronx, in der moderne, nach neuestem Standard ausgestattete Häuser entstanden.

In der Lower East Side sind heute kaum mehr Spuren jüdischen Lebens zu finden. Die neuen Einwanderer, **Hispanier** und **Asiaten**, haben den südlichen Teil des Viertels übernommen. Selbst in der Orchard Street, wo sich zwischen Delancey Street und East Houston Street die Billiggeschäfte reihen und am Sonntag ein Gedränge herrscht, das an die Enge in den Straßen zur Zeiten des Schtetl erinnert, hört man mehr Spanisch als Jiddisch. Geblieben sind ein paar Synagogen und einige gastronomische Einrichtungen: **Ratner's** an der Delancey Street, wo man Spezialitäten der jüdischen Küche probieren kann; *Guss Pickle Products* an der Essex Street, wo es eingelegte Gurken gibt; *Russ & Daughters* in der East Houston Street, der für seine geräucherten Fischspezialitäten bekannt ist und - in derselben Straße - *Katz's Delicatessen*, der sich rühmt, die beste Salami und die am dicksten belegten Pastrami-Sandwiches zu bieten.

siedelte Slum der Erde, um die Jahrhundertwende lebten hier allein 1,2 Mio. überwiegend osteuropäische Juden, bettelarm und diskriminiert. Die Menschen schliefen in Verschlägen, auf Außentreppen und in Hinterhöfen, besonders groß war das Elend der Straßenkinder.

Zigtausende von Arbeitslosen versuchten sich mit Handlangerdiensten über Wasser zu halten, die meisten Juden arbeiteten als Hausierer oder als Näher in den ›sweatshops‹. Jacob A. Riis, ein dänischer Reporter, der 1890 ein erschütterndes Buch mit dem Titel ›How the Other Half Lives‹ veröffentlichte, beschrieb, wie man ›schon bevor man einen einzigen Straßenblock durchquert hatte, das Surren von Tausenden von Nähmaschinen hören‹ konnte, die den ganzen Tag auf Hochtouren betrieben wurden, ›bis Körper und Geist versagten‹.

Riis Buch schlug damals ein wie eine Bombe und bewirkte, dass die Verantwortlichen zumindest die schlimmsten Missstände beseitigten. Auch die Damen der feinen Gesellschaft, die an der Fifth Avenue und fernab der Realität der Mehrheit der Bevölkerung lebten, fühlten sich von Riis erschütternden Berichten angesprochen und setzten sich vor allem für

31 East Village

Zwischen 3rd Avenue und Avenue D,
14th Street und Houston Street

Ein Dorf im Wandel.

Genau genommen gehört das Gebiet zwischen 3rd Avenue und Avenue D, East 14th Street und Houston Street zur Lower East Side, deren nördlicher Teil aber schon seit den späten 50er-Jahren des 20. Jh. als East Village bezeichnet wird. Hinter dieser Namengebung standen Immobilien-Spekulanten, die hofften, die Gegend durch die Assoziation mit dem

Boheme-Viertel West Village attraktiver zu machen.

Tatsächlich waren es auch viele **Künstler**, die sich in den 1950er und 1960er-Jahren gen Osten wandten, nachdem die Mieten in Greenwich Village für sie nicht mehr bezahlbar waren. *Musiker* und *Literaten* hauptsächlich, denn im Gegensatz zum Gewerbegebiet SoHo gab es im East Village keine großen Hallen, in denen man Studios oder Ateliers einrichten konnte. Platz für eine Schreibmaschine oder ein Redaktionsbüro boten die

Wohnungen in den alten roten Ziegelhäusern aber allemal. Auch Theater und Vereinsräume, ein Relikt aus Kleindeutschland, waren vorhanden, ebenso Kneipen und Cafés, die Sängern, Musikern und Literaten Auftrittsmöglichkeiten boten. Hier lasen die Protagonisten der **Beat Generation** – Allen Ginsberg, Jack Kerouac und William Burroughs – aus ihren Werken, hier traten u. a. John Coltrane, Billie Holiday und Lou Reed auf, hier veranstaltete Andy Warhol seine Performances. Das East Village wurde

Bunt und unverwechselbar präsentiert sich St. Mark's Place im Zentrum von East Village

zum Zentrum der **Avantgarde-Kultur** der 50er- und 60er-Jahre und nahm damit die Stellung ein, die Greenwich Village in den 20er-Jahren gehabt hatte. Auch politisch. In einer Zeit, in der Senator Joseph R. McCarthy seine Kommunistenhetze betrieb und jeden Intellektuellen zum Staatsfeind erklärte, in den Jahren, in denen die Proteste gegen den Vietnamkrieg artikuliert wurden, bildete das East Village das Sammelbecken der kritischen Geister und Weltverbesserer.

In dieser Zeit bezog auch eine Kirche Stellung und öffnete den Künstlern und Rebellen die Tore: **St. Mark's in the Bowery**. Ausgerechnet in diesem alten Gotteshaus an der Ecke 10th Street und 2nd Avenue, unter dem der sittenstrenge Peter Stuyvesant seine letzte Ruhe fand, entstand Mitte der 60er-Jahre das ›St. Mark's Poetry Project‹. Hier hielten die Black Panthers ihre Treffen ab, hier finden noch heute Schwulen und Lesben Unterstützung.

Eine Kirche schreibt Tanzgeschichte

Das East Village hat St. Mark's in the Bowery, das West Village die **Judson Memorial Church**. *Beides sind Kirchen im Dorf, die sich nicht darauf beschränken, das Wort Gottes zu verkünden. Sie verstehen sich vielmehr als Bürger-, Sozial- und Gesundheitszentren und wurden als Foren für avantgardistische künstlerische Experimente bekannt.*

Die Judson Memorial Church, neoromanisch von McKim, Mead & White 1892 aus gelbem Ziegel und Sandstein erbaut, öffnete sich den weltlichen Dingen in den wilden 60er-Jahren des 19. Jh. Damals gründeten junge Künstler aus dem Viertel in Gemeinderäumen das **Judson Poet's Theater** *und das* **Judson Dance Theater**. *Letzterem gehörten unter anderen Yvonne Rainer, Steve Paxton, Trisha Brown, David Gordon, Deborah Hay und Lucinda Childs an. Die Gruppierung bestand zwar nur 1962 – 1964, ging aber wegen ihrer revolutionären Aufführungen, wie den* ›**Concerts of Dance**‹ *Nummer 1 bis 16, in die Geschichte des modernen Tanzes ein.*

Nach den wilden und aktiven Jahren ging es in den 1970ern mit dem East Village bergab. New York schlitterte in eine wirtschaftliche **Krise**, und statt der Kreativen herrschten nun die Drogenhändler im Dorf. Sie hatten sich östlich der Avenue A verschanzt und kein anständiger Mensch hätte nun daran gedacht, sich in dieses Gebiet zu begeben. Dass sich die Situation änderte, ist wiederum den Künstlern zu verdanken. In den 80er-Jahren wurde das East Village als heißestes **Galerieviertel** gehandelt. Die Revitalisierung begann im Westen und schritt dann langsam Block für Block nach Osten vor.

Und es war anfangs wirklich eine **Revitalisierung**, die noch nicht die Züge der Gentrification [s. S. 55] trug. Das East Village war ein ethnisch bunt gemischtes Viertel, in dem Ukrainer, Afroamerikaner, Weiße und Hispanier aus verschiedenen Ländern Süd- und Mittelamerikas weitgehend harmonisch zusammenlebten. Es entstand eine Neighborhood im besten Sinn, in der jeder sein Scherflein beitrug, um das Viertel lebenswert zu machen. Kleine Mosaiken an Laternen oder auf dem Pflaster zeugen davon, Wandbilder, liebevoll gepflegte Gärten oder Kunsträume, die in nachbarschaftlicher Zusammenarbeit entstanden.

Exemplarisch ist das an der Avenue B zu sehen: An der 6th Street steht eine große hölzerne Pyramide, von der Figuren und Objekte baumeln – Puppen, bemalte Autoreifen, eine Madonnenskulptur, Flugzeuge und Raketen. Daneben wachsen Tomaten, in den kleinen Beeten sind Kräuter und Blumen angepflanzt, es gibt Sitzgruppen, Vogelhäuschen und eine Ecke für die Kinder. Space 2 B an der Ecke zur 2nd Street ist weniger wohnlich: Eine riesige Skulptur aus alten Radkappen, Rutschen, Bootsteilen und Ölfässern bedeckt die Fläche.

Solche Gärten entdeckt man überall in den ABCs, ebenso bunte Wandgemälde, die oftmals an Verstorbene erinnern und gleichzeitig vor Drogenmissbrauch warnen. Die **ABCs** sind die Straßen, die zwischen den Avenues A, B und C liegen und das Zentrum von **Loisaida** bilden. Loisaida, eine spanisch-englische Wortschöpfung, bezeichnet den Teil der Lower East Side, der überwiegend von Hispaniern bewohnt wird. Diese Einwanderergruppe prägte das Viertel in den letzten Jahrzehnten ebenso wie es vormals die Deutschen oder die Juden taten.

Beredtes Zeugnis dieser Verwandlung legt die kleine Kirche **San Isidro** ab, auf die man den besten Blick von 5th Street zwischen den Avenues C und D hat. Das ursprünglich russisch-orthodoxe Gotteshaus aus dem Jahr 1895 wirkt heute wie eine mexikanische Dorfkirche: Über der mit bunten Mosaiken verkleideten Fassade thront ein kleiner Turm, davor erstreckt sich ein Garten.

Dass es diesen und die anderen Gärten in der Lower East Side noch gibt, ist der Schauspielerin **Bette Midler** zu verdanken. Bürgermeister Giuliani beschloss nämlich 1999, die Grundstücke, die der Stadt gehören, zu verkaufen. ›Zum Wohl des Steuerzahlers‹, wie er sagte, obwohl das Stadtsäckel zu dieser Zeit so gut gefüllt war wie nie zuvor. Proteste beeindruckten ihn nicht, er wollte Cash sehen. Das brachte schließlich Bette Midler. Teils aus ihrem Privatvermögen, teils aus Spenden anderer New Yorker kam die Summe von 4 Mio. Dollar zusammen, mit der 112 Grundstücke als *Nachbarschaftsgärten* gerettet werden konnten.

Diese Geschichte wirft nicht nur ein bezeichnendes Licht auf die Politik Giulianis sondern auch auf die Entwicklung des East Village: In der Boomtown New York ist Wohnraum knapp, und das hübsche Viertel mit der alten Bausubstanz zieht immer mehr Yuppies und Betreiber von New Economy Businesses an.

Längst gibt es keine Straßen mehr, in denen verfallene Häuser stehen, die Mieten haben Rekordhöhe erreicht und die alteingesessenen Bewohner verlieren ihren Lebensraum. Entlang *St. Marks Place*, der baumbestandenen Straße, die auf *Tompkin's Square* zuführt, liegen ausgefallene Geschäfte, ständig werden neue Bars und Restaurants eröffnet, immer schicker, immer teurer. Das Nachtleben tobt, vor allem am Wochenende ist der Teufel los. Die Anwohner sehen's mit Grauen und können nur hoffen, dass der Charme des alten Viertels erhalten bleibt und sich hier nicht wiederholt, was in SoHo geschah.

32 Greenwich Village

Zwischen 14th Street und Houston Street, dem Hudson River und der 4th Avenue/Bowery

»... Gelassenheit, die andernorts in dieser ausgedehnten, schrillen Stadt nicht oft zu finden ist.«　　　　Henry James

Die Straßen im Village haben es gut: Sie dürfen etwas, was ihren Artgenossen fast überall sonst in Manhattan strikt verboten ist: Sich biegen, kreuzen, schneiden und krümmen, wie sie wollen. Dieses Privileg verdanken sie denjenigen, die sich das Gebiet schon im 18. Jh. zur **Sommerfrische** auserkoren: Wurde es

Einst fuhren die New Yorker zur Sommerfrische nach Greenwich Village. Die relativ niedrige Bebauung ist immer noch grün durchsetzt

südlich der Wall Street zu heiß, wüteten die sommerlichen Gelbfieber- und Pockenepidemien, zog man aufs Land, ins Village. So kam es, dass dieses Gebiet bereits besiedelt und bebaut war, als die Stadtväter im Jahr 1811 beschlossen, die Insel Manhattan hinauf bis zur 155th Street mit einem rechtwinkligen Straßennetz zu überziehen. Der westliche Teil des Village entkam dieser Nivellierung. Er hatte schon Straßen, und die passten in kein Raster.

Die kleinen baumbestandenen Gassen tragen viel zum Charme des ›Dorfes‹ bei. Fast fühlt man sich, mitten in Manhattan, nach Europa zurückversetzt: Niedrige Häuser – die Mehrzahl stammt aus dem vorigen Jahrhundert –, Ziegel, hübsche Portale, begrünte Vorgärten. Durch und durch menschliche Maße. Henry James fand: »Diese Gegend von New York sieht reifer, reicher, würdiger aus als die oberen Verzweigungen der großen Längsdurchbrüche, sie wirkt, als hätte sich hier Gesellschaftsgeschichte abgespielt.«

Henry James' Großmutter besaß ein Haus am **Washington Square**, dem kleinen Platz, der, wenn auch nicht geographisch, so doch geistig das Zentrum des Village bildet. Im Lauf seiner Geschichte war Washington Square schon alles, was man als Platz sein kann: Farmland – hier wurde im 17. Jh. Tabak angebaut –,

Armenfriedhof, Duellierplatz und Hinrichtungsstätte sowie Ort für militärische Übungen. In den 20er-Jahren des vorigen Jahrhunderts säumten die ersten Häuser den Platz. Washington Square galt als gute Adresse, wie man Henry James' Beschreibung entnehmen kann, der in seinem Roman ›Washington Square‹ (1881) übrigens das Haus der Großmutter vor Augen hatte, als er die Residenz des Doktor Sloper beschrieb: »Das Ideal einer ruhigen und vornehmen Behausung bot 1835 der Washington Square, wo sich der Doktor denn auch ein stattliches, modernes Haus baute, mit breiter Front, einem großen Balkon vor den Salonfenstern und einer Flucht weißer Marmorstufen, die zu einem ebenfalls mit weißem Marmor verkleideten Portal emporführten.«

An der Nordseite des Platzes, wo die Fifth Avenue in den **Washington Square Park** mündet, kann man diese eleganten Häuser noch sehen (Washington Square North Nr. 1–13 und 19–26), und auch der Blick in die **Washington Mews**, eine kleine, hinter den Wohnhäusern verlaufende Kopfsteinpflasterstraße, ist interessant: Hier lagen die Stallungen der Reichen. Heute zahlt man gesalzene Preise, um dort wohnen zu können, wo früher die Pferde standen. Das Gegenstück zu den Washington Mews ist **MacDougal Alley**. Man er-

Nach wie vor gilt Greenwich Village als die Adresse für alternatives Leben in New York

reicht die kleine Straße von der Washington Square West Street aus. Auch hier wurden ehemalige Ställe in hübsche Wohnhäuser verwandelt.

›Reif, reich und würdig‹ sind heute wohl kaum mehr angemessene Attribute für das Village und den Platz, auf den sich an schönen Tagen und in lauen Sommernächten das ganze bunte Treiben konzentriert. Um den Triumphbogen aus weißem Marmor, den **Washington Arch** (McKim, Mead & White, 1892), tanzen Roller Skater nach einer Choreographie, die nur sie selbst kennen, Frisbees schwirren durch die Luft, es wird gesungen, musiziert, Dealer und esoterische Heilsbringer ziehen ihre Kreise. Auf dem Grün lagern junge Leute – die Gebäude der **New York University** grenzen an den Washington Square, die Studenten nutzen diesen Platz wie ihren Vorgarten.

Seinen größten **Bauboom** erlebte das Village in den Jahren zwischen 1822 und 1840. 1822 war eine der schlimmsten Gelbfieberepidemien auf der Südspitze der Insel ausgebrochen, und viele derer, die ins Village geflohen waren, blieben hier und errichteten sich schmale, zwei- bis dreistöckige Ziegelhäuser. Die bürgerliche Idylle war allerdings nur von kurzer Dauer. Mit der einsetzenden Massenimmigration wurden die Häuser in kleine Wohneinheiten aufgeteilt und an Einwanderer vermietet. Ende des 19. Jh. verfielen die Häuser immer mehr. Es hätte nicht viel gefehlt, und das Village wäre zum Slum verkommen.

Die **Rettung** kam mit den Künstlern: Schriftsteller, Maler, Schauspieler entdeckten die hübschen kleinen Häuschen. Zu Beginn des 20. Jh. war Greenwich Village der Ort, an dem sich die kreativen und die kritischen Geister trafen. Die Redaktion der ›Masses‹, einer linksradikalen Zeitschrift, zu deren Mitarbeitern Maxim Gorki, Bertrand Russell und John Reed zählten, hatte hier ihr Büro, 1914 eröffnete Gertrude Whitney Vanderbilt eine Galerie und bot zeitgenössischen, damals noch höchst umstrittenen Künstlern Ausstellungsmöglichkeiten. 1916 ließen sich die Provincetown Players mit ihrem Theater an der MacDougal Street nieder und gelangten bald zu Ruhm – der Autor Eugene O'Neill wurde mit ihnen bekannt.

In den 50er-Jahren machten die Beatniks von sich und dem Village reden, später waren es die Vietnamkrieg-Gegner und die Hippies, die hier auf sich aufmerksam machten – am Washington Square fand das erste ›smoke-in‹ statt, auf offenem Platz rauchte man das verbotene Marihuana. Als die Homosexuellen ihre Rechte forderten und erstmals an die Öffentlichkeit traten, wurde Christopher Street jenseits der 6th Avenue zum Inbegriff des ›gay movement‹. Aber als die rebellischen Jahre vorbei waren, geschah im Village dasselbe wie später in SoHo [Nr. 28], im East Village [Nr. 31] und in Tribeca [Nr. 26]: Die Gegend wurde schick, die Künstler zogen aus und die Geschäftsleute ein. Ganz deutlich ist diese Entwicklung in der **Bleecker** und der **MacDougal Street** zu sehen: Hier steht ein Restaurant neben dem anderen, gemütliche Cafés, ausgefallene Geschenkläden, Souvenir- und T-Shirt-Shops säumen die Straßen.

Gediegene Beschaulichkeit strahlen die im 19. Jh. entstandenen Häuser am St. Luke's Place in Greenwich aus

Wie SoHo wirkt das Village als **Gesamtkunstwerk**: Es gilt weniger, einzelne Gebäude zu betrachten als das Viertel in seiner Geschlossenheit zu genießen, wobei man sich nicht nur am Washington Square aufhalten, sondern auch in die Gegend jenseits der 6th Avenue (of the Americas) spazieren sollte, die weniger kommerzialisiert ist. Hübsch sind: **St. Luke's Place, Grove Street, Bedford Street, Waverly Place**. An Kneipen, Musikkellern, vor allem berühmten Jazz-klub [s. S.172], besteht kein Mangel, klei-nere ›Off-Off-Broadway-Theater‹ offe-rieren Interessantes, und auch wenn man nicht einkehren, sondern nur bummeln will, ist man im Village richtig.

33 Astor Place und Umgebung

Broadway und Lafayette Street zwischen Bleecker und 8th Street

Was blieb vom großen Glanz.

Es war einmal der baumbestandene Boulevard Lafayette Place, an dem die Reichsten der Reichen residierten. Es war einmal ein Mann namens John Jacob Astor, der 1783 mit zwanzig Jahren als armer Schlucker in die USA emigrierte und 65 Jahre später als reichster Mann Amerikas starb. Und es war einmal der Broadway südlich von Astor Place, der schon totgesagt war und in den 80er-Jah-ren des 20. Jh. wieder auferstand. Quick-lebendig und kunterbunt ist dieses Straßenstück heute mit verrückten Loka-len und ausgefallenen Geschäften – eine Hauptschlagader zwischen Greenwich Village, East Village und SoHo.

Als die Gegend um Astor Place wieder zum Leben erwachte, taten auch die Stadtväter das Ihre: Die **Metrostation** aus dem Jahr 1904 (Architekten: Heins & La Farge) wurde 1985 von Prentice & Chan, Ohlhausen und dem Künstler Mil-ton Glaser hervorragend renoviert: Das Originalmosaik harmoniert ausgezeich-net mit den modernen Fliesen. Dass hier unten Biber abgebildet sind, ist als Hom-mage an John Jacob Astor zu verstehen, der den Grundstock seines Vermögens durch den Handel mit Pelzen legte.

In den Straßen um den Broadway sind viele interessante architektonische Zeug-nisse aus dem 19. Jh. erhalten. Die Ge-bäude sind hier von Süden nach Norden aufgeführt:

Bayard-Condict Building, 65 Bleecker Street. Architekten: Louis Sullivan und Lyndon P. Smith, 1898.

Dieses Haus ist das einzige Werk, das der Architekt Louis H. Sullivan in New York gebaut hat. Sullivan arbeitete vor allem in Chicago; er war der Hauptver-treter der Chicago School, deren Mitglie-der sich durch den Bau der ersten Hoch-häuser profilierten, und Lehrmeister von Frank L. Wright. Die sechs Engel, die noch heute die Fassade zieren, sind nicht ganz im Sinne des Erfinders – man sagt, Sullivan habe sich lange dagegen gewehrt, sie anzubringen, sei aber schließlich nicht umhingekommen, dem Wunsch seines Auftraggebers Silas Alden Condict zu entsprechen.

Robbins & Appleton Building, 1–5 Bond Street. Architekt: Stephen D. Hatch, 1880.

In diesem eleganten Gebäude wurden früher Uhrengehäuse hergestellt. Heute ist es ein Apartmenthaus.

Engine Company No.33 N.Y.C. Fire Department, 44 Great Jones Street. Ar-chitekten: Flagg & Chambers, 1898.

Wundervolle Fassade mit einem zen-tralen Bogen im Beaux Arts-Stil.

376–380 Lafayette Street, Architekt: Henry J. Hardenbergh, 1888.

Ein Werk des Architekten, der u.a. durch die Dakota Apartments [Nr.93] berühmt geworden ist.

Old Merchant's House of New York, 29 East 4th Street. Erbaut 1832.

Dies ist eines von ursprünglich sechs Ziegelhäusern im Greek-Revival-Stil; das Innere ist als *Museum* zugänglich: Zu besichtigen ist die Originaleinrichtung des Kaufmanns Seabury Tredwell, des-sen Tochter bis 1933 hier gelebt hat. Ebenfalls interessiert in 37 4th Street: die *Seabury Tredwell Skidmore Residence* aus dem Jahr 1844.

DeVinne Press Building, 393 Lafayette Street. Architekten: Babb, Cook & Wil-lard, 1885.

Zeitzeuge einer Epoche, in der sich die Bedeutung des Viertels gänzlich gewan-delt hatte: Die Reichen waren weggezo-gen, und die Gegend um Lafayette Street war zum Zentrum der Druck-Industrie geworden.

Joseph Papp Public Theater, 425 Lafayette Street. Architekten: Alexander Saeltzer, Griffith Thomas, Thomas Stent, 1853–81; Umbauten zum Theater 1967–76 von Giorgio Cavaglieri.

In diesem Gebäude war ursprünglich die *Astor Library* untergebracht, die erste kostenlose Bibliothek New Yorks, die John Jacob Astor gestiftet hatte.

Colonnade Row, 428–434 Lafayette Street. Seth Geer zugeschrieben, 1833.

Anfang des 19. Jh., als Lafayette Street noch Lafayette Place hieß, lebten hier die Reichsten und Vornehmsten der Stadt: John Jacob Astor, zum Beispiel, und Cornelius Vanderbilt. Colonnade Row präsentierte sich damals als geschlossenes Ensemble, das aus neun Herrenhäusern bestand und seinen Namen den eindrucksvollen Frontsäulen verdankte. Vier der Gebäude kann man an der Westseite der Lafayette Street noch bewundern. Lafayette Place' Karriere als erste Adresse war übrigens von kurzer Dauer: Bereits in den 50er-Jahren wurde die Fifth Avenue en vogue.

Astor Place Subway Kiosk, Astor Place. Architekten: Prentice & Chan, Ohlhausen, 1985.

Kioske wie diesen sah man früher an vielen U-Bahnstationen. Dieser wurde im Zuge der U-Bahnstation-Renovierung originalgetreu wiederaufgebaut.

Cooper Union Foundation Building, Cooper Square. Architekt: Frederick A. Peterson, 1859.

Peter Cooper, einer der erfolgreichen Gründerzeit-Unternehmer, besaß u.a. auch Walzwerke in New Jersey; dieses Gebäude ist das älteste erhaltene Bauwerk in Amerika, das ein Stahlgerüst besitzt.

34 Union Square

Nomen est omen.

Eigentlich hat sein Name mit der Union, der Gewerkschaft, gar nichts zu tun. Der Platz wurde vielmehr deshalb so getauft, weil sich hier der **Broadway** (damals noch Bloomingdale Road) und die **Bowery** trafen und vereinten: Union Square. Bis Mitte des 19. Jh. lebte es sich recht elegant in der Nachbarschaft des Platzes. Der **Garten** in seiner Mitte befand sich in Privatbesitz, Zugang hatten nur die Bewohner der umliegenden Häuser. Während des Sezessionskriegs änderte sich die Bedeutung des Square, langsam begann er, in seine Rolle als Bühne für politische Auftritte und Kundgebungen hineinzuwachsen. Nach Londoner Vorbild etablierte sich hier im ersten Jahrzehnt unseres Jahrhunderts eine ›**Speaker's Corner**‹, zu der immer mehr Redner und Zuschauer strömten, je brisanter die sozialen Spannungen wurden.

Nachdem der Platz zum Zentrum des Drogenhandels und zum Wohnzimmer für Obdachlose geworden war, durchlief er eine Renovierungsphase, die nun abgeschlossen ist und Union Square wieder zu einem Zentrum urbanen Lebens ge-

Die Farmer bringen ihre frischen Produkte zum Markt auf den Union Square

Zu Chelseas ›dörflichem‹ Charme gehört auch ein Schwätzchen mit dem Nachbarn

macht hat: Kinder finden Platz zum Spielen, ein Café im Freien ist zum beliebten Treffpunkt geworden, ein Pavillon aus den 30er-Jahren erstrahlt in neuem Glanz. Am Montag, Mittwoch, Freitag und Samstag kommen die Farmer aus dem Umland und bieten auf dem **Greenmarket** ihre Produkte an. In die umgebenden Häuser zogen Geschäfte – im **Century Building** aus dem Jahr 1881 befindet sich jetzt ein Barnes & Noble Buchladen – und ausgezeichnete Restaurants wie das Union Square Café, das zu den beliebtesten Lokalen der Stadt zählt.

Eine Reihe von Banken- und Versicherungsbauten der Jahrhundertwende umgeben den Platz. Dominant und wenig bereichernd wirkt ein modernes Bauwerk, die **Zeckendorf Towers** (David, Brody & Assocs., 1987). Zudem verstellen die Türme den Blick auf das **Consolidated Edison Building** (4 Irving Place, Architekt: Henry J. Hardenbergh, 1915), den Hauptsitz der Company, die New York City weitestgehend mit Strom und Gas versorgt. Der repräsentative *Uhrenturm* wurde 1926 von Warren & Wetmore hinzukomponiert.

35 Theodore Roosevelt Birthplace
28 East 20th Street

Originalgetreu rekonstruiertes Geburtshaus von Amerikas ›Mister President‹.

Theodore Roosevelt (1858–1919), der 26. Präsident der Vereinigten Staaten, war schon vier Jahre tot, als sich einige prominente Bürger mit seiner Geburt beschäftigten: Sie kauften die Grundstücke zurück, auf denen Theodores Eltern und sein Onkel ihre Häuser hatten, und sorgten dafür, dass beide Residenzen originalgetreu wieder aufgebaut und im Stil der Zeit eingerichtet wurden. Die Häuser sind öffentlich zugänglich, und man kann sich ein Bild davon machen, wie die Oberschicht in den 60er-, 70er-Jahren des 19. Jh. in New York gelebt hat.

Öffnungszeiten S. 175

36 Chelsea
Zwischen 14th und 30th Street, 6th Avenue und Hudson River

Die letzte Bastion der Kreativen.

Kein Zweifel, Chelsea hat sich im ausgehenden 20. Jh. zum angesagtesten Viertel Manhattans entwickelt. Trendsetter war die schwule Gemeinde, die ihr angestammtes West Village verließ und nach Nordwesten zog, dann folgten die Galeristen und Künstler, die aus dem ›Shopping Mall‹ SoHo [Nr. 28] flohen.

Warum sie sich Chelsea als neue Bleibe aussuchten, hat viele Gründe. Da ist zum einen die Aufwertung, die die gesamte Westseite Manhattans durch die Neugestaltung des Uferstreifens und der ehemals vergammelten Piers gewinnt. Als Künstlerviertel hat Chelsea Tradition, konzentrierte sich hier doch früher die Filmindustrie. Heute profitieren die Kreativen von der Nähe des **Dia Center for the Arts**, das an der 22nd Street zwischen der 10th und 11th Avenue liegt und zeitgenössischen Künstlern ein Forum bietet. Insgesamt aber ist es einfach so, dass hier an der im westlichen Chelsea eine der letzten Ecken im südlichen Manhattan lag, die noch nicht geschleckt und überteuert war, in der sich noch Lagerhallen, Geschäftsräume und bezahlbare Wohnungen fanden.

Dieser Satz ist ganz bewusst in der Vergangenheitsform formuliert. Denn die Immobilienpreise sind schon gestiegen, New Economy Businesses verdrängen die alteingesessenen Läden. Die ›Veredelung‹, die sich in SoHo und im East Village über Jahrzehnte hinzog, findet hier gleichsam per Mausklick statt. Besonders heiß umkämpft ist der **Meat Packing District**, ein Gebiet, das einige Häuserblöcke um die westliche 14th Street umfasst. Hier hatten traditionell die Metzger ihre Betriebe, die nachts das angelieferte Vieh zerteilten und portionierten – ein nicht unbedingt appetitliches und wohlriechendes Geschäft.

In den 1980er-Jahren entdeckten die Schwulen die Gegend, hier lagen die Gay Clubs, hier flanierten die Transvestiten-Nutten. In den 90er-Jahren kam dann die Schickeria, die es besonders pikant fand, nach dem nächtlichen Besuch exklusiver Clubs am frühen Morgen an Schweinehälften und Fleischabfällen vorbeizutippeln. Inzwischen gibt es hier Luxusgeschäfte, Edelrestaurants. Wer immer schön, reich und Teil der Szene ist, strömt nächtens in dieses Viertel, das seinen Namen bald nur noch als Reminiszenz tragen wird, denn die Zahl der Metzgereien nimmt rapide ab.

Wer tagsüber durch Chelsea schlendert, sollte sich die ausgesprochen hübschen Häuser ansehen, die als *Historic District* heute komplett unter Denkmal-

Sogar eine Driving Range gibt es im Sportkomplex der Chelsea Piers, auf der Golfbegeisterte ihren Abschlag verbessern können – bei voller Besetzung auch übereinander

Menschliche Dramen spielten sich hinter den Mauern des Chelsea Hotels ab

Verblichener Glanz und große Namen

*Seit 1884 steht das **Chelsea Hotel** in der 23rd Street zwischen der 7th und 8th Avenue, ein viktorianisch-gotischer Bau mit Erkern und verschnörkelten Balkongittern. Seinen Ruf verdankt das weltweit bekannte Hotel seinen **Gästen**: Sarah Bernhardt, Mark Twain, Arthur Miller, Brendan Behan, Jane Fonda, Jackson Pollock, Thomas Wolfe, Dylan Thomas, O'Henry, Bob Dylan, Milos Forman ... alle stiegen hier ab. In den großen Zimmern entstanden Kurzgeschichten und Romane, spielten sich Tragödien und Morde ab. In Zimmer 829 schrieb Thomas Wolfe Ende der 30er-Jahre seinen letzten, unvollendet gebliebenen Roman ›Es führt kein Weg zurück‹, in Zimmer 205 residierte der Dichter Dylan Thomas und 1978 erstach mutmaßlich Sid Vicious von der Punk-Rock-Gruppe ›Sex Pistols‹ hier im Drogenrausch seine Freundin Nancy Spungen.*

schutz stehen. Sie stammen aus dem 19. Jh. – das älteste, *West 20th Street Nummer 404*, wurde 1829–30 gebaut – und gehören den verschiedensten, damals gerade modernen Stilrichtungen an.

Den Block zwischen 9th und 10th Avenue sowie 20th und 21st Street nimmt das **General Theological Seminary** ein, das seit 1825 hier existiert. Die Bücherei des Seminars, *St. Mark's Library*, besitzt die größte Sammlung lateinischer Bibeln in der Welt und nimmt innerhalb der USA den Rang der größten theologischen Bibliothek ein.

Eine Sehenswürdigkeit ganz anderer Art steht an der Ecke 10th Avenue/22nd Street: der **Empire Diner**. Diner-Restaurants kamen Ende des 19. Jh. auf. Anfangs zogen sie noch als mobile, pferdebespannte Imbisswagen durch die Straßen. Bald wurden sie sesshaft und ähnelten im Design Eisenbahnspeisewagen. Der ›Empire Diner‹ ist ein Prachtstück! Er stammt aus dem Jahr 1943, und sein Inneres blitzt in Chrom und Stahl, dass es eine wahre Freude ist.

Ein Anziehungspunkt für Sport- und Fitnessbegeisterte sind die **Chelsea Piers** an der 23rd Street. Das riesige Freizeitareal entstand dort, wo einst die Titanic hätte anlegen sollen, wenn sie denn je angekommen wäre. Heute findet man dort auf einer Fläche von 120 000 m² Restaurants, Bars und Cafés große hypermoderne Sportclubs für Golfer, Inlineskater und Fitness-Begeisterte. Eingebettet sind diese Attraktionen in ein kostenloses buntes Rahmenprogramm mit Live-Musik, Tanzevents und anderen Themen-Shows.

37 Sixth Avenue zwischen 18th und 23rd Street

›Fashion Row‹, Einkaufsparadies von einst.

Wohin die New Yorker um die Jahrhundertwende zum ›Shopping‹ gingen, hing davon ab, woher sie kamen: Entstammten sie der New Yorker Oberschicht, so lenkten sie ihre Schritte, beziehungsweise die ihrer Pferde, zum Broadway: Dort, zwischen der 18th und der 23rd Street, lag ›**Ladies Mile**‹, stand ein vornehmes und teures Kaufhaus neben dem anderen. Einige dieser Bauten, leider schlecht erhalten und hässlich modernisiert, sind noch zwischen Union Square und Madison Square zu sehen. Kamen die Damen dagegen aus der Mittelschicht, begaben sie sich in die 6th Avenue. Dort, im Schatten der Hochbahn, standen die Kaufhäuser, die die weniger Betuchten einkleideten: ›**Fashion Row**‹ hieß das Stück 6th Avenue, das zwischen 18th und 23rd Steet auf gleicher Höhe mit der ›Ladies Mile‹ lag.

Auch wenn heute keines der Kaufhäuser mehr seine ursprüngliche Funktion erfüllt, lohnt sich doch ein Blick auf die Gebäude, von denen einige mit ihrer beispielhaften Cast-Iron- und Ziegelstein-Architektur auf eine einfühlsame Renovierung warten (aufgeführt von Süden nach Norden):

Ehemals Siegel-Cooper Dry Goods Store, 616–632 Sixth Avenue zwischen 18th und 19th Street. Architekten: De Lemos & Cordes, 1896.

Ehemals B. Altman Dry Goods Store, 621 Sixth Avenue zwischen 18th und 19th Street. Architekten: D. & J. Jardine, 1877, spätere Umbauten.

Ehemals Simpson Crawford & Simpson, 641 Sixth Avenue zwischen 19th und 20th Street. Architekten: William H. Hume & Son, 1900.

Ehemals Hugh O'Neill Dry Goods Store, 655–671 Sixth Avenue zwischen 20th und 21st Street. Architekt: Mortimer C. Merritt, 1875.

Ehemals Adams Dry Goods Store, 675–691 Sixth Avenue zwischen 21st und 22nd Street. Architekten: De Lemos & Cordes, 1900.

Ehemals Ehrich Brothers Emporium, 695–709 Sixth Avenue zwischen 22nd und 23rd Street. Architekt: William Schickel, 1889.

Ehemals Stern's Dry Goods Store, 32–36 23rd Street zwischen 5th und 6th Avenue. Architekt: Henry Fernbach, 1878. Renoviert 1986 von Rothzeid, Kaiserman, Thompson & Bee.

38 Gramercy Park Historic District

Um den Gramercy Park, nach Süden entlang Irving Place bis zur 18th Street

Reizender Park, doch er gehört nur den Schlüsselgewaltigen.

»Newyork hat einige Teile, von denen man sagen kann, sie seien schön, aber die sind nicht Newyork, sondern Nachahmungen von Paris und London.« Recht hat er, der österreichische Schriftsteller Arthur Holitscher. Wenn man Gramercy Park, die kleine, zwischen der 20th und der 21st Street am Ende von Irving Place gelegene Grünfläche, betrachtet, fühlt man sich tatsächlich an einen Londoner Square erinnert, und die hübschen **Backsteinhäuser** aus dem 19. Jh., die den Park umrahmen, könnten genauso gut in Norddeutschland oder England stehen.

»Eine geborgene, lichte Welt netter Leute und ehrbaren Tuns«, so beschrieb die Schriftstellerin Edith Wharton das Viertel, in dem sie aufwuchs. Natürlich ist diese heile Welt Privilegierten vorbehalten, genauso wie der **Park**, der ihr Zentrum bildet: Den Schlüssel fürs Tor besitzen nur die etwa 60 Anwohner. Sie pflegen ihren Park auch, sorgen für die Bepflanzung und für die Erhaltung des Bürgersteigs aus blauem Tonsandstein.

Unter den vielen hübschen Häusern, die zum Historic District gehören, sind folgende hervorzuheben (von Süden nach Norden):

Pete's Tavern, 129 East 18th Street. Eine der ältesten Kneipen der Stadt aus dem Jahr 1829.

Block Beautiful
Malerisches Häuserensemble (um 1920 zusammengeschlossen) entlang der 19th Street zwischen Irving Place und der Third Avenue.

The Players, 16 Gramercy Park South. 1845 gebaut, 1888 von Stanford White umgebaut.

Das delikate Brownstone-Haus mit seiner zweistöckigen Vorhalle wurde von Edwin Booth als Club für Theaterleute eingerichtet.

National Arts Club, 15 Gramercy Park South. Architekt: Calvert Vaux, 1884.
Künstlerclub.

Ehemals Stuyvesant Fish Residence, 19 Gramercy Park South. Erbaut 1845, spätere Umbauten.

The Brotherhood Synagogue, 28 Gramercy Park South. Architekten: King & Kellum, 1859.
Das ursprünglich als Bethaus für die Quäker erbaute Gebäude wurde 1975 von James Stewart Polshek & Partners in eine Synagoge umgewandelt.

3 und 4 Gramercy Park West, Architekt: Alexander Jackson Davis, 1846.
Herrliche schmiedeeiserne Gitter!

 **39 Flatiron Building**

175 Fifth Avenue

Architekt: Daniel H. Burnham
& Co., 1902.

Das Bügeleisen mit Stahlskelett.

›Plätteisen‹ oder hochsprachlich ›Bügeleisen‹, lautet die Übersetzung für ›Flatiron‹, und tatsächlich: Man müsste dem dreieckigen Bau nur einen Griff aufsetzen, und schon hätte man ein altes Holzkohle-Bügeleisen! Die eigentümliche Form des Gebäudes resultiert aus seiner Lage: Der Architekt konnte das spitzwinklige Grundstück an der Kreuzung von Fifth Avenue und Broadway nicht anders bebauen.

Gewandet war das Gebäude klassisch: Renaissance-Formen, Elemente der Palastarchitektur. Im **Inneren** jedoch spielte sich Revolutionäres ab: Das Flatiron

Das schönste Bügeleisen der Welt: Flatiron Building an der Ecke Broadway/Fifth Avenue

Building gehört zu den ersten Hochhäusern mit einem **Stahlskelett**. Diese Bauweise, die man in New York seit 1890 bei kommerziellen Bauten anwandte, erlaubte höhere Konstruktionen als die herkömmliche Methode. 86 m misst das 22-geschossige Flatiron Building: im Jahr 1902 der absolute Höhenrekord in New York. Die Manhattaner waren denn auch überzeugt, der Bau würde den ersten Sturm nicht überstehen ...

Es überstand aber und wurde nicht nur zu einem beliebten Postkartenmotiv New Yorks, das den Aufbruch in neue Zeiten versprach, sondern auch zur Herausforderung für die gegenüber liegende Metropolitan Life Insurance Company, einen noch viel höheren Turm zu bauen.

In unmittelbarer Nachbarschaft zum Flatiron Building ist ein Bauwerk des Architekten Henry J. Hardenbergh zu bewundern: Das **Western Union Telegraph Building** aus dem Jahr 1884 (186 Fifth Avenue).

The Appellate Division, New York State Supreme Court, 35 East 25th Street. Architekt: James Brown Lord, 1900.

Der kleine Justizpalast aus Marmor ist werktags auch innen zu besichtigen: Es wurde nichts ausgespart, um ein Gesamtkunstwerk aus dem Court House zu machen. Von den Skulpturen, die das Äußere schmücken, musste ›Mohammed‹ auf Wunsch der moslemischen Gemeinde New Yorks entfernt werden.

New York Life Insurance Company Building, 51 Madison Avenue. Architekt: Cass Gilbert, 1928.

Der Vorgänger dieses Gebäudes, an dem sich wieder einmal Cass Gilberts Vorliebe für pyramidenförmige Dachbekrönungen zeigt, war der berühmte *Madison Square Garden*, ein großer Vergnügungspalast [Nr. 43]. Werfen Sie einen Blick in die Lobby! Auf der Westseite des Madison Square steht zwischen der 23rd und der 24th Street noch eine alte **Uhr**, die letzte ihrer Art in New York.

40 Madison Square Park

Zwischen Fifth und Madison Avenue, 23rd und 26th Street

Ein Platz, durch seine Umgebung definiert.

Der kleine Park macht nicht viel her: Vernachlässigt und grau fristet er sein Dasein zwischen den verkehrsreichen Straßen; das bisschen Gras, die dürren Bäume sind überfordert mit der Rolle der grünen Lunge mitten in Manhattan.

Interessant wird Madison Square allein durch seine Umgebung: im Süden zeigt das Flatiron Building [Nr. 39] seine spitze Seite, den Osten zieren drei pompöse Bauwerke (von Süden nach Norden):

Metropolitan Life Insurance Company Buildings, 1 Madison Avenue. Architekten: Napoleon LeBrun & Sons.

Das zehngeschossige Hauptgebäude stammt aus dem Jahr 1893, der Turm, der mit seinen 51 Stockwerken die gesamte Umgebung überragen sollte, aus dem Jahr 1909. Sinnigerweise war der Turm, der Wohlstand und Stabilität des Unternehmens symbolisieren sollte, dem wenige Jahre zuvor eingestürzten Campanile von San Marco in Venedig nachempfunden. Heute kommt er vor allem bei Nacht zur Wirkung, wenn er angestrahlt wird.

Das Nordgebäude (11–25 Madison Avenue) entwarfen Harvey Wiley Corbett und D. Everett Waid (1932).

41 Little Church around the Corner

1 East 29th Street

1849–61, überdachtes Friedhofstor von Frederick Clarke Withers, 1896.

Wo selbst Künstler ihre letzte Ruhe finden.

›Die kleine Kirche um die Ecke‹ hatte anfangs einen offiziellen Namen: *Church of the Transfiguration*. Den trug sie allerdings nicht lange. Im Jahr 1870 geschah es nämlich, dass der Schauspieler *George Holland* von seiner noblen Pfarrei die letzte Ruhe verweigert wurde. Freunde, die daraufhin nach einer anderen Möglichkeit suchten, den Künstler zu beerdigen, wurden an ›die kleine Kirche um die Ecke‹ verwiesen. Dort fand nicht nur Holland Frieden, auch andere Theaterleute schlossen sich dieser Gemeinde an: Eines der Glasfenster zeigt den Schauspieler *Edwin Booth* als Hamlet, die kleine Kapelle ist einem anderen Theatermann gewidmet, *José Maria Muñoz*. Die Kirche unterstützt sogar eine eigene Theatergruppe, die ›*Jefferson Players*‹.

Von der Kirche lohnt ein Abstecher zum Broadway. Dort steht an der Ecke 29th Street das **Gilsey House**, ein besonders schöner Gusseisenbau von 1871 (Architekt: Stephen D. Hatch).

Am frühen Morgen, wenn die Pendler zu Tausenden aus Grand Central Station strömen, wird klar: Midtown ist die geschäftige Mitte Manhattans. Arbeit, Einkaufen, Amüsement, Mobilität – diese Schlagworte geben den Rhythmus in den 30er, 40er und 50er Straßen vor. Auf dieser Höhe werden **Broadway** und **Fifth Avenue** zu dem, was sie weltweit zum Synonym macht: der eine für Unterhaltung schlechthin, die andere als Edel-Einkaufsmeile. Hier stehen die schönsten Wolkenkratzer der Stadt, das **Empire State Building** und das **Chrysler Building**, hier liegt das grandiose **Rockefeller Center**, in dem zur Adventszeit der größte Weihnachtsbaum der Welt steht. Natürlich kommt auch die Kunst nicht zu kurz: Prachtvolle Bauten im Art déco- oder Beaux Arts-Stil sind zu bewundern, und mit dem MoMA, dem **Museum of Modern Art**, beherbergt Midtown eines der weltbesten Museen moderner Kunst.

42 General Post Office

8th Avenue zwischen 31st und 33rd Street

Architekten: McKim, Mead & White, 1913, erweitert 1935.

Ohne Gegenüber architektonisch aus dem Gleichgewicht geraten.

Dieser ›römische‹ Tempel mit seiner korinthischen Säulenfront fand sein Pendant ursprünglich in der gegenüberliegenden *alten Pennsylvania Station*, ebenfalls ein Werk des Architektenteams McKim, Mead & White, die mit einer ebenso mächtigen Kolonnade protzte. Leider wurde der alte Bahnhof 1963 gegen den Protest großer Teile der Bevölkerung abgerissen, und so steht das vormalige Hauptpostamt heute eher unmotiviert und wuchtig einem gesichtslosen Bahnhof gegenüber. Das Gebäude wird gerade renoviert und soll als Anbau der Penn Station die Bahnhofshalle für die neuen Hochgeschwindigkeitszüge beherbergen.

◁ *Auf die Spitze getrieben: Art déco bis unters, oder besser aufs Dach – das elegante Chrysler Building ist eines der gelungensten Beispiele New Yorker Architektur zu Beginn des 20. Jh.*

43 Madison Square Garden Center

Zwischen 7th und 8th Avenue, 31st und 33rd Street

Architekten: Charles Luckman Ass., 1968.

Immer wieder neu – doch nicht besser!

Es ist dies die vierte Auflage des Madison Square Garden: Nummer 1 war ein aufgelassenes *Eisenbahndepot*, das der Zirkusmann P. T. Barnum 1871 kaufte, um es als Hippodrom zu nutzen. Nummer 2 stammte aus dem Jahr 1890, wurde von Stanford White entworfen und war ein wahrer *Palast*. In seinem Inneren gab es ein Theater, Platz für Ausstellungen und sportliche Wettkämpfe, eine Konzerthalle, einen Dachgarten sowie ein Restaurant mit einem Turm. 1925 wurde das Gebäude schließlich abgerissen, der Madison Square Garden zog nach Norden an die Ecke 50th Street/8th Avenue und von dort an seine heutige Lokalität: aufs Dach der *Pennsylvania Station*.

Der ganze **Komplex** umfasst ein Stadion mit 20000 Sitzplätzen, einen weiteren Veranstaltungsraum mit 1000 Plätzen, ein Kino, Kegelbahnen, mehrere Ausstellungsräume, Büros, Restaurants und Einkaufsstraßen. Es fehlt also an nichts, außer an Charme und Fantasie der Architekten.

 **44 Empire State Building**

350 Fifth Avenue zwischen
33rd und 34th Street

Architekten: Shreve, Lamb & Harmon, 1931.

Ein Mythos muss nicht rentabel sein!

Moderne Mythen leben von Zahlen und *Superlativen* – das lässt sich bis in die Gegenwart hinein belegen: 6500 Fenster, 60000 t Stahl, 5600 km Telefonkabel, 96 km Wasserleitungen, 73 Aufzüge in Schächten von 11 km Länge – diese Angaben dürfen nicht fehlen, wenn man vom Empire State Building spricht. Und dann natürlich die Höhe: 381 m!

Eine weitere Zahl, die in jüngster Vergangenheit Schlagzeilen machte, ist als Superlativ im Negativbereich anzusiedeln: Für umgerechnet 45 Mio. DM wurde das Empire State Building 1994 verkauft, ein Spottpreis für die Spitzenlage in Midtown Manhattan. Um die es geht: 223000 m^2 sind zu vermieten. Oder besser gesagt, sie sind schon vermietet, und darin liegt die Krux für die am Handel Beteiligten. Die 102 Stockwerke, in denen 10000 Menschen wohnen und 20000 – 25000 arbeiten, sind langfristig verpachtet, und das zu Mini-Preisen!

Wenn man die **Geschichte** des Empire State Building betrachtet, wird man den Eindruck nicht los, dass dieses Gebäude noch nie so recht ein finanzieller Erfolg war. In den 30er-Jahren, als es in der Rekordzeit von neun Monaten aus dem Boden gestampft wurde, steckte Amerika mitten in einer wirtschaftlichen Depression. Die *Einweihung* des höchsten Gebäudes der Welt am 1. Mai 1931 verlief spektakulär. Als Präsident Hoover im Weißen Haus in Washington auf den Knopf drückte und im Empire State Building in Manhattan alle Lichter auf einmal angingen, hätten das viele in diesen tristen Zeiten gerne als Zeichen der Hoffnung und des Aufschwungs gesehen. Realität hingegen war, dass die Investoren in den folgenden Nächten die Lichter in den unvermieteten Stockwerken brennen ließen, um darüber hinwegzutäuschen, dass drei Viertel der Räume im Empire State Building leer standen.

Dem **Mythos** tat die mangelnde Rentabilität hingegen keinen Abbruch; selbst als das Empire State den Rang als höchstes Gebäude der Welt 1973 an das World Trade Center abgeben musste (heute rangiert es auf Platz vier der Weltrangliste), verlor es nicht an Popularität. 2,5 Mio. Besucher lassen sich alljährlich von den Liften in den 86. oder 102. Stock hinauf tragen, um die unvergleichliche **Aussicht** zu genießen. Ob sie wollen oder nicht, erhalten sie dabei auch ausreichend Gelegenheit, die marmorverkleidete **Art déco-Lobby** zu besichtigen: Die Warteschlangen vor den Liften sind immens.

Öffnungszeiten S. 177

45 Herald Square mit Macy's

Kreuzung von 6th Avenue und
Broadway, 34th und 35th Street

Stuff und Guff schlagen jede Stunde zu.

Wie der Times Square im Norden wurde auch Herald Square nach einer Zeitung benannt, dem ›New York Herald‹, der 1894 ›Newspaper Row‹ [s. S. 43] verließ und hier einen von McKim, Mead & White entworfenen Palazzo bezog. Das

---

Macy's Thanksgiving-Auftritt

Am vierten Donnerstag im November feiert Amerika **Thanksgiving***, und dann zeigt sich Macy's von seiner besten, nämlich spendabelsten Seite. Das Kaufhaus sponsert alljährlich die* **Thanksgiving Parade***, die in der Upper West Side beginnt und am Herald Square endet. Besonders beliebt sind die luftballonartigen, riesigen* **Comicfiguren***, die durch die Straßenschluchten zu schweben scheinen. Sie sind schwer zu manövrieren, und wenn der Novemberwind durch die Avenues pfeift, kann es schon mal passieren, dass sich Pink Panther oder Snoopy in einem Laternenpfahl verfangen.*

Wer im Herbst in New York ist, sollte am **Vorabend** *der Parade in der West 77th Street vorbeischauen. Dort werden die Figuren aufgeblasen und viele Manhattaniten kommen mit ihren Kindern, um zuzusehen, wie die anfangs unförmigen Schläuche langsam Gestalt annehmen.*

◁ *Empire State Building – ein Mythos, auf dem bereits King Kong turnte*

Der Augapfel des Big Apple – mit dem Fischauge von der Aussichtsplattform des Empire State Building aus fotografiert

Redaktionsgebäude ist längst abgerissen, aber die **Uhr**, die es einst krönte, steht noch auf dem Platz. ›Stuff‹ und ›Guff‹, die beiden beweglichen bronzenen Figuren an ihrer Seite, geben sich jede Stunde redlich Mühe, die Glocke mit angedeuteten Hammerschlägen zum Klingen zu bringen.

Herald Square wird beherrscht von **Macy's** (Architekten: De Lemos & Cordes, 1902, Erweiterungen 1924, 1928, 1931 von Robert D. Kohn), dem größten Kaufhaus der Welt. Allein der Schaufensterdekoration wegen sollte man an Macy's nicht einfach vorbeigehen, auch ein Bummel durchs Erdgeschoss lohnt sich, vermittelt er doch einen Eindruck des riesigen, geschmackvoll präsentierten Angebots.

Seine Bedeutung als *Verkehrsknotenpunkt* hat Herald Square auch der Tatsache zu verdanken, dass westlich der 6th Avenue das Textilviertel, der so genannte **Garment District**, beginnt. Er liegt etwa zwischen 30th und der 40th Street und erstreckt sich bis zur 8th Avenue. In diesem Geviert ließ sich in den ersten zwei Jahrzehnten des 20. Jh. die **Bekleidungsindustrie** nieder, die bis dato in der Lower East Side ansässig gewesen war.

Dort hatten die Näher, Zuschneider und Schneider unter schrecklichen Bedingungen gearbeitet – die engen, stickigen Slumwerkstätten in Kellern, Nebenräumen oder Schuppen hießen nicht umsonst ›sweatshops‹.

Im Norden verbesserten sich die Arbeitsbedingungen nach und nach: Im Jahr 1900 wurde die *Gewerkschaft* der Damenkonfektionsarbeiter gegründet, die sich in den folgenden Jahren zu einer der mächtigsten Interessenvertretungen entwickelte. Trotzdem waren die Arbeitsbedingungen in der Konfektionsindustrie noch im ersten Jahrzehnt des 20. Jh. desolat. Erst nachdem im März 1911 bei einem Brand in der Triangle Shirtwaist Company 146 Menschen, vor allem

Frauen, ums Leben gekommen waren, weil die Verantwortlichen die Feuerverordnungen ignoriert hatten, kam es zu Massenbewegungen, Streiks und damit zur Änderung der menschenunwürdigen Zustände.

Noch heute kommt aus dem Garment District der Großteil aller in Amerika hergestellten **Kinder-** und **Damenbekleidungsartikel**. Die Hauptschlagader des Viertels, die 7th Avenue, die auf dieser Höhe den Beinamen ›*Fashion Avenue*‹ trägt, präsentiert sich an Wochentagen wie ein Basar: Lastwagen verstopfen die Straßen, ›Push Boys‹, meist Hispanier oder Orientalen, schieben Kleiderständer mit wehenden Blusen, Mänteln und Röcken über die Gehsteige.

46 Jacob K. Javits Convention Center

Zwischen 11th und 12th Avenue, 34th und 39th Street

Architekt: James Ingo Freed für Ieoh Ming Pei & Partners, 1986.

Ein neuer Kristallpalast für New York.

Die Aufgabe war nicht leicht. Da sollte ein **Ausstellungs-** und **Kongresszentrum** entstehen, das als »das größte unter einem Dach befindliche in Amerika« geplant war. Die Anforderung ist sprachlich schon schwer genug zu fassen. Wie sollte er auf einer Fläche, die 8,9 ha und fünf Straßenblöcke umfasst, *ein* Gebäude bauen, das sich noch einigermaßen in seine Umgebung fügt und nicht aussieht wie ein Riesenmonster?

Ieoh Ming Pei wäre nicht der international renommierte Architekt, der er ist, wenn er und seine Leute diese Aufgabe nicht blendend gelöst hätten. Pei's Credo lautet: »Ganz einfache Bauten sind die besten.« Diesem Grundsatz ist er auch beim Jacob K. Javits Convention Center treu geblieben. In der Wahl des Materials, zum Beispiel: Glas, tagsüber schwarz wie ein Opal, in dem sich die Umgebung spiegelt, nachts und von innen beleuchtet, strahlend und transparent. Dass Spiegelung entmaterialisiert, hat I. M. Pei schon oft unter Beweis gestellt, es sei nur an den Bostoner John Hancock Tower erinnert. Im Javits Center wirken auch noch die Stahlröhren – 76 000 sind es –, die die Glasfläche kleinteilig gliedern, optisch reduzierend. Das **Innere** belebt die Musterung des Bodens in Kombination mit dem im Tagesverlauf wechselnden Lichteinfall.

Kurzum, ein grandioses Werk! Dass dieser Bau 85 000 Menschen pro Tag aufnehmen kann (immerhin in etwa die Bevölkerung einer mittleren Kleinstadt) – dieser klaustrophobische Gedanke beschleicht einen weder in der **Lobby**, die die Ausmaße eines 15-geschossigen Gebäudes hat und offiziell *Kristallpalast* heißt, noch in den Ausstellungs- oder Tagungsräumen.

Die gigantische Lobby des Jacob K. Javits Convention Center ist ein Kristallpalast des ausgehenden 20. Jh.

Die Pierpont Morgan Library gehört zu den prächtigsten Bibliotheken der Welt

47 Pierpont Morgan Library

33 East 36th Street

Architekten: McKim, Mead & White, 1906, erweitert 1928 durch Benajmin W. Morris.

New Yorks Schatztruhe erlesener Handschriften, kostbarer Bücher und Zeitungen des 15.–19. Jh.

John Pierpont Morgan hatte Glück: Er starb am 31. März 1913 und bekam so die Konsequenz des 16. Zusatzartikels zur Verfassung nicht mehr zu spüren, der ihm und anderen Superreichen recht zusetzen sollte. Dieses im Februar 1913 erlassene Gesetz führte eine Besteuerung des Einkommens durch den Kongress ein, und das traf die Reichen hart. Bis dato hatten sie ihre Millionen ungehindert vermehren können, ohne dass Washington sein Teil verlangte. Die Folge war, dass 60 % des Volkseinkommens in die Taschen von nur 2 % der Bevölkerung wanderten. Zwei Männer besaßen 341 Großunternehmen mit 22 Milliarden Dollar Kapital und kontrollierten 20 % des Volksvermögens. Der eine der beiden war *John D. Rockefeller*, der andere der Bankier *Pierpont Morgan*. Dass man sich mit diesem Hintergrund eine derart opulente Stadtvilla in *Murray Hill*, einem damals nur Morgan und seinesgleichen vorbehaltenen Viertel, leisten konnte, verwundert nicht. Morgans **Kunstsammlung** ist erlesen und seine **Bibliothek** ein wahres Juwel, der Traum eines jeden Bibliophilen. Haus und Bibliothek kann man besichtigen, es finden Ausstellungen statt.

Öffnungszeiten S. 174

48 New York Public Library

Fifth Avenue zwischen West 40th und 42nd Street

Architekten: Carrère & Hastings, 1911, Löwenfiguren von E. C. Potter.

Mit sechs Millionen Büchern die zweitgrößte Forschungsbibliothek der USA.

Breite Stufen führen von der hektischen Konsumwelt der Fifth Avenue in die reinen Gefilde des Geistes, einen Beaux Arts-Tempel aus weißem Marmor. Zu beiden Seiten der Treppe postierte steinerne **Löwen** wachen darüber, dass die Trennung von Geist und Kommerz auch wirklich erhalten bleibt. Nicht immer gelingt ihnen das, und so schleichen sich zur Mittagszeit brotzeitmachende Angestellte aus den umliegenden Büros ein, Liebespärchen lagern auf den Marmorstufen, auf den Bänken schlafen Obdachlose, im Schatten der Bäume spielen alte Männer Schach. Im Inneren beherbergt

85

die Public Library Schätze wie eine Gutenberg Bibel, in regelmäßigen Ausstellungen werden Stücke aus der reichen Sammlung der Bibliothek gezeigt. Unbedingt sehenswert ist der Lesesaal, der nach einer aufwendigen Restaurierung seit 1998 im alten Glanz erstrahlt.

Öffnungszeiten S. 174

Auch der **Bryant Park**, der im Westen an die Bibliothek angrenzt, wurde in den 90er-Jahren renoviert und bildet heute mit seinen alten Bäumen und Blumenrabatten eine der schönsten Oasen in Midtown. Hier stand ein paar Jahre lang ein herrliches Gebäude, der *Crystal Palace*, in dem 1853 die Weltausstellung stattfand. 1858 brannte der Bau ab und zerstörte damit die Legende, dass Gusseisen feuerfest sei: Die Eisenträger und -säulen verformten sich in der Hitze und ließen das Gebäude zusammenstürzen.

In den warmen Monaten finden hier Konzerte statt, besonders großer Beliebtheit erfreut sich das kostenlose **Bryant Park Film Festival**. Montags nach Sonnenuntergang werden hier Klassiker der Filmgeschichte gezeigt, die New Yorker rücken mit Decken und Picknickkörben an. Wer einen Platz auf dem Rasen ergattern will, muß allerdings rechtzeitig kommen, denn es ist immer sehr voll.

49 East 42nd Street

Im Osten nichts Sündiges, vielmehr Art déco!

Die 42nd Street hat einen schlechten Ruf: Als sündig gilt sie, als verrufen und verlottert. Auch wenn diese Charakterisierung einmal zutraf, bezog sie sich doch nur auf den Westteil der Straße, der Osten präsentiert sich ganz anders: Geschäftig und nobel – Tudor City zum Beispiel ist eine sehr gute Wohnadresse – und ein Dorado für Liebhaber des Art déco! Die wichtigsten Gebäude, von West nach Ost aufgeführt, sind:

Whitney Museum of American Art at Philip Morris, 120 Park Avenue, Architekten: Ulrich Franzen & Assocs., 1982.

In dem schlichten Philip-Morris-Büroturm ist eine Dependance des Whitney Museum of American Art [Nr. 79] untergebracht, in der wechselnde Ausstellungen moderner Kunst gezeigt werden.

Öffnungszeiten S. 175

Grand Central Terminal [Nr. 51]

Bowery Savings Bank Building, 110 East 42nd Street, Architekten: York & Sawyer, 1923.

Der monumentale Eingang führt in eine großartige Schalterhalle.

Chanin Building, 122 East 42nd Street. Architekten: Sloan & Robertson, 1929.

Klassizistische Monumentalarchitektur für die Bücher der New York Public Library

Stilecht bis zu den Fahrstuhltüren in der Lobby: auch das Interieur des Chrysler Building ist ganz im Art déco-Stil gehalten

Die Fassade des Büroturms ziert ein Relief von Edward Trumbull, auch die Lobby ist sehenswert.

Grand Hyatt Hotel, 125 East 42nd Street. Architekten: Warren & Wetmore, 1920, modernisiert von Gruzen & Partners und Der Scutt, 1980.

Kühne Glasfront, bombastische Lobby – das Hyatt trägt die Handschrift des Baulöwen Donald Trump. Dieses Hotel zu errichten, war eine seiner ersten Unternehmungen [s. S. 102].

Daily News Building, 220 East 42nd Street. Architekten: Howells & Hood, 1930, erweitert 1958 von Harrison & Abramovitz.

Das vertikal weiß und dunkelrot gegliederte Gebäude glänzt auf der Straßenebene mit Art déco-Ornamenten. In der überwiegend im Original erhaltenen Lobby dreht sich ein riesiger Globus.

Ford Foundation, 321 East 42nd Street. Architekten: Kevin Roche John Dinkeloo & Assocs., 1967.

Ein Gewächshaus im Glashaus, eine Oase in Midtown – hier wurde beispielhaft ›öffentlicher Raum‹ [s. S. 33] geschaffen.

 **Chrysler Building**
405 Lexington Avenue

Architekt: William Van Alen, 1930. Lobby 1978 von JCS Design Assocs. und Joseph Pell Lombardi restauriert.

Der Inbegriff des amerikanischen Art déco.

Mit diesem Meisterwerk der Art déco-Architektur hat sich der Automobilhersteller Walter P. Chrysler ein Denkmal gesetzt. Bei seiner Fertigstellung war das elegante Gebäude mit seinen 319 m auch das höchste der Welt – allerdings nur ein paar Monate lang, dann lief ihm das Empire State Building [Nr. 44] den Rang ab. An *Eleganz* aber ist es bis heute noch nicht übertroffen.

Der **Chrysler-Turm** mit seiner stahlverkleideten Bogenpyramide an der Spitze gehört zu den Wahrzeichen der Stadt. Nachts gibt er sich noch einmal mehr effektvoll, wenn die charakteristischen Dreieckfenster in den Bögen lichtumrandet erstrahlen. Als Huldigung an das (Chrysler-)Auto ragen im 61. Stock acht gigantische *Chromadler* (die bekannten Kühlerfiguren) in die Luft, im 31. Stock markieren vier überdimensionierte *Kühlerhauben* die Ecken des Gebäudes.

87

Wunderbar ist die **Lobby** gestaltet, ein Art déco-Traum aus Marmor und Chrom mit 18 Fahrstühlen, an deren Türen Intarsienarbeiten zu bewundern sind.

In der Nachbarschaft des Chrysler Building ein neues Gebäude zu errichten, das **425 Lexington**, (Murphy/Jahn, 1988), ist eine heikle Aufgabe. Der Architekt Helmut Jahn hat sie zu lösen versucht, indem er sich zunächst an der klassischen Wolkenkratzer-Gliederung orientierte: rechteckiger Sockel, Turm und Spitze. Die Spitze jedoch verjüngt sich nicht, sondern strebt auseinander, als hätte man eine umgekehrte Pyramide aufgesetzt.

51 Grand Central Terminal

East 42nd Street/Park Avenue

Architekten: Reed & Stem und Warren & Wetmore, 1903–13. Deckengemälde: Whitney Warren mit Paul Helleu und Charles Basing, Uhr und Skulpturengruppe über dem Haupteingang im Süden: Jules Coutan.

Der Klassiker unter den Bahnhöfen.

Mit dem Bau der **Eisenbahnen** durch das riesige, unerschlossene Land sind einige Männer im 19. Jh. zu Millionären geworden, so auch Cornelius Vanderbilt: Er besaß mehr als ein Dutzend Eisenbahnlinien, die er zum ›New York Central System‹ zusammenschloss. Sein Sohn William Henry erweiterte das Unternehmen, und der Enkel schließlich baute diesen Bahnhof. Da sich hier die Endstation einer Bahnlinie befand, die am Mississippi begann, heißt er offiziell Grand Central Terminal, im alltäglichen Sprachgebrauch wird er aber meist *Grand Central Station* genannt. Inmitten der zum Teil schnöden Bürotürme wirkt die formvollendete Beaux Arts-Architektur mit der symmetrisch angelegten Bogen- und Säulenkomposition der **Hauptfassade** würdig und imposant. Darüber zeigt eine riesige Uhr (4 m Durchmesser) unerbittlich die Zeit an, gerahmt von den ›Römern‹ Minerva, Merkur und Herkules in trauter Gemeinschaft mit dem amerikanischen Adler.

Die Anlage – eine der größten der Welt – ist überwältigend in ihrer Funktionalität und Weitläufigkeit. Allein die von einem künstlichen Sternenhimmel überwölbte

Die Trickkiste des William van Alen

In den Jahren vor dem Börsenkrach 1929 erlebte New York einen ungeheuren Wirtschaftsboom, in dessen Folge auch der Bedarf an gewerblicher Nutzfläche stieg. Überall wurde gebaut, und es gab nur eine Devise: **Hoch, höher, am höchsten.** *Dahinter stand einerseits die wirtschaftliche Notwendigkeit, den teuren und knappen Grund möglichst effektiv zu nutzen, andererseits war aber unter den Bauherren und Architekten auch ein sportlicher Wettkampf ausgebrochen, bei dem jeder danach trachtete, den Titel ›höchstes Gebäude der Welt‹ für sich zu gewinnen. Beginnend mit dem Jahr 1928 standen zwei Männer im Ring: Craig Severance, der für die Bank of Manhattan in der Wall Street errichten sollte, und William van Alen, der im Auftrag des Autokönigs Walter Percy Chrysler an der 42nd Street baute.*

Ganz New York verfolgte den Kampf der Giganten, bei dem es um Meter und schließlich um Zentimeter ging. Nachdem Severance das Gerücht übermittelt worden war, dass das Chrysler Building 282 m Höhe erreichen werde, setzte er einen Fahnenmast auf und feierte sich als Sieger, denn damit war sein Bau 282,60 m hoch. Doch dann kam der 28. Mai 1930 und damit der schwärzeste Tag im Leben des Craig Severance. Van Alen hatte eine 56 m lange **Stahlspitze** *im Brandschutzschacht des Turms versteckt gehalten, die er nun von einem Kran hervorziehen ließ. 90 Minuten lang wuchs und wuchs das Chrysler Building vor den Augen der versammelten Presse und des entsetzten Severance, dann stand der neue* **Weltrekord** *fest: 319 m!*

Bahnhofshalle misst 38 m x 83 m und ist 35 m hoch. Auf zwei Etagen befinden sich Geschäfte, Bars und Restaurants. Die für ihre Fischküche berühmte **Oyster Bar** liegt im Untergeschoss [s. S. 168].

Unter der Erde wurden auf zwei Ebenen die 67 Schienenstränge und die **Bahnsteige** gelegt – eine logistische und ingenieurtechnische Meisterleistung.

◁ *Häusermeer in Midtown Manhattan*

1929 wurde der Komplex erweitert, Warren & Wetmore fügten einen prachtvoll verzierten Büroturm hinzu, der ursprünglich New York Central Building hieß. Heute trägt er den Namen **Helmsley Building**. Mit seinem laternengekrönten Dach beherrschte und bereicherte er die Park Avenue, bis 1963 nach dem Verkauf der Luftrechte [s. S. 102] des Grand Central Terminal ein weiterer Turm gebaut werden konnte, der den Charme des Helmsley Building niederbügelt und sich klobig und klotzig auf Grand Central Station breitmacht: das **Met Life Building** (ehem. Pan Am; Architekten: Emery Roth & Sons, Pietro Belluschi, Walter Gropius).

52 Theater District mit Times Square und Broadway

Nostalgische Gedanken auf einem gesichtslosen Allerweltsplatz.

33 km ist er lang und zieht sich diagonal durch ganz Manhattan – und doch meint man, wenn man vom ›Broadway‹ spricht, nur ein ganz bestimmtes, kurzes Stück der Straße, nämlich den Abschnitt zwischen der 41st und der 53rd Street, an dem auch Times Square liegt.

In diesem Geviert konzentrierten sich in den 20er- und 30er-Jahren, der glanzvollsten Zeit des Broadway, mehr als 80 **Theater**, wobei die Adresse ›Forty Second Street‹ besonders begehrt war. Hier reihten sich das Empire, das Liberty, das Harris, das Selwyn, das Lyric und das Victory Tür an Tür. Besonders prächtig war das **New Amsterdam** (214 42nd Street. Architekten: Herts & Tallant, 1903) ausgestattet, das sogar auf dem Dach noch eine Bühne hatte. Das reich verzierte Portal an der 42nd Street ist übrigens nichts als Etikettenschwindel, den damals sehr viele Theater betrieben: Obwohl sie eigentlich an der 41st Street lagen, trachteten sie danach, mit der Adresse ›Forty Second Street‹ werben zu können, und bohrten Gänge quer durch den Block, um mit einem Eingang an der 42nd Street zu glänzen.

Aber die große Zeit des Broadway ist vorbei. Sprechtheater ist kaum mehr zu finden und selbst die international gefeierten Musicalproduktionen kommen heute aus London, nicht mehr aus New York, wiewohl sie am Broadway natür-lich noch in brillanten Inszenierungen gezeigt werden. Der Niedergang des ›Great White Way‹ – so nannte man den Broadway um 1910, nachdem das elektrische Licht Einzug gehalten hatte – begann bereits Ende der 20er-Jahre mit dem Aufkommen des Tonfilms. Die meisten Theater mussten schließen oder wurden zu Kinos umgebaut, Forty Second Street verfiel und kam zu Ruhm ganz anderer Art: als ›sündige Meile‹, als Synonym für Drogenhandel und Prostitution.

Ebenso erging es dem angrenzenden **Times Square**, dem Platz an der Kreuzung Broadway/7th Avenue, der seinen Namen der ›New York Times‹ verdankt, die 1904 hier ihr Verlagsgebäude bezog. Auf diesem lang gestreckten Platz konzentrierte sich das Leben des brodelnden Theaterviertels, hier herrschte eine großartige, elektrisierende Atmosphäre, die selbst dann noch spürbar war, als die Gegend verlotterte und von zwielichtigen Gestalten bevölkert wurde.

Ende der 80er-Jahre war es dann um diese Atmosphäre geschehen, es kamen

Taghell ist die Neon-Nacht am Times Square

Szene aus der Broadway-Inszenierung ›Porgy und Bess‹

91

Die Arbeiter fest im Griff – Wandgemälde in der Nähe vom Times Square

die Saubermänner mit dem Bagger und die Architekten mit postmodernen, verkitschten Lösungen für die Neugestaltung des Platzes. Nachdem der Times Square verunstaltet war, gelobte man Besserung, was die Sanierung der 42nd Street betraf, doch es sollte noch schlimmer kommen: Nun ist *Disney* eingezogen und schönt die ehemals sündige Meile zu einem Stück supersauberen Amerika. Im altehrwürdigen New Amsterdam tanzen jetzt die Mickymäuse, aus dem Lyric und dem Academy wurde ein Musicalhaus. Dazu gibt es ein Disneyhotel mit Ferienclub, Themenrestaurants und Madame Tussauds Wachsfigurenkabinett – der Todesstoß ins Herz des Unterhaltungszentrums New Yorks sitzt.

53 Algonquin Hotel

59 West 44th Street

Die Literaten der Tafelrunde.

Mit dem Genius Loci ist das so eine Sache: Meist materialisiert er sich nicht. Wer sich für Literatur interessiert, sollte dennoch einen Blick in die dunkel getäfelte Lobby des Algonquin Hotels werfen. Denn hier im **Rose Room** tagte der legendäre Zirkel, der als **Algonquin Round Table** in die Geschichte einging. 1919 bis etwa 1929 trafen sich hier täglich New Yorks Intellektuelle – Journalisten, Literaten, Schauspieler –, eine lockere Runde, in der getrascht, gelästert und gelacht wurde. Protagonistin und Star war Dorothy Parker, eine Journalistin, die damals als geistreichste Frau des Landes galt. Ihre sarkastischen, brillant formulierten Spottverse und Bonmots, die sie in der Algonquin Runde zum Besten gab, standen am nächsten Tag in der Zeitung und machten in ganz Amerika die Runde.

Wer durch die westliche 44th Street spaziert, sollte einen Blick auf das Haus Nr. 37 (Architekten: Warren & Wetmore, 1900) werfen. Hier residiert der **New York Yacht Club**, und dementsprechend erinnern die Fenster des Beaux Arts-Gebäudes an Schiffshecke.

54 United Nations Headquarters

United Nations Plaza zwischen 42nd und 48th Street

Internationales Architektenkomitee, u. a. mit Le Corbusier, Oscar Niemeyer und Sven Markelius; Bauzeit 1947–53.

Auf dem Gelände gelten eigene Gesetze.

Die United Nations Organization wurde 1945 in San Francisco als Nachfolgerin des Völkerbunds gegründet. Ihr Ziel war, sich nach dem Zweiten Weltkrieg für Frieden und Fortschritt einzusetzen. Auf der Suche nach einem Hauptquartier stieß man auf New York, denn dort bot sich ein edler Spender an: **John D. Rockefeller Jr.** Er erwarb das Areal des Schlachthofviertels am East River und schenkte es der UNO. Die USA gaben einen unverzinsten Kredit von 67 Mio. Dollar, und schon konnte es losgehen: 1950 war das erste Gebäude bezugsfähig, das **Secretariat Building**, dessen schmaler Turm die Anlage beherrscht. Es folgten das **Conference Building**, der niedrigste Bau des Komplexes, das **General Assembly Building**, das als *Auditorium* dient, und schließlich die **Dag Hammarskjöld Library**. Architektonisch ist das Ensemble keine Meisterleistung, Le Corbusier hat sich nicht ohne Grund von diesem Werk distanziert.

Das Gelände der United Nations ist exterritoriales Gebiet. Das heißt, dass hier eigene Gesetze gelten und die Vertreter der mehr als 150 Staaten, die hier arbeiten, besondere Rechte genießen, ähnlich wie Diplomaten in einem fremden Land. Im New Yorker Alltagsleben merkt man nicht viel von diesem Sonderstatus, nur dass die UN-Angehörigen ihre Privilegien zum Falschparken ausnützen, ärgert die Einheimischen.

Im Rahmen von **Führungen** kann man die verschiedenen Gebäude besichtigen und interessante Kunstwerke entdecken:

Jeder Staat, der in der UN vertreten ist, hat seinen Beitrag zur ›Kunst am Bau‹ mit Skulpturen, Wandteppichen oder Gemälden geleistet.

Öffnungszeiten S. 175

Das riesige Gebäude, das gegenüber der UNO steht und alles in den Schatten stellt, ist das neueste Zeichen der Großmannssucht von Donald Trump. Erst erwarb er heimlich die Luftrechte [s. S. 102] von 15 Gebäuden und führte eine Reihe von Prozessen. Dann begann er zu Anfang des Jahrtausends mit dem Bau eines 260 m hohen Turmes, des **Trump World Tower**, der als ›höchstes Wohnhaus der Welt‹ vermarktet wird.

55 Diamond Row

West 47th Street zwischen 5th und 6th Avenue

Eine wahrhaft hochkarätige Straße.

Schäbig wirkt sie, die 47th Street, verkommen und auf keinen Fall so, wie man sich eine ›**Diamanten- und Juwelenstraße**‹ vorstellt: goldgepflastert wie in Las Vegas, gesäumt von livrierten Türstehern und mit Schaufenstern, in denen

Das schlanke Secretariat Building überragt den United Nations Komplex am East River

Äußerlich unterscheidet sich das Waldorf-Astoria kaum von den Nachbarbauten ...

verstecken und leicht transportieren – unschätzbare Vorteile, wenn man ständigen Verfolgungen ausgesetzt ist. Fast alle Diamantenhändler und -schleifer der 47th Street kamen auf der Flucht vor dem letzten großen Pogrom, dem Hitlers. Sie ließen sich in den 40er-Jahren des 20. Jh. hier nieder und verliehen New York die Bedeutung im internationalen Diamantenhandel, die es heute hat: 80% der Steine, die für den amerikanischen Markt bestimmt sind, werden hier umgeschlagen.

56 Waldorf-Astoria Hotel
301 Park Avenue zwischen 49th und 50th Street

Architekten: Schulze & Weaver, 1931.

100 Jahre in den Klatschspalten.

Man verschweigt uns etwas in der offiziellen Chronik, die das Hotel dem Gast des Waldorf Towers »with compliments« überreicht, und das ist verständlich. Wer gibt schon gerne zu, dass er als Racheakt in die Welt gesetzt wurde, als Kind der Intrige. Das macht sich nicht gut auf Hochglanz und mit freundlichen Grüßen!

Die **Geschichte**, die man dort also nicht liest, beginnt in den 80er-Jahren des 19. Jh. an der Kreuzung Fifth Avenue und 34th Street. Dort befand sich zu der Zeit der Nabel der Welt. Davon waren zumindest die Neu- und Superreichen New Yorks überzeugt, die Astors, Vanderbilts, Goulds, Morgans, Belmonts und all die anderen, die im 19. Jh. durch Eisenbahnbau, Asienhandel, Erschließung des Westens und – last but not least – durch den Sezessionskrieg zu einer Unmenge Geldes gekommen waren, mit dem sie natürlich protzen wollten. So bauten sie Paläste und Schlösser an der Fifth Avenue und den 30er Straßen, kleideten sich in Paris ein und gaben riesige Bälle und Feste, denn sie mussten ja zeigen, dass ihre Garderobe aus Paris kam. Die Damen der Society befanden sich im edlen Wettstreit darum, wer die Wichtigste im Lande sei, und in diesem Prestige-Turnier hatte **Mrs. Astor** eine Position erreicht, die ihr bald niemand mehr streitig machte, aber jede neidete.

Sie war es, die die Kreuzung 34th Street / Fifth Avenue zum Nabel der Welt erhob, denn dort, in einem prächtigen Backsteinhaus, hielt sie Hof und gab

auf diskret-grauem Samt die erlesensten Stücke zur Schau gestellt werden ... Nicht so. Ein Unkundiger, den es in die 47th Street verschlägt, könnte glauben, er sei auf einem hektischen Straßenbazar gelandet, auf dem Glitzersteine en gros verscherbelt werden: Da stehen Männer auf den Gehsteigen und verhandeln, da wirken die Auslagen der winzigen Geschäfte, als hätte jemand einen Sack voll Klunker hineingekippt. Schwer zu glauben, dass dies alles echt ist, dass hier alljährlich Milliardenwerte umgesetzt werden, dass wir uns im Zentrum des amerikanischen **Diamantenhandels** befinden.

Die Besitzer der kleinen, engen Läden heißen Weintraub, Levitan, Goldman. Viele tragen schwarze, halblange Mäntel und breitkrempige Hüte, unter denen die Schabbeslocken hervorquellen. Sie sprechen jiddisch oder hebräisch miteinander. Ein Handel, der traditionell mit Handschlag und ohne schriftliche Dokumente besiegelt wird, endet mit den Worten »Mazel un Bruch« – das heißt »Glück und Segen«.

Es hat seinen Grund, dass der Diamantenhandel so fest in **jüdischer Hand** ist: Die hochwertigen Steine lassen sich gut

Feste in einem Ballsaal, der genau 400 Personen fasste. Wer auf die Einladungsliste kam, entschied allein sie – und weh dem, der nicht geladen wurde! Nicht zu ›The Four Hundred‹ zu gehören, kam der gesellschaftlichen Ächtung gleich.

Kein Wunder, dass Mrs. Astor umworben, gefürchtet und – gehasst wurde, sogar in der eigenen Familie. Die Frau ihres Neffen **William Waldorf Astor** entpuppte sich als ärgste Rivalin. Dass es ihr trotz aller Bemühungen nicht gelang, die Tante zu entthronen, verärgerte wiederum den Neffen so sehr, dass er einen bösartigen Plan ausheckte: Er ließ sein Haus, das an der Ecke 33rd Street/Fifth Avenue lag, abreißen und errichtete an derselben Stelle, inmitten der Herrschaftspaläste und in direkter Nachbarschaft zu Mrs. Astors Imperium, 1893 ein Hotel: das **Waldorf**. Profaner ging es nicht mehr. Die Tante reagierte prompt und zog nach Norden. Die Society folgte ihr in die Gegend um die 65th Street, damals noch Wildnis, die sich alsbald zur ›Millionaires' Row‹ mauserte.

Das Waldorf aber florierte, und Mrs. Astor konnte nicht schlafen vor Wut. Als sie wieder mal nach einer miserablen Nacht erwachte, zog sie ihren Sohn beiseite und befahl ihm, ebenfalls ein Hotel zu bauen. An der 34th Street, ihrer ehemaligen Residenz, Seite an Seite mit dem Waldorf. So entstand 1897 das **Astoria**. Nun waren aber die Astors, Familienfehde hin oder her, schon immer gute Geschäftsleute: Sie arbeiteten binnen kurzem zusammen, nannten sich ›Waldorf-Astoria‹ und bauten einen prächtigen Korridor, der die beiden Bauten verband und bald zum Laufsteg der feinen Damen wurde. **Peacock Alley** nannte man ihn, da die Ladies sich damals vornehmlich mit Pfauenfedern schmückten. Auch im heutigen Waldorf-Astoria an der Park Avenue gibt es eine Peacock Alley: ein Restaurant.

Bis auf die Namen erinnert jedoch nichts mehr ans ausgehende 19. Jh.: Das zweite Waldorf wurde 1931 gebaut – während an der Stelle des ersten das Empire State Building [Nr. 44] entstand – und ganz im Stil der Zeit ausgestattet: Noch heute findet man, wenn man durch die Lobby flaniert, wunderschöne *Art Déco-Ornamente*. Diese **Lobby** mit ihren dicken roten Teppichen, den Mahagoni-Säulen, der grandiosen Standuhr, den Wandgemälden und dem Bodenmosaik ›Wheel of Life‹ ist so prächtig, dass sie zum Programm eines jeden Fremdenführers gehört. Das heißt, es spazieren Scha-

... doch innen erwartet den Gast der sprichwörtliche Luxus des traditionsreichen Hotels

95

ren von Touristen durchs Waldorf, eine Tatsache, die man als Gast des Hotels nicht unbedingt schätzt. Die wirklich betuchten und berühmten Leute, diejenigen, die heute die Klatschspalten füllen, steigen deshalb auch in den **Towers** ab, einem Hotel im Hotel mit separatem Eingang. Durch ihn schritt schon die englische Königsfamilie – die Queen, ihre Mutter und Prinz Philip –, der Kaiser von Japan und der Schah von Persien übernachteten hier, amerikanische Präsidenten stehen auf der Gästeliste neben Winston Churchill, Charles de Gaulle und Nikita Chruschtschow.

 **57 Rockefeller Center**

Ursprüngliche Anlage: 48th bis 51st Street zwischen 5th und 6th Avenue

Architekten: Reinhard & Hofmeister; Corbett, Harrison & MacMurray; Raymond Hood, Godley & Foulhoux, 1932–40. Erweitert 1947–73.

Ein Kind der Depression und doch eine Stadt in der Stadt.

Ein paar Sätze zur Stadtplanung, bevor wir zum Rockefeller Center kommen: Es gab sie nicht. In New York war kein kirchlicher oder weltlicher Herrscher im Amt, der ›seine‹ Stadt auf dem Reißbrett konzipierte, es gab keine Baukommis-

Channel Gardens mit dem General Electric Building ▷

sion, die für ein harmonisches Gesamtbild sorgte. 1811 wurde das Rastermuster der Straßen festgelegt, 1916 erließ man ein Gesetz, das bestimmte, dass die oberen Stockwerke von Wolkenkratzern stufenförmig zurückgesetzt werden mussten [s. S. 33] – und das war bis dahin (wir befinden uns in den 30er-Jahren) alles.

Um so grandioser wirkt das **Rockefeller Center**, eine Stadt mitten in der Stadt, ein *Komplex*, der aus einem Guss entstand, eine Kommune, in der 65 000 Menschen arbeiten – das entspricht der Bevölkerung einer deutschen Mittelstadt. Das zugrunde liegende soziologische Konzept beinhaltete, die Bereiche Arbeiten, Einkaufen und Unterhaltung zu vereinen. Das architektonische Anliegen war, Raum in all seinen Dimensionen zu gestalten: In der Tiefe – ein unterirdisches *Straßennetz* stellt die Verbindung zwischen den Gebäuden her; in der Höhe – die Bauten verjüngen sich nach oben und sind so kombiniert, dass immer die Harmonie zwischen Freiraum und umbautem Raum gewahrt bleibt; und letztlich auch in der Horizontalen – breite Sichtachsen und großzügige Plätze treten ins Wechselspiel mit engen Durchgängen und unterschiedlich breiten Straßen.

Wer, wenn nicht kirchlicher oder weltlicher Herrscher, konnte es sich leisten,

Weihnachtliche Stimmung im Rockefeller Center: Lower Plaza mit Prometheus

Noch heute finden in der Radio City Music Hall glänzend inszenierte Aufführungen statt

so eine Fläche zu bebauen, Architekten und Künstler zu beschäftigen, und das mitten in der Depression? Natürlich nur ein Millionär, besser noch, ein Multimillionär: **John D. Rockefeller Jr.** Er allein finanzierte das ganze Projekt, beschäftigte Tausende von Menschen, die andernfalls arbeitslos gewesen wären.

Rockefeller hatte das Land in der Absicht gepachtet, ein neues Opernhaus zu bauen. Das Metropolitan Opera House stand damals am Broadway in Höhe der 39th Street. Damit befand es sich in beachtlicher Entfernung von seinem Publikum, das Ende des 19. Jh. im Gefolge der Mrs. Astor nach Norden gezogen war [s. S. 95]. Der Börsenkrach von 1929 vereitelte den Plan, hehre Kunst und reiche Konsumenten einander näherzubringen. Also beschränkte sich Rockefeller darauf, einen Palast fürs Volk zu bauen, ein prunkvolles Revue- und Lichtspieltheater, die **Radio City Music Hall** (Entwurf: Edward Durrell Stone; Innendekoration unter der Leitung von Donald Deskey, 1932). Und das Volk dankte es ihm: Der **Unterhaltungspalast** mit seinen 6200 Plätzen war in den Anfangsjahren fast täglich ausgebucht. Gerade in der Zeit der Depression zogen sich die Menschen in die Polstersessel zurück, genossen die Showeffekte, von denen Radio City Music Hall reichlich zu bieten hatte, und die opulente Art déco-Ausstattung, kühne Träume aus Bakelit, Chrom, Glas, Aluminium, Marmor und Kristall. Wenn die sagenhaften ›Rockettes‹ die Beine war-

fen und die Wurlitzer-Orgel so mächtig wie ein 3000-Mann-Orchester dröhnte, wenn sich der glitzernde Regenvorhang von der Decke senkte und Sonne, Mond und Sterne auf Knopfdruck erschienen, war die Welt in Ordnung, ließ sich die bittere Realität der Wirtschaftskrise vergessen.

Als die Zeiten besser wurden und es sich die Menschen zu Hause im Fernsehsessel bequem machten, geriet die Radio City Music Hall in finanzielle Schwierigkeiten, die sich so zuspitzten, dass in den 70er-Jahren der Abriss des Unterhaltungspalastes bevorstand. Zum Glück mobilisierte diese Drohung die New Yorker. Sie reagierten mit Protestaktionen und handfesten Geldspenden und retteten ihr »nationales Heiligtum« (Time). Wenn gerade keine Show stattfindet, kann man das Gebäude besichtigen – es lohnt sich!

Das Rockefeller Center bedeckt eine Fläche von 89030 m², von den 19 Gebäuden, die zu dem Komplex gehören, entstanden 14 in den Jahren zwischen 1931 und 1940. Den besten Eindruck erhält man, wenn man sich von der Fifth Avenue über die Promenade nähert; diese 70 m lange, leicht abschüssige Gerade, deren Zentrum die **Channel Gardens** bilden (nach dem Ärmelkanal benannt, da sie zwischen der **Maison Française** und dem **British Empire Building** liegen), führt auf die **Sunken** oder **Lower Plaza** zu, die gleichsam den Marktplatz der Stadt in der Stadt darstellt. Im Winter drehen hier die Schlittschuhläufer ihre

Pirouetten, im Sommer kann man zwischen Bäumen und Blumenrabatten sitzen und Kaffee trinken. Ein Springbrunnen sorgt für Kühlung; vor ihm erhebt sich der goldene **Prometheus**, den Paul Manship schuf.

Fahnen lenken den Blick nach oben und aufs **GE** (General Electric) **Building** [Nr. 62], das frühere RCA Building und höchste Gebäude des Komplexes (278 m). Seinen Haupteingang ziert ›*Die Weisheit*‹, ein Relief von Lee Lawrie, dem Künstler, der auch die Skulptur des ›*Atlas*‹ schuf, der vor dem **International Building** steht und sich der Fifth Avenue zuwendet.

Von den über 100 Werken, mit denen 30 verschiedene Künstler das Rockefeller Center schmückten, hat sicher das *Wandgemälde* in der Lobby des GE Building die interessanteste Geschichte. Es heißt ›American Progress‹ und stammt von José Maria Sert, der viel nacktes Fleisch bemüht, um den Fortschritt des Landes im wahrsten Sinne des Wortes ›sinnlich‹ fassbar zu machen. Serts Version mit den martialisch-muskulösen Körpern ist die zweite Variation zum Thema. Den ersten Auftrag hatte Nelson Rockefeller an den Künstler Diego Rivera gegeben, dessen Wandgemälde in Mexiko ihn tief beeindruckt hatten,

so sehr, dass er vergaß, sich über die politische Couleur des Künstlers zu informieren. Das Ergebnis war vernichtend und kam Rockefeller teuer: Als Rivera sein Werk vollendet hatte, blickte Lenin von den Wänden des Foyers – und der verkörperte nun gewiss nicht den Fortschritt, den Rockefeller vor Augen hatte!

Anregungen zum Thema Fortschritt liefert auch ein Spaziergang zu den in der zweiten Bauphase entstandenen Hochhäusern jenseits der 6th Avenue, die ebenfalls zum Rockefeller Center gehören, sich aber nicht mehr in die städtebauliche Einheit fügen: **Celanese Building** (1973), **McGraw-Hill Building** (1972), **Exxon Building** (1971), **Time & Life Building** (1959); alle von Harrison & Abramovitz) – wie wirken sie doch bombastisch, unfreundlich und kalt im Vergleich zu ihren Vorgängern!

58 St. Patrick's Cathedral
Fifth Avenue
zwischen 50th und 51st Street

Architekten: James Renwick Jr. und William Rodrigue, 1858–78; Türme 1888, Lady Chapel 1906.

Ein geistiges Kind des Kölner Doms mitten an der Fifth Avenue.

Sie behauptet sich zwischen den Hochhäusern: St. Patrick's Cathedral

Als in diesem Teil Manhattans noch nichts war außer steinigem Boden, zu steinig sogar, um einen Friedhof anzulegen, erfüllte sich der erste irische Bischof von New York einen Traum. Er baute eine Kirche ganz in der Tradition der europäischen Kathedralen – ein bisschen Kölner Dom im Äußeren und das beste, was Frankreich zu bieten hatte, für die Innenausstattung: Der Großteil der Glasfenster wurde aus Chartres und Nantes importiert. Mit St. Patrick's – nach dem irischen Schutzpatron benannt – bekam die katholische Erzdiözese New York nach 20-jähriger Bauzeit ein würdiges Gotteshaus von 110 m Länge und 60 m Breite. Dass die noch einmal zehn Jahre später errichteten Türme 101 m hoch sind, kommt heute kaum mehr zur Geltung: Der schwarze Glasturm des **Olympic Tower** (Skidmore, Owings & Merrill, 1976) erdrückt die einst so dominante Struktur aus weißem Marmor und Stein.

59 St. Bartholomew's Church

Park Avenue
zwischen 50th und 51st Street

Architekt: Bertram G. Goodhue, 1919,
Eingangsportal aus der Vorgängerkirche
von McKim, Mead & White, 1902.

»Heiliger Krieg an der Park Avenue!«

Thomas Dix Bowers, der Pastor der St. Bartholomew's-Kirche, erregte 1981 internationales Aufsehen, als er mit dem Plan an die Öffentlichkeit trat, sowohl die Parzelle des Gemeindehauses als auch die *Luftrechte* [s. S. 102] über seiner Kirche zu verkaufen. Der Grund für diesen Schritt? Die Kirche befand sich in Geldnot. Die Armen wurden und werden immer zahlreicher in New York, die Wahrnehmung sozialer Aufgaben stellt sich als immer dringlicheres und kostspieligeres Problem dar. Und schließlich: Die St. Bartholomew's-Kirche steht auf einem der teuersten Grundstücke Manhattans. Schon ein Verkauf von einem kleinen Teil des Grundes und der Luftrechte hätte Suppenküchen, Obdachlosenheime, Kinderkrippen und vieles mehr schaffen können.

Der Pastor musste nun allerdings erfahren, dass die Lage der Kirche auch einen Nachteil hat: An der Park Avenue lebt die ›high society‹ New Yorks, die absolut kein Interesse daran hat, sich den Himmel über ihrer Kirche zubauen zu lassen. So fand sich Pastor Bowers plötzlich im Ring mit so bekannten und finanziell potenten Damen wie Brooke Astor und Jacqueline Onassis. Sein Abbild zierte sogar die Titelseite der Zeitschrift ›New York‹, die vollmundig einen »Heiligen Krieg an der Park Avenue« ankündigte. Um es vorwegzunehmen: Der Pastor verlor gegen das große Geld. Man sorgte umgehend dafür, dass der ganze Komplex unter Denkmalschutz gestellt wurde, wodurch ein Verkauf des Gemeindehauses nicht mehr möglich war.

Im **Inneren** der byzantinisch inspirierten Kirche aus dem Jahr 1919 – die Kuppel wurde erst 1930 hinzugefügt – ist ein Mosaik in der Apsis zu besichtigen, das die Schöpfung darstellt. Das ›romanische‹ *Eingangsportal* mit den schweren Bronzetüren, einst von den Vanderbilts gestiftet, wurde von der ehemaligen St. Bartholomew's Church an der Madison Avenue abgetragen und dem neuen Bau vorgesetzt.

60 General Electric Building

570 Lexington Avenue
zwischen 50th und 51st Street

Architekten: Cross & Cross, 1931

Eine faszinierende Mischung aus Neugotik und Art déco.

Die aus Ziegeln, Aluminium und Stein bestehende Fassade dieses ursprünglich für die Radiogesellschaft **RCA** errichteten Wolkenkratzers nimmt stilistisch deutlich Bezug auf St. Bartholomew's Church. Besonders reich mit neugotischen Elementen verziert ist die Turmspitze. Bei der Übernahme des Gebäudes durch **General Electric** wurde die Lobby in einer Mischung aus Art déco und Maya-Kunst gestaltet.

61 Seagram Building

375 Park Avenue
zwischen 52nd und 53rd Street

Architekten: Ludwig Mies van der Rohe und Philip Johnson, 1958.

Bauhaus in Manhattan.

Dieser strenge, schlichte **Turm** mit seiner scheinbar endlos gerasterten Fassade aus Bronze und Glas gilt als **Mies van** der **Rohes Meisterwerk** und zugleich exemplarischer Vertreter des ›International Style‹, der sich nach dem Krieg in den USA entwickelt hat. ›Mitgebracht‹ hatten ihn die Architekten der Bauhaus-Moderne Walter Gropius, Marcel Breuer, Erich Mendelsohn und eben Ludwig Mies van der Rohe, die vor dem Nationalsozialismus in Europa geflohen und in die USA ausgewandert waren. Hier konnten sie ihre Ideale von schlichtester, funktions- und materialgerechter Architektur an Stahl-, Glas- und Betonhochhäusern verwirklichen.

Der freie **Platz**, den das Gebäude umgibt, wirkt langweilig, weil unbelebt. Kaum zu glauben, dass er zu seiner Entstehungszeit übergroßes Aufsehen erregte: Die Plaza, der unbebaute Platz, den die beiden Architekten aus ästhetischen Gründen ließen, war auf der teuren Park Avenue ein Vermögen wert! Das Beispiel machte aber bald Schule: 1961 wurden die Baugesetze geändert. Statt der sich nach oben verjüngenden klassischen Hochhäuser mit Basis, Mitte, Spitze wurden nun ungegliederte Einzelhochhäuser favorisiert, die sich über öffentlich zugängliche Platzanlagen erheben [s. S. 33].

Steinerne Lichtblitze krönen das General Electric Building in der Lexington Avenue

62 Fifth Avenue – Midtown
Zwischen Rockefeller Center und Central Park

Geschäftsmeile im Herzen Manhattans, doch Mäuse nagen am exklusiven Image.

Mit der Fifth Avenue verhält es sich wie mit dem Broadway: Auch sie verläuft durch fast ganz Manhattan, vom Washington Square Park bis nach Harlem, und ändert dabei ihr Gesicht ein Dutzend mal. Aber wenn man von *der Fifth Ave-*

Wer in der Fifth Avenue am Central Park einkauft, hat einen einfachen Geschmack: Nur das Beste – jedenfalls das Teuerste

nue spricht, meint man immer das kleine Stück, in dem sich die teuren und edlen **Geschäfte** ballen, also die wenigen Blöcke zwischen der 48th und 59th Street.

Dort haben Tiffany, das Edelkaufhaus Bergdorf-Goodman und der Juwelier Harry Winston ihre Stammhäuser, dort sind in den letzten Jahren aber auch Geschäfte eingezogen, die zeigen, dass es mit der **Exklusivität** der Fünften nicht mehr so weit her ist: Die Jeanskette GAP, Disney oder Coca Cola etwa, und in ihrem Gefolge Scharen von Touristen – da können die vornehmen alten Damen von der Upper East Side, die sich hier ihre Perlenkolliers fertigen lassen, nur noch die grauen Köpfe schütteln.

Als die Welt noch in Ordnung und die Fünfte noch frei von Mäusen und Jeans war, landete der **Immobilienspekulant** Donald Trump hier Ende der 70er-, Anfang der 80er-Jahre einen großen Coup. Es gelang ihm, an der Ecke Fifth/56th Street einen Turm zu erbauen, der mit 68 Stockwerken die Höhe, die an sich für Bauwerke in Midtown vorgegeben ist, weit zu überschreiten.

Trump handelte keineswegs illegal. Er folgte nur den Regeln des ›Manhattan Monopoly‹, die folgendermaßen lauten: Wenn ein Gebäude die ihm zustehende maximale Bauhöhe nicht ausnützt, kann die Differenz zwischen tatsächlicher Höhe und maximaler Höhe auf den Nachbarn übertragen werden. Der darf die an sich zulässige Grenze dann nach oben überschreiten. Man nennt das **Luftrechte kaufen**. Für die Skyline hat diese höchst seltsame Regelung natürlich Folgen: Je kleiner ein Gebäude, desto höher schießen die Nachbartürme in den Himmel. Von einer einheitlichen Planung kann nicht mehr die Rede sein. Jedoch, wen kümmert's, schließlich geht es um viel Geld. Trump zahlte seinem kleinen Nachbarn Tiffany damals 5 Mio. Dollar, die der berühmte Juwelier gut brauchen konnte, denn die Geschäfte gingen schlecht Ende der 70er-Jahre.

Der **Trump Tower** (725 Fifth Avenue/Ecke 56th Street. Architekten: Der Scutt und Swanke Hayden Connell, 1983), ein schwarzer Glasturm, der zur Fifth Avenue hin stufenförmig zurückspringt, präsentiert sich als materialisierte Großmannsucht: Den Fifth-Avenue-Eingang zieren zwei freistehende goldene T's, und Gold erschlägt einen auch im Inneren. Goldene Rolltreppen, goldene Schaukästen, goldene Türbögen, goldene Geschmacklosigkeit. Ein hoher Wasserfall rauscht vom 5. Stockwerk vor einer lachsfarbenen Marmorwand herunter, zu seinen Füßen ein Café. Hier kann man zwischen Bäumen sitzen und bei Kaffee und Hörnchen Rot und Gold anschauen, bis einem die Augen schmerzen.

Wer Ästhetik statt Protzarchitektur genießen möchte, sollte sich folgende Gebäude näher ansehen (von Süden nach Norden):

Cartier, Inc., 651 Fifth Avenue/Ecke 52nd Street. Architekt: Robert W. Gibson, 1905. 1917 von William Welles Bosworth zum Geschäft umgebaut.

St. Thomas' Church, 1 West 53rd Street/Ecke Fifth Avenue. Architekten: Cram, Goodhue & Ferguson, 1914.

University Club, 1 West 54th Street/Ecke Fifth Avenue. Architekten: McKim, Mead & White, 1899.

Crown Building, 730 Fifth Avenue/Ecke West 57th Street. Architekten: Warren & Wetmore, 1921.

Das ursprüngliche ›Heckscher Building‹ war das erste, das nach dem Baugesetz von 1916 [s. S. 33] als sich nach oben verjüngende Struktur gebaut wurde.

▲ TOP TIPP 63 Museum of Modern Art

11 West 53rd Street
zwischen 5th und 6th Avenue

Architekten: Philip Goodwin und Edward Durrell Stone, 1939; Umbauten und Ergänzungen: Philip Johnson Assocs., 1951 und 1964; Cesar Pelli & Assocs.; 1985.

Schenkung mit Hintergedanken.

Was tut ein Mann, der moderne Kunst hasst, aber mit einer Frau verheiratet ist, die völlig vernarrt ist in die Werke zeitgenössischer Künstler und das ganze Haus mit ihnen vollhängt? Ganz einfach: Er schenkt dem Museum of Modern Art ein Stück Land, schickt noch ein paar Millionen Dollar hinterher, um sicherzugehen, dass der Neubau auch finanziert ist, und bringt dann seine Frau dazu, ihre Sammlung dem Museum zu vermachen.

Trump Tower: außen Glas und Bäume, innen Marmor und Gold ▷

Und schon ist er die Bilder aus dem heimischen Wohnzimmer los.

Abby Aldrich Rockefeller war die Sammlerin, ihr Mann John D. Jr. der ›kunstgeplagte‹, nicht ganz uneigennützige edle Spender. Das 1929 gegründete Museum of Modern Art, zunächst im Heckscher Building untergebracht, bezog seine neuen Räumlichkeiten an der 53rd Street im Jahr 1939. Der Bau, ein früher Vertreter des ›International Style‹, wurde seitdem mehrmals verändert und vergrößert: Allein die Zahl der Gemälde hat sich seit 1939 mehr als verzehnfacht. Auch die übrigen Abteilungen sind gewachsen: Druckgrafik und Zeichnungen, Architektur und Design, die Foto- und Filmkollektion – das **MoMA** ist auch für seine Filmvorführungen bekannt: ausländische Filme, Klassiker, Werke junger unbekannter Regisseure.

Obwohl jeder einsah, dass das MoMA dringend mehr Ausstellungsfläche brauchte, erregte die Aufstockung des Gebäudes durch einen 53-stöckigen Wohnturm in den 80er-Jahren doch die Gemüter: Die Architekturkritikerin Ada Louise Huxtable sprach »von einer Ehe zwischen Kultur und Kommerz«, denn das Museum hatte seine Luftrechte [s. S. 102] an ein privates Unternehmen verkauft – nur so konnte es die Vergrößerung seiner Ausstellungsräume finanzieren. Der riesige Turm zerstörte, so Huxtable, den »speziellen New Yorker Charakter der 53rd Street «, die »mit ihren kleinen älteren Gebäuden, den Backsteinbauten und Stadthäusern eine der attraktivsten und kosmopolitischsten Seitenstraßen von Midtown-Manhattan war«.

Da die Sammlung ständig weiterwächst – besonders die großformatigen zeitgenössischen Werke beanspruchen viel Raum – wurden im Jahr 1996 Gebäude an der 53rd und 54th Street für geplante *Erweiterungsbauten* hinzugekauft. In den nächsten Jahren soll sich die Ausstellungsfläche noch einmal verdoppeln. Während der Bauarbeiten, die 2004/05 abgeschlossen sein werden, veranstaltet das MoMA eine vorübergehende Ausstellung in der ehemaligen **Swingline Stapler Factory** in Long Island City. Dieser Stadtteil in Queens hat sich zu einem neuen Kunstzentrum entwickelt, in dem auch das **P.S. 1 Contemporary Art Center** liegt, das mit dem MoMA zusammenarbeitet [s. S. 155].

Die *permanente Sammlung* des Museum of Modern Art zeigt Meisterwerke

Werke der Pop Art im Museum of Modern Art gehören inzwischen zu den Klassikern

der neueren Kunstgeschichte. Impressionisten, Expressionisten, Kubisten, Fauvisten, Dadaisten, Surrealisten, Abstrakte Expressionisten, Pop-Art-Künstler – es gibt keine Kunstrichtung des ausgehenden 19. und des 20. Jh., die im MoMA nicht vertreten wäre, keinen bedeutenden Künstler der Moderne, der nicht mit mindestens einem Werk repräsentiert wäre. Um nur ein paar der bekanntesten Gemälde zu nennen: Pablo Picassos ›Demoiselles d'Avignon‹ und ›Nachtfischerei bei Antibes‹, Rousseaus ›Der Traum‹, Claude Monets ›Wasserlilien‹, Henri Matisse' ›Der Tanz‹, Marc Chagalls ›Ich und das Dorf‹, Max Beckmanns ›Abreise‹, Edward Hoppers ›House by the Railroad‹ und und und ... Cézanne, Modigliani, Mondrian, Nolde, de Chirico, Dalí, Duchamps. Selbstverständlich sind auch Plastiken zu sehen, im **Abby Aldrich Rockefeller Sculpture Garden**, den Philip Johnson schuf, sitzt man zwischen Bäumen, Wasserläufen und Werken von Picasso, Rodin, Moore ...

Überdies finden im MoMA regelmäßig umfassende Wechselausstellungen statt, die immer wieder internationales Aufsehen erregen und wesentlich zu seinem internationalen Ruf als wichtigstes Museum moderner Kunst beitragen.

Öffnungszeiten S. 174

64 Lever House

390 Park Avenue
zwischen 53rd und 54th Street

Architekten: Skidmore, Owings & Merrill, 1952.

Der erste, der im Glashaus saß.

Hier steht er, der heute eher unscheinbare Urvater der Curtain-Wall-Wolkenkratzer aus Stahl und Glas, der erste perfekte Quader des ›International Style‹, dem unzählige – und weit weniger geglückte – folgen sollten. In seiner Seitenwand spiegelt sich der Neo-Renaissance-Bau des **Racquet and Tennis Club**, ein Werk von McKim, Mead & White aus dem Jahr 1918.

65 Citicorp Center

Lexington Avenue
zwischen 53rd und 54th Street

Architekten: Hugh Stubbins & Assocs., Emery Roth & Sons, 1978.

Die Kirche und ihr Turm.

279 m ist der schlanke Turm hoch; er ruht auf vier Pfeilern, die aber nicht die Ecken unterstützen, sondern in der Mitte der Turmseiten angeordnet sind. Das ergibt interessante Effekte und lässt Raum, noch einen Bau auf dem Grundstück unterzubringen, die **St. Peter's Church**. Der Kirche gehörte ein Teil des Grundes,

und der Bau eines neuen Gotteshauses war Teil der Absprache mit den Bauherren. In der Skyline ist der Turm des Citicorp Center nicht zu übersehen. Er hat eine abgeschrägte Spitze, auf der ursprünglich Sonnenkollektoren angebracht werden sollten. Leider funktionierte das nicht.

Im Citicorp Center ist eine **Mall** untergebracht, eine Einkaufslandschaft mit Blumenrabatten, Bäumen und Brunnen zwischen Restaurants und Geschäften.

66 885 Third Avenue

Third Avenue
zwischen 53rd und 54th Street

Architekten: John Burgee mit Philip Johnson, 1986.

Aus dem Kosmetikkästchen der Weltstadt.

In den letzten Jahren wurde es üblich, Gebäude nur noch nach ihren Hausnummern zu benennen. Doch je nüchterner sich die Bauherren geben, desto fantasievoller werden die New Yorker. Diesen elliptischen Bau in Rotbraun und Rosa etwa, der sich nach oben durch zwei Zurückstufungen verjüngt, nennen sie sinnfälligerweise **Lipstick**, ›Lippenstift‹.

Im gegenüber liegenden **IBM Building** bietet die hübsch angelegte Lobby die Möglichkeit, sich vom Trubel Midtowns zu erholen.

Als Urvater der Curtain-Wall-Wolkenkratzer gilt das Lever House an der Park Avenue

Reizvoll gespiegelt zeigen sich das Lipstick Building und der Turm des Citicorp Center

67 Sony Building

550 Madison Avenue
zwischen 55th und 56th Street

Architekten: Philip Johnson und
John Burgee, 1984.

Ein Hochhaus wie eine Kommode.

›Chippendale-Hochhaus‹ heißt dieser
Bau im Volksmund, denn die Spitze erinnert an den Aufsatz einer Chippendale-
Kommode. Das postmoderne Gebäude
war bei seiner Einweihung heftig ins
Kreuzfeuer der Kritik geraten: »Massig,
gestaltlos, teuer verkleidet«, kurz, »gutes
Material, schlechter Schnitt«, schrieb
die New-York-Times-Autorin Ada Luise
Huxtable. Andere loben die Gestaltung
des freien Raums auf Straßenniveau und
vergleichen ihn mit der Galleria Vittorio
Emmanuele in Mailand.

Der aufwendige Bau wurde ursprünglich für die Telefonfirma AT & T errichtet. Der Multi Sony hat es übernommen.
Im Obergeschoss führt das **Sony Wonder Technology Lab** auf spielerische
Weise in moderne Kommunikations- und
Informationstechnik ein.

Öffnungszeiten S. 174

68 Heron Tower und Park Avenue Tower

Heron Tower: 70 East 55th Street. Archi-
tekten: Kohn Pedersen Fox Assocs., 1987.
Park Avenue Tower: 65 East 55th Street.
Architekten: Murphy/Jan, 1987.

Zwei Zeugen verschiedener Zeiten.

1987 entstanden zwei interessante Gebäude an der 55th Street zwischen Madison und Park Avenue: der Heron Tower,
der sich eindeutig als Kind des Empire
State Building [Nr. 44] zu erkennen
gibt und die klassische **Dreiteilung** von
Basis, Schaft und Spitze wieder auf-
nimmt, sowie der Park Avenue Tower,
ein der Postmoderne zuzuordnender Bau,
in dessen bewegter Glasfassade sich
formale Anspielungen an die Renaissance finden.

69 135 East 57th Street

Lexington Avenue/
Ecke 57th Street

Architekten: Kohn Pedersen Fox Assocs.,
1987.

Eine Ecke – ein urbanes Ereignis.

Es geschieht nicht oft, dass die Architekturkritiker der ›New York Times‹ sich zu
wahren Begeisterungsstürmen hinreißen
lassen. Angesichts dieses Gebäudes je-

doch war Paul Goldberger nicht mehr zu bremsen: »Regelbruch – so wird eine Ecke zum urbanen Ereignis«, lautet der Titel seines Artikels. Und den Regelbruch, den das Architekturbüro Kohn Pedersen Fox begangen hat, beschreibt er so: »In einer Zeit, in der Architekten, Stadtplaner und Kritiker unisono behaupten, das erste Gebot urbanen Designs laute: Bleib immer an der Straßenlinie, will sagen, bau dein Gebäude direkt an den Gehsteig statt zurückgesetzt hinter eine jener trostlosen Beton-Plazas, wagt sich dieser neue Turm ganz weit zurück von der Straßenecke. Doch damit nicht genug: Er weicht nicht gerade zurück, sondern krümmt sich in konkaver Form, so dass seine Fassade keiner zweiten in New York gleicht.« Diese konkave Fassade zieht sich über die ganze Höhe des 34-stöckigen Gebäudes empor. Um optisch einen Ausgleich zu schaffen, setzten die Architekten auf die unbebaute Ecke 57th und Lexington einen klassischen Tempietto.

Betrachtet man die Spitze des Sony Building wird klar, warum es ›Chippendale-Hochhaus‹ genannt wird

70 Carnegie Hall

156 West 57th Street / 7th Avenue

Architekt: William B. Tuthill, 1891; umgebaut und restauriert von James Steward Polshek & Partners, 1986.

Vortreffliche Akustik und große Namen oder: Wie rettet man Unsterblichkeit?

Die Sony Plaza Public Arcade muss den Vergleich mit der berühmten Galleria in Mailand nicht scheuen

Dass Geld allein nicht glücklich macht oder automatisch Nachruhm sichert, wissen wir. Also gilt es, mit dem Geld etwas Unsterbliches zu tun, etwas zu stiften, zu bauen. Und dann dafür zu sorgen, dass dieses Werk den Spender in Ehren halte und dessen Namen trage. **Andrew Carnegie**, seines Zeichens millionenschwerer Stahlmagnat, wusste um diesen Mechanismus und widmete sich, nachdem er sein Imperium 1901 verkauft hatte, ganz philanthropischen Aufgaben, weshalb er auch als »Industrieller und Menschenfreund« ins Lexikon einzog.

In New York gedachte Carnegie, sich die Unsterblichkeit durch die Finanzierung einer **Konzerthalle** zu sichern, freilich nicht ahnend, dass 1960, nur 41 Jahre nach seinem Tod, die Bagger der Unsterblichkeit zu Leibe zu rücken drohten: Das Lincoln Center [Nr. 90] war im Entstehen, und Carnegie Hall sollte vom Erdboden verschwinden. Es erhob sich ein weltweiter Protest. Nostalgisch ge-

Carnegie Hall sicherte ihrem Stifter Andrew Carnegie unvergänglichen Nachruhm – doch an Höhe übertrumpft der benachbarte Carnegie Hall Tower die Konzerthalle bei weitem

dachte man der verstorbenen Größen, die in der Carnegie Hall **Musikgeschichte** gemacht hatten – das Eröffnungskonzert am 5. Mai 1891 hatte Tschaikowsky diri-

giert, Gustav Mahler und Arturo Toscanini waren hier schon aufgetreten. Kämpferisch setzten sich die Lebenden für den Erhalt der Halle ein, unter ihnen der Dirigent Leonard Bernstein, der in der Carnegie Hall entdeckt worden war, als er für den erkrankten Bruno Walter einsprang, und der Geiger Isaac Stern. Sie führten die hervorragende Akustik an, die prächtige Innenausstattung. Ihr Hauptargument aber war, dass dies eine historische Stätte sei, in der sich die Musikgeschichte des ausgehenden 19. und 20. Jh. abgespielt habe. Sie gewannen den Kampf: 1991 konnte Carnegie Hall ihren 100. Geburtstag feiern, und Andrew Carnegie muss sich vorläufig keine posthumen Gedanken über seine Unsterblichkeit machen.

Gleich nebenan (150 West 57th Street), eingekeilt zwischen dem **Carnegie Hall Tower** von Cesar Pelli & Assocs. (1990) und dem scharfkantigen schwarzen Glaskasten des **Metropolitan Tower** (Schuman, Lichtenstein, Claman und Efron, 1987), behauptete sich einst winzig eine große New Yorker Tradition: der **Russian Tea Room**, ein beliebter ›Lunch Spot‹ für Leute der Film- und Musikszene, die ihre Agenturen in der 57th Street haben.

Traulich plätschert ein altertümlicher Springbrunnen auf der kleinen Grand Army Plaza vor dem eingesessenen Plaza Hotel

71 Plaza Hotel mit Grand Army Plaza

Fifth Avenue zwischen West 58th Street und Central Park South

Architekt: Henry J. Hardenbergh, 1907.

Zwei Schlösser am Central Park.

Neben dem Waldorf [Nr. 56], dem Pierre an der Fifth Avenue/61st Street und dem St. Regis, das an der Fifth Ecke 55th Street liegt, zählt das Plaza zu den nobelsten und traditionsreichsten Hotels der Stadt. Es wurde 1907 wie ein Stadtschloss erbaut und zwar von demselben Architekten, der auch das Dakota [Nr. 93] errichtete. Seitdem beherbergt es Präsidenten, Filmstars, sogar einen Kaiser, und diente in diversen Filmen als Drehort. Die Bar *Oak Room* ist ein beliebter und bekannter Treffpunkt, und wer es sich leisten will, kann im *Palm Court* am Sonntag gediegen brunchen.

Auf dem kleinen Platz vor dem Hotel, der Grand Army Plaza, erinnert der *Pulitzer-Brunnen* an den Vater des Journalismus. Die nördliche Hälfte des Platzes dominiert eine Statue von *General Sherman hoch zu Ross*. Hier warten auch Pferdekutschen, mit denen man sicher und gemütlich durch den Central Park [Nr. 72] fahren kann.

Der Central Park teilt die Gegend nördlich der 59th Street in die Upper West und die Upper East Side. Östlich der **grünen Lunge** leben die Millionäre, die sich in dieser Stadt ballen wie in keinem anderen urbanen Zentrum der USA: 41 000 New Yorker besitzen mehr als 10 Mio. Dollar. Zwischen der 61st und 81st Street lebt man, wenn man Multimillionär ist – und natürlich auf der Parkseite. Die Gegend östlich der Lexington Avenue gilt bereits als ›East of Eden‹. Das hat den Effekt, dass es dort sehr viel lebendiger zugeht als in der vornehmen Ecke, die zwar schöne alte Bausubstanz zu bieten hat, aber recht leblos wirkt. Anziehungspunkte sind allerdings die vielen Museen, die an der Fifth Avenue liegen. Das **Whitney Museum of American Art** oder das **Solomon R. Guggenheim Museum** etwa bieten internationale Kunst vom Feinsten. Soziokulturelle Zusammenhänge kann man im **Jewish Museum** oder im **Museo del Barrio** erkunden.

TOP TIPP 72 Central Park

Zwischen Central Park West und 5th Avenue, Central Park South und Central Park North

Landschaftsarchitekten: Frederick Law Olmsted und Calvert Vaux, 1873 der Öffentlichkeit übergeben.

340 ha Grün mitten in Manhattan.

Der Entwicklungsplan, den die Stadtväter im Jahr 1811 im Stadthaus zu begutachten hatten, war weder fantasievoll noch neu: Er sah vor, die Insel Manhattan von Greenwich Village bis hinauf zur 155th Street mit einem rechtwinkligen Straßennetz zu überziehen, durch das nur der Broadway als einzige Diagonale schneiden sollte. Zentren, in denen sich das städtische Leben konzentrieren konnte, Plätze und Knotenpunkte, die dem Stadtbild einen gewissen Rhythmus verleihen, waren nicht vorgesehen, genauso wenig wie Grünflächen: Ein Exerzierplatz und vier kleine Parks, jeweils dort, wo der Broadway eine der Avenues kreuzt – das war alles.

In der Begründung, mit der die Mitglieder der Kommission für diese Lösung plädierten, zeigt sich schon die Geisteshaltung, die auch den Immobilienhändlern unserer Zeit eigen ist: Da New York zum Glück vom Schicksal nicht dazu verdammt sei, am Ufer eines so kleinen Flusses wie der Themse oder der Seine zu liegen, gebe es auch keinen Grund, freie Flächen zu schaffen. Manhattan sei von weitem Meer umgeben und das genüge, um die Zufuhr frischer Luft zu gewährleisten. Außerdem seien die Grundstückspreise so ungewöhnlich hoch, dass es angebracht erscheine, wirtschaftlichen Überlegungen den Vorrang zu geben.

Die New Yorker mussten nicht lange warten, bis sie die Konsequenzen dieser Politik zu spüren bekamen: Zwischen 1820 und 1840 wuchs die Einwohnerzahl von 124 000 auf 313 000. Die Ufer der Insel wurden zugebaut mit Lagerhallen, Werften, Hafenanlagen – keine Rede mehr davon, dass an der Küste Grünflächen erhalten bleiben würden.

So traten denn bald die Kritiker auf den Plan: William Cullen Bryant, Poet und Herausgeber der ›Evening Post‹, Washington Irving, ein international bekannter Schriftsteller, sowie Maler und Landschaftsarchitekten machten sich dafür stark, dass ein Stück Land im Zentrum der Insel aus dem Bebauungsplan genommen und als Parkgebiet freigehalten wurde.

Das Gebiet nördlich der 59th Street war damals noch unbebaut, hier gab es

◁ **Oben:** *Frisches Grün bringt der Central Park in die ›Steinwüste‹ Manhattan*

Unten: *Invertiertes Schneckenhaus: Spiralförmige Rampe im Guggenheim Museum*

nichts als ein paar Sümpfe, mageres Gestrüpp, Steine und Felsen. Die einzigen Bauwerke, die diesen Namen verdienten, waren ein Blockhaus und das Arsenal – sonst standen hier nur die Hütten der Armen. 1856 kaufte die Stadt das 340 ha große Gebiet – übrigens zu horrenden Preisen. Während man das Für und Wider diskutierte, hatten die Bodenspekulanten ausreichend Zeit gehabt, sich auf den Coup vorzubereiten.

Ein **Wettbewerb** wurde ausgeschrieben, als Gewinner gingen 1857/58 Frederick Law Olmsted und Calvert Vaux hervor. Nach deren Plänen durfte sich die Natur nun frei entfalten. Olmsted und Vaux brachten die Wildnis nach Manhattan zurück, schufen Seen, Bäche und bewaldete Hügel, legten Felsen frei und ließen Raum für sumpfige Niederungen, in denen Vogelarten leben, die man in der Millionenstadt nie vermuten würde.

Es dauerte 16 Jahre, bis die Visionen der beiden **Landschaftsarchitekten** umgesetzt waren. Tausende von Arbeitern mussten zugreifen, sie karrten Millionen Wagenladungen Erde an und schufen auf dem felsigen Untergrund die Humusschicht, die nötig war, damit Büsche und Bäume wachsen konnten.

Sümpfe mussten trockengelegt, Straßen, Brücken, Unterführungen gebaut werden. Im nördlichen Teil des Parks wurden kaum Gebäude errichtet, zwischen dem Reservoir und dem Harlem Mere sollte sich die Natur ganz ungestört entfalten. Für den südlichen Teil hingegen war eine Mischung aus englischem und französischem Garten geplant. Spielplätze, Statuen, Theater, Flächen zum Eislaufen, ein Zoo und Gebäude, die sich zwischen die Bäume ducken und wie verwunschene romantische Schlösser wirken (›The Dairy‹ und ›Belvedere Castle‹) – hier entstand eine perfekte **Erholungslandschaft**, die Aspekte der Ruhe mit denen der Aktivität verbindet.

Central Park wurde bei seiner **Eröffnung** 1873 begeistert angenommen, und er ist noch heute der New Yorker liebstes Kind. Vor allem am Sonntag präsentiert er sich als große Bühne, auf der sich die Stadt selbst inszeniert: Von der East Side kommen weiß gepuderte Ladies mit kleinen Hündchen an der Leine, von Harlem und der Bronx reisen Schwarze an, um sich als Volksredner, Kabarettisten, selbstverliebte Rollschuhtänzer oder Drogendealer in Szene zu setzen. Geschiedene Väter spielen Baseball mit ihren Wochenend-Söhnen, auf der Terrasse am See wird bis in den Nachmittag hinein Brunch serviert. Am Sonntag sind die wenigen Durchgangsstraßen für den Autoverkehr gesperrt, sie gehören den Radfahrern, den Rollerskatern und den Joggern.

Um Central Park kennenzulernen, spaziert man am besten von der Grand Army Plaza, die die Südostecke des Parks bildet, hinauf zum Lake. Der Weg führt am **Pond** vorbei, an dessen westlicher Seite ein **Vogelschutzgebiet** liegt, und am **Wollman Memorial Rink**, auf dem sich je nach Jahreszeit, Schlittschuh- oder Rollschuhläufer tummeln. In **The Dairy**, einem Gebäude aus dem 19. Jh., kann man sich darüber informieren, welche Attraktionen Central Park noch bietet, wo man z. B. Räder oder Boote mieten kann, welche Theaterstücke auf einer der Bühnen gezeigt werden oder ob es gerade kostenlose Konzerte gibt. Über die **Mall**, die gerade, von Alleebäumen und Büsten berühmter Männer gesäumte Straße, gelangt man zur **Bethesda Terrace**, deren Zentrum ein Brunnen, *Bethesda Fountain*, bildet, und zum **Lake**, auf dessen nördlicher Seite sich **Belvedere Castle** erhebt. Daneben liegt das **Delacorte Theater**, eine Freilichtbühne.

An einem Sonntag und derart im Zentrum der Aktivitäten, darf man sich im Central Park sicher fühlen, ansonsten aber sind einige Regeln zu beachten, denn in solch einem Park im Herzen einer Millionenstadt wie New York treibt sich natürlich auch Gesindel herum.

Beachten Sie daher Folgendes:
Verlassen Sie das Parkgelände bei Einbruch der Dunkelheit.

Bleiben Sie im südlichen Teil des Parks: Die 86th Street stellt die Demarkationslinie dar. Der Norden ist naturbelassener, weniger frequentiert und gefährlicher.

Halten Sie sich auch im Süden auf den viel begangenen Wegen, meiden Sie die lauschigen, einsamen Ecken.

Die meisten Manhattaner verbringen den Sonntag in der Stadt. Central Park ist dann ihr großes Aktionsfeld ▷

Oben: *Amateure und Semiprofis geben sich beim Volleyball ein Stelldichein*

Mitte: *Friedliche Herbststimmung in einer der geschäftigsten Metropolen der Welt*

Unten: *Der naturbelassenere Norden bietet selbst für Mountainbiker Herausforderungen*

Einen Schaufensterbummel entlang der Fifth und Lexington Avenue genießen alle Passanten, aber das Einkaufen in den Nobelläden ist in der Regel den Betuchten vorbehalten

 **73 750 Lexington Avenue**

Zwischen East 59th
und 60th Street

Architekten: Murphy/Jahn, 1988.

Science fiction Postmodernismus.

»Eine Art Science fiction Postmodernismus« nannte Paul Goldberger, New-York-Times-Autor, die Schöpfung aus blauem Glas, deren runde Spitze neue Akzente in die Skyline setzt: eine Spezialität des Stararchitekten aus Chicago, des gebürtigen Nürnbergers Helmut Jahn.

74 Bloomingdale's

East 59th bis 60th Street
zwischen Lexington und
Third Avenue

Architekten: Starrett & Van Vleck, 1930.

Ein ganzer Straßenblock präsentiert sich als Konsumtempel.

Es gab eine Zeit, da kursierte das Gerücht, ›Bloomie's‹ sei nach der Freiheitsstatue die zweitgrößte Touristenattraktion in New York. Das mag verwundern, denn Bloomingdale's ist nur ein Kaufhaus – allerdings, was für eines! Ein Konsumtempel erster Güte, in dem Geldausgeben zur Kunst wird. Nicht nur das Angebot ist berauschend, auch das Publikum ist durchaus Studien wert.

75 Abigail Adams Smith House

421 East 61st Street
zwischen First und York Avenue

Ein Stall macht Karriere.

Dieses 1799 erbaute Steinhaus war eigentlich für Pferde und Kutschen gedacht und stand auf dem Grund des Colonel William Stephens Smith, der mit Abigail Adams, der Tochter des Präsidenten John Adams, verheiratet war. Als das Wohnhaus 1826 abbrannte, kam der Stall zu Ehren: Er wurde umgebaut, war eine Zeitlang Gasthaus und dann Wohnhaus. Das Gebäude ist mit Möbeln aus dem frühen 19. Jh. eingerichtet.

Öffnungszeiten S. 173

76 Temple Emanu-El

840 Fifth Avenue/East 65th Street

Architekten: Robert D. Kohn, Charles
Butler, Clarence Stein, und Mayers,
Murray & Philip, 1929.

Eine Synagoge, größer als St. Patrick's.

Dies ist die größte Synagoge New Yorks,
wenn nicht sogar, wie manche behaupten, die größte der Welt. Auf jeden Fall
finden hier mehr Gläubige Platz als in der
St. Patrick's Cathedral. Die Architekten,
die 1927, nachdem sich die Gemeinde
vergrößert hatte, den Auftrag für den Bau
erhielten, wählten eine Kombination aus
neoromanischen und byzantinischen Elementen. Der Innenraum ist schlicht und
dunkel gehalten, ein Ort der Meditation
und Konzentration.

77 Fifth Avenue – Upper East Side

Im Osten nur Teures.

Wo heute der Temple Emanu-El [Nr. 76]
steht, erhob sich früher der Stadtpalast der
Mrs. Astor. Die Dame hatte sich, wie bereits erwähnt [s. S. 95], aus Ärger über die
Unverfrorenheit ihres Neffen hierher begeben, in eine Gegend, die in den 80er-
Jahren des 19. Jh. noch völlige Wildnis
war. Durch die Pioniertat von Mrs. Astor
– sie ließ sich von Richard Morris Hunt

Architektonische Schmuckkästchen

*Auf der Upper East Side blieben eine
ganze Reihe prachtvoller und interessanter Bauten aus dem späten 19. und
dem frühen 20. Jh. erhalten. Sie hier
alle anzuführen, würde den Rahmen
dieses Buches sprengen: Es gibt fünf
Historic Districts, nahezu alle Gebäude an der Fifth Avenue zwischen
der 59th und der 99th Street und in
den Seitenstraßen stehen unter Ensembleschutz, ebenso wie viele Häuser in den 60er Straßen zwischen der
2nd und 3rd Avenue und einige an der
86th und 87th Street und East End
Avenue. Wer sich für Architektur interessiert, dem sei das Büchlein ›Touring the Upper Side, Walks in Five Historic Districts‹ von Andrew S. Dolkart empfohlen. Der Autor schlägt
Routen vor und erzählt die Geschichten der wichtigsten Bauten.*

ein standesgemäßes **Palais** erbauen – und
das Bedürfnis der anderen Mitglieder der
Gesellschaft, der Sonne, um die sie kreisten, nahe zu sein, wurde die Gegend östlich des Parks binnen kurzem zur ›**Millionaires' Row**‹: Ein grandioser Stadtpalast
reihte sich an den nächsten, wer zu ›The
Four Hundred‹ gehörte oder gehören

Schlichte Würde für Jehova im Temple Emanu-El, der größten Synagoge New Yorks

wollte, hatte nichts Eiligeres zu tun, als an der Fifth auf Parkhöhe ein Grundstück zu erwerben und dafür zu sorgen, dass er seinen Nachbarn ausstach: mehr Marmor, größere Säle, eleganteres Porzellan, Möbel aus europäischen Schlössern ...

Der Glanz der ›Goldküste‹ an der Ostseite des Parks färbte ab und erstreckte sich auch auf das östliche Hinterland: In den Seitenstraßen der Fünften entstanden wunderhübsche, wenn auch nicht ganz so protzige, kleine **Stadthäuser**, die Avenues, die parallel zur Fünften verlaufen, erfuhren durch ihre Nähe zur Millionaires' Row eine Aufwertung. Die Upper East Side wurde zur feinsten Adresse der Stadt und ist das bis heute geblieben. Hier gibt es die besten und teuersten Privatschulen und -kindergärten, die exklusivsten Geschäfte, hier leben die berühmtesten Filmstars und TV-Größen. Hier ist überhaupt alles großartig, wenn man dem Satiriker und ›New York Times‹-Kolumnisten Russel Baker glauben darf: Man trägt »Nerz zum Supermarkt, wenn man ein Glas Erdnussbutter kaufen geht«, führt »winzige, reinrassige Pudel, nicht größer als ein kleiner Finger, durch limousinenverstopfte Straßen, bis sie den Gehsteig vor dem Stadthaus eines Multimillionärs oder einer international berühmten Kurtisane vollgepinkelt haben«, sogar die Kakerlaken, die allgegenwärtige Plage in New York, sind auf der Upper East Side »perfekt«.

Die ›feine‹ Upper East Side reicht vom Park bis hinüber zur Lexington Avenue und nach Norden an der Parkseite bis zur 81st Street. Madison und Lexington Avenue sind traditionell die ›service streets‹ mit Geschäften, die den täglichen Bedarf und die gehobenen Ansprüche erfüllen. Es lohnt sich, von der Fünften immer wieder Abstecher zu machen und hineinzuspazieren in die schattigen Seitenstraßen mit den gepflegten Häusern, bewacht von lautlos schwenkenden Kameras und diskreten Portiers.

 78 Frick Collection
1 East 70th Street/5th Avenue
Architekten: Carrère & Hastings, 1914.

Europäische Kunst in privatem Ambiente.

Einmal abgesehen von der erlesenen **Kunstsammlung**, die hier zusammengetragen ist, bietet das Haus die Gelegenheit, einen Blick in eines jener Stadtpalais zu werfen, die einst die ›Millionaires' Row‹ säumten. *Henry C. Frick* (1849–1919), ein Stahlmagnat, ließ dieses Gebäude erbauen, und er war wohl im Geiste an der Loire und bei Ludwig XVI., als er die Pläne mit seinen Architekten durchsprach.

1935 wurde das Haus des begeisterten Kunstsammlers in ein Museum verwandelt. Von den drei Stockwerken ist allerdings nur das Erdgeschoss für Besucher geöffnet. Der glasüberdachte Eingangsbereich mit Marmorbänken und Brunnen stimmt auf die ruhige Atmosphäre der Räumlichkeiten ein, die sich um ein **Atrium** mit einem hübschen Garten gruppieren. Fricks hochkarätige Sammlung beinhaltet **Werke** von El Greco, Bellini, Holbein, Tizian, Gainsborough, Constable, Turner, Veronese, Rembrandt ... Die Bilder sind weder chronologisch noch thematisch gehängt, sondern so, dass die persönliche Note des Hauses erhalten bleibt und man sich fühlt, als sei man Gast in dem Stadtpalazzo.

Die von der 71st Street aus zugängliche **Frick Art Reference Library** öffnet ihre Pforten nur nach Anmeldung und zu Studienzwecken: ein Paradies für Kunsthistoriker.

Öffnungszeiten S. 174

79 Whitney Museum of American Art
945 Madison Avenue/75th Street
Architekten: Marcel Breuer & Assocs./ Hamilton Smith, 1966.

Mäzenatentum und amerikanische Kunst des 20. Jh. pur.

Im Gegensatz zum Museum of Modern Art [Nr. 63] konzentriert sich das Whitney Museum ausschließlich auf Werke amerikanischer Künstler. Zudem versteht sich das Whitney als Ausstellungsort für **zeitgenössische** Kunst. Dass diese Grenzen fließend sind und auch das Whitney heute Werke besitzt, die man als Klassiker der **Moderne** bezeichnen muss, liegt in der Natur der Sache: *Gertrude Whitney Vanderbilt*, selbst Bildhauerin, sammelte bereits seit Beginn des Jahrhunderts. Sie förderte jene Künstler, deren Namen heute in jedem Nachschlagewerk über moderne Kunst zu finden sind: John Sloan, Reginald Marsh, Edward Hopper, Alfred

Zur Sammlung des Whitney Museum of American Art gehört auch diese Figurengruppe von Marisol (Escobar), eines Schülers von Hans Hofmann

Stieglitz, Maurice Prendergast, um nur einige zu nennen.

Das 1931 gegründete **Whitney Museum of American Art** zog 1954 in die 54th Street. Als sich auch dieses Gebäude wieder als zu klein erwies, wurde schließlich Marcel Breuer beauftragt, den Neubau an der Madison Avenue zu planen, ein Gebäude, über das Ada Louise Huxtable in der ›New York Times‹ schrieb: »Der strenge und vielleicht etwas beunruhigende Bau ist zwar nicht gerade hübsch, er hat aber sicherlich Würde und Präsenz, und das sind zwei Eigenschaften, durch die sich die heutige Kunst nicht immer auszeichnet.«

Sicher kann man da geteilter Meinung sein. Im Depot und an den Wänden des Whitney jedenfalls ist vertreten, was in der **Kunst des 20. Jh.** Rang und Namen hat, wie Lichtenstein, Pollock, Rauschenberg, Calder, Shan und viele andere; berühmt ist auch die Sammlung der Werke von Edward Hopper. Aber auch und gerade ›Zeitgenössisches‹ wird hier noch großgeschrieben: Bis heute ist das Museum seiner Linie und dem Anliegen seiner Gründerin treu geblieben. Es bietet unbekannten Künstlern die Möglichkeit, sich zu präsentieren, und spiegelt in seinen Ausstellungen jeweils den aktuellen Stand der zeitgenössischen amerikanischen Kunst. Die **Whitney-Biennalen**, große Verkaufsausstellungen, gelten als wichtiger Indikator für Strömungen und Trends in der Kunst. Mit der Midtown-Filiale im Philip Morris Building [s. S. 86] möchte man zeitgenössische

Kunst in Wechselausstellungen auch denen zugänglich machen, die sich sonst kaum damit auseinandersetzen würden.

Öffnungszeiten S. 175

80 972 und 973 Fifth Avenue

Architekten: McKim, Mead & White, 1902–09.

Relikte aus der Ära der Einfamilienhäuser.

Zwischen 78th und 79th Street kann man exemplarisch sehen, welch imposante und prächtige Privatresidenzen früher die Fifth Avenue säumten. Dies ist der einzige Block, in dem vier Einfamilienhäuser erhalten blieben, wie sie in der Zeit zwischen 1890 und 1915 gebaut wurden. Auftraggeber waren die Reichen, aber eben nicht die Superreichen à la Astor, Vanderbilt oder Frick. Die ließen sich Paläste errichten, während die anderen mit **Stadthäusern** Vorlieb nehmen mussten, eines für jede Familie. In Apartmentgebäuden zu leben, war damals für die High Society undenkbar.

Hervorzuheben sind Nummer 972 und 973 Fifth Avenue, beides Werke von Stanford White. Der ins Ornamentale verliebte Architekt war damals der Darling der High Society und baute für alles, was Rang und Namen hatte. Mit Zitaten aus der europäischen Formensprache und Dekorationselementen, die er von seinen Reisen durch Europa mitbrachte, lieferte er seinen Kunden zugleich die Tradition der Alten Welt, nach der sie verlangten. Dieses Doppelhaus im Stil der italienischen Renaissance gilt als eines der Meisterwerke von White.

81 998 Fifth Avenue

Architekten: McKim, Mead & White, 1910–12.

East goes Apartment.

Die Firma McKim, Mead & White, um 1900 das größte Architektenbüro der Welt, war über Jahrzehnte richtungsweisend in Sachen Stilfragen und agierte als Hofbaumeister des New Yorker Geld-

---

Upper East Side meets Greenwich Village

Zu der Zeit, als Greenwich Village noch der Hort der Künstler und Querdenker war, hatte dort auch eine Dame ihr Atelier, deren Name für enorm viel Geld stand: **Gertrude Whitney Vanderbilt** *(1875–1942), die Urenkelin von Cornelius Vanderbilt. 1907 richtete sich die vornehme Lady in einem ehemaligen Stall an der MacDougal Alley ein, der bald zum Treffpunkt für Maler und Bildhauer wurde, vor allem für diejenigen, die außerhalb des etablierten Kunstbetriebs standen. Da gab es zum Beispiel eine Gruppe Maler, zu der unter anderen John Sloan und Stuart Davis gehörten.* **Ashcan School** *nannte man sie, ein ursprünglich despektierlich gemeinter Ausdruck, der sich darauf bezog, dass die jungen Realisten sich mit Themen auseinandersetzten, die bislang in der Kunst nichts zu suchen gehabt hatten: Boxkämpfe, Mülleimer, Fabriken ...*

Die hehre National Academy wollte mit solchen Malern nichts zu tun haben, Gertrude Whitney Vanderbilt aber kaufte ihre Bilder und bot den verfemten Avantgardisten ein Ausstel- lungsforum. 1914 eröffnete sie das **Whitney Studio**, *1915 gründete sie* ›**The Friends of Young Artists**‹ – *junge Künstler sollten die Chance erhalten, ihre Werke zu zeigen, ohne vorher eine Jury ausgesetzt zu werden. Es gab keine Auszeichnungen. Statt dessen erwarb Mrs. Whitney Bilder, die sie für interessant und wichtig hielt.*

Mit dem 1918 eröffneten Whitney Studio Club, in dem zwei Jahre später Edward Hopper seine erste Einzelausstellung hatte, wurde die Künstlerin und Mäzenin Mitte der 20er-Jahre zur bedeutendsten und einflussreichsten Institution auf dem Sektor **moderne amerikanische Kunst**. *1929 bot sie ihre Sammlung, die rund 500 Werke umfasste, dem Metropolitan Museum als Schenkung an. Jenes aber lehnte ab – zeitgenössische Kunst aus dem eigenen Land gehörte nicht in die heiligen Hallen. Gertrude Whitney Vanderbilt ging daraufhin nicht weiter mit ihren Bildern hausieren, sondern eröffnete 1931 ihr eigenes Museum, das damals noch im Village lag: das* **Whitney Museum of American Art**.

Einladung in den größten amerikanischen Tempel der Kunst – vor dem und vor allem im Metropolitan Museum of Art treffen sich Kunstfreunde aus aller Welt

TOP TIPP 82 **Metropolitan Museum of Art**

Fifth Avenue zwischen East 80th und 84th Street

Architekten: Rückwärtige Fassade: Calvert Vaux & J. Wrey Mould, 1880; Südwestflügel und Fassade: Theodore Weston, 1888; Fifth Avenue Fassade (Zentrum): Richard Morris Hunt und Richard Howland Hunt, 1895 –1902; Fifth Avenue Fassade (Seitenflügel): McKim, Mead und White, 1906; Thomas J. Watson Library: Brown, Lawford und Forbes, 1965; alle Erweiterungen nach 1965 wurden von Kevin Roche John Dinkeloo & Assocs. durchgeführt.

Größenrekorde: Nummer 1 in Amerika, Nummer 4 in der Welt.

adels. Sie war es auch, die 1910 den Auftrag bekam, ein Gebäude zu errichten, das den Beginn einer neuen Ära markierte: 998 Fifth Avenue war das erste **Luxus-Apartmenthaus** an der Millionaires' Row. In der Upper West Side war es zwar schon seit den 80er-Jahren des 19. Jh. en vogue und gesellschaftsfähig geworden, in Apartments zu leben. Doch die wirklich Reichen – und die wohnten nun mal auf der Upper East Side – bestanden noch jahrzehntelang darauf, dass nur ein eigenes Haus für die Familie standesgemäß sei.

In der zweiten Dekade des 20. Jh. änderten sie ihre Einstellung, gezwungenermaßen. Zum einen wurden Grund und Boden in den angemessenen Gegenden New Yorks immer teurer. Außerdem erhob Washington seit 1913 Einkommenssteuer und griff damit auch den Gutverdienenden ins Säckel, so dass sich die meisten das Eigenheim und die aufwendige Lebenshaltung nicht mehr leisten konnten. Auf Luxus mussten sie deshalb trotzdem nicht verzichten, die Apartments waren opulent ausgestattet und boten alle Möglichkeiten zum Repräsentieren, so dass sich schließlich auch die Upper East Sider entschieden, diese Wohnform zu akzeptieren.

3,5 Mio. Exponate, Gebäude, die wie Baumschwämme um den alten Hauptbau wuchern, alle paar Jahre neue Flügel und Erweiterungen, neue Ausstellungsflächen. Größtes Museum Amerikas, viertgrößtes der Welt – dieses Museum scheint sich ständig selbst zu überholen und zu übertrumpfen, jede Ausstellung ein neuer Superlativ!

Wochen, Monate müsste man durch die hohen Hallen streifen, um die permanente **Sammlung** kennenzulernen; von den vielen wechselnden **Ausstellungen** gar nicht zu sprechen. Lange Warteschlangen bilden sich, wenn besonders große Ausstellungen ins ›Met‹ kommen, bei Schnee und Regen oder in der Gluthitze stehen die Menschen geduldig an und rücken Stufe um Stufe die marmor-

119

nen Treppen empor. Die New Yorker sind begeisterte Museumsgänger – in dem Jahr, in dem das Museum 100 Jahre alt wurde, zählte man 70 000 bis 80 000 Besucher an Sonntagnachmittagen.

Die Fülle des Angebots erschlägt einen, und es gibt nur eines: auswählen. Daher hier ein kleiner Überblick über die verschiedenen Ausstellungsräume:

Ground Floor

Costume Institute
Kleider und Trachten, wechselnde Ausstellungen.

Uris Center for Education
Hier werden Kinder und Jugendliche zu Museumsgängern und Kunstkennern!

Main Floor

Egyptian Wing
Die ägyptische Sammlung gehört zu den besten der Welt, Prunkstück: der *Tempel von Dendur*, der beim Bau des Assuan-Staudamms abgetragen wurde. Er steht in einem eigenen gläsernen Gebäude.

Greek and Roman Art
Teile der Sammlung gehören zu den ältesten Stücken des Museums. Der erste Direktor des Hauses brachte sie aus Zypern in die USA. Besonders interessant: Zimmer einer Villa aus Pompei.

Medieval Art
Wunderbar präsentierte Exponate mittelalterlicher Kunst aus dem 7.–16. Jh. Der Großteil der Sammlung mittelalterlicher Kunst befindet sich in der Dependance in den Cloisters [Nr. 105].

Lehman Pavilion
Die Privatsammlung, die der Bankier Robert Lehman dem Museum stiftete, bestand aus über 300 Gemälden, u. a. frühen Italienern, und etwa 1000 Skizzen. Lehman vermachte sie dem Museum mit der Auflage, dass ein eigenes Gebäude für seine Schätze errichtet wurde. Heute präsentiert sich die Sammlung in sieben Räumen, die auf zwei Stockwerke verteilt sind. Zu sehen sind überwiegend Werke europäischer Maler, wie Rembrandt, Goya, van Gogh, Matisse ...

European Sculpture and Decorative Arts
Verschiedene Galerien, in denen Räume aus europäischen Schlössern rekonstruiert sind.

Arms and Armor
Waffen und Rüstungen.

Michael C. Rockefeller Wing
Nelson Rockefeller schenkte dem Museum diese Sammlung, die präkolumbianische Kunst und ›primitive‹ Kunst aus Afrika und Ozeanien enthält.

American Wing
60 Galerien, die über den Main Floor und den Second Floor verteilt sind und in denen alle Erscheinungsformen amerikanischen Kunstschaffens Raum finden – Gemälde, Skulpturen, dekorative Kunst, Stilzimmer, die Fassade einer Wall Street Bank, Tiffany-Fenster, ein Raum eines von Frank Lloyd Wright gebauten Hauses ...

Lila Acheson Wallace Wing
Zwei Stockwerke und der wunderschöne

Der Tempel von Dendur sollte dem Staudamm von Assuan zum Opfer fallen. Er wurde abgetragen und fand im Metropolitan Museum einen wirkungsvollen neuen Standort

Großartige Eingangshalle des Metropolitan Museum of Art, eine Kunstsammlung, in der man Monate verbringen und immer noch Neues entdecken könnte

Skulpturengarten auf dem Dach des 1987 eröffneten Flügels sind der Kunst des 20. Jh. gewidmet.

Second Floor

European Paintings
Bilder aus verschiedenen europäischen Ländern und Epochen; hier fehlt nichts, was Rang und Namen hat: Mantegna, Raffael, Tizian, Veronese, van Eyck, Rembrandt (über 30 Gemälde!), Holbein, Cranach, Velasquez (das Porträt von Juan de Pareja wurde 1970 für 5 Mio. Dollar erworben!), El Greco, Watteau, Corot, van Gogh, und und und.

Andre Meyer Galleries
Europäische Malerei und Skulptur des 19. Jh. Hier besonders beachtenswert: Die *O. H. Havemeyer Collection*, die besonders viele Werke von Degas enthält.

Islamic Art
Islamische Kunst aus dem 8.–19. Jh.
Ancient Near Eastern Art
Exponate aus dem Nahen Osten, die ältesten von ihnen stammen aus dem 6. Jahrtausend v. Chr.

Far Eastern Art
Objekte aus China, Japan, Indien ...

Drawings, Prints, Photographs
Zeichnungen, Drucke, Fotografien.

Musical Instruments
Instrumentensammlung, die u. a. drei Stradivaris enthält.

Öffnungszeiten S. 174

83 Gracie Mansion

Carl Schurz Park, East End Avenue, gegenüber der 88th Street.

Erbaut ca. 1799, erweitert 1804–08, restauriert 1936 von Aymar Embury II. und 1985 von Charles A. Platt Partners. Anbau (Susan Wagner Wing) von Mott B. Schmidt, 1966.

Wo der Bürgermeister residiert.

Der schottischstämmige Kaufmann Archibald Gracie ließ sich Ende des 18. Jh. dieses zweistöckige weiße Landhaus am East River bauen. 1896 erwarb die Stadt das Anwesen, und seit 1942 lebt und arbeitet dort der Bürgermeister von New

York. Trotz der vielen Additionen und Veränderungen, die das Gebäude im Laufe der Jahre erfahren hat, wirkt es noch immer wie ein Herrenhaus aus vergangener Zeit, vor allem deshalb, weil es nicht durch andere Gebäude eingeengt ist, sondern in einem weitläufigen Garten frei steht.

Öffnungszeiten S. 175

84 Solomon R. Guggenheim Museum

1071 Fifth Avenue, zwischen
East 88th und 89th Street

Architekten: Frank Lloyd Wright, 1959;
Annex: Gwathmey & Siegel, 1992.

Don't wrong Wright!

Bereicherung oder Zerstörung? Vollendung oder Verwässerung einer Idee? Die Kulturkritiker konnten sich nicht einigen, ob sie den **neuen Annex** des Museums, der Mitte 1992 eröffnet wurde,

nun feiern oder verdammen sollten. »Die Befreiung des Guggenheim«, jubelte der Architekturkritiker Paul Goldberger in der ›New York Times‹, »New York hat es zugelassen, dass eines seiner bedeutendsten Bauwerke im Namen des ›Fortschritts‹ verwässert und kompromittiert wurde«, klagte Vera Graaf in der ›Süddeutschen Zeitung‹.

Kontroversen ums Guggenheim sind nichts Neues. Sie begleiteten die ganze Bauzeit des Museums und verlängerten sie entsprechend: 16 Jahre dauerte es, bis das Museum im Oktober 1959 eröffnet werden konnte. Weder der Auftraggeber, **Solomon R. Guggenheim**, noch der Architekt, **Frank Lloyd Wright**, erlebten diesen Tag. Was die städtische Baubehörde und die Anrainer zu so heftigen Protesten und Verzögerungen veranlasst hatte, war die Form des Gebäudes: Wright setzte mitten in die strenge Rasterlandschaft Manhattans ein auf den Kopf gestelltes *Schneckenhaus*, in dessen Innerem eine spiralenförmige Rampe verläuft. Von oben fällt Tageslicht ein. Der

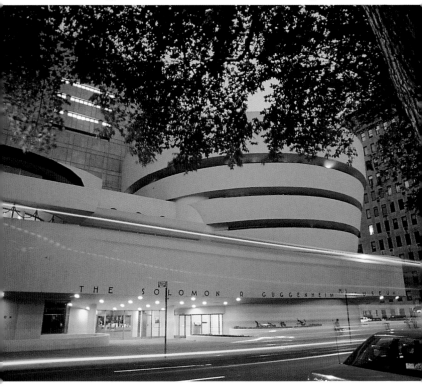

Das markante Guggenheim Museum mit seinem kubischen, 1992 eröffneten Anbau

Marc Chagalls 1913 entstandenes Gemälde ›Paris durch das Fenster‹ gehört zur Samm-lung des Solomon R. Guggenheim Museums

Besucher spaziert die Rampe entlang, seinen Weg säumen die Bilder.

Darüber, dass sich Frank Lloyd Wright hier selbst ein Denkmal gesetzt hat und dabei die Aufgabe der Architektur, einer Funktion zu dienen, nicht unbedingt nachgekommen war, waren sich die Kritiker einig: »Während die Fassade des Gebäudes Macht ausdrückt, spricht das Innere von Ego – einem Ego, das weit tiefer ist als das Gewässer, in das Narziss zu lange schaute«, schrieb der Kulturkritiker Lewis Mumford. Dennoch, es gab auch positive Stimmen. Im Lauf der Jahre lernten die New Yorker ihren originellsten und frechsten Museumsbau lieben, und die Zahl derer, die kamen, um das Gebäude zu sehen und die Sammlung dabei nur als Beiwerk nahmen, wuchs. Andererseits wuchs aber auch die Sammlung, und das Guggenheim klagte über Platzmangel. Allein das Erbe Guggenheims hatte mehr als 4000 Gemälde, Plastiken und Zeichnungen umfasst, Zukäufe vermehrten die Bestände. So befindet sich eine der größten **Kandinsky-Sammlungen** im Besitz des Museums, außerdem Werke von Picasso, Chagall, Mondrian, Marc, Feininger, Miró, Renoir, Manet – um nur einige Glanzlichter zu nennen.

Anfang der 80er-Jahre wurden erstmals Pläne bekannt, dass die Spirale einen Anbau erhalten sollte, und als diese Pläne dann um 1985 auch auslagen und einen riesigen grünen Überhang zeigten, der die Schnecke fast verschwinden ließ, kam es erneut zu Protesten der Anrainer und Kunstinteressierten – diesmal *für* die Schnecke. »Don't wrong Wright« – lautete der clevere Schlachtruf.

Ein neuer Entwurf wurde gefordert und nun auch realisiert: Der **Annex** ist ein kubischer, zehnstöckiger Glasbau, der sich dezent im Hintergrund der Schnecke hält und mit dieser durch vier Übergänge, die von der Spirale wegführen, verbunden ist. 60 Mio. Dollar hat er gekostet. Die Ausstellungsfläche wurde verdreifacht – endlich können in den hohen Galerien auch großformatige Kunstwerke gezeigt werden.

Dass das Guggenheim als Museum durch den Anbau gewonnen hat – Hand in Hand mit der Erweiterung ging auch eine Renovierung der Schnecke –, darüber sind sich alle einig. Umstritten ist nur, ob sich der kubische Neubau mit dem Werk Wrights verträgt: Dazu noch einmal Vera Graaf: »Der Guggenheim-Neubau ist weniger eine Rückkehr zu Wrights Ideen als eine Abkehr von ihnen. Wo Wright autoritär, arrogant und schwierig war, ist die neue Architektur höflich und entgegenkommend. Wo Wright die große Geste wagte, lenkt das neue Museum ein. Wrights arroganter Wurf, der das Museum wie ein fremdartiges Juwel an den harten Strand der Fifth Avenue warf, ist durch den Anbau zunichte gemacht worden. Sein gewagter Entwurf der Rampe ist durch die zahlreichen Ausweichmöglichkeiten in den Annex verwässert.«

Bleibt abzuwarten, wie die Kritiker auf den neuesten Guggenheim-Bau reagieren werden. Denn seit Anfang 2001 steht fest: Nach der Zweigstelle in SoHo, die 1992 eröffnet wurde, erhält das Guggenheim eine dritte Filiale am East River. Architekt ist Frank Gehry, der auch die Guggenheim-Dependance in Bilbao gebaut hat.

Öffnungszeiten S. 174

Wie ein britisches Herrenhaus auf dem Land wirkt das Cooper-Hewitt Museum von der Gartenseite her

85 Cooper-Hewitt Museum
2 East 91st Street

Architekten: Babb, Cook & Willard, 1901.

Design und Kunsthandwerk in vorbildlicher Präsentation.

Es war einmal ein britischer Wissenschaftler namens Smithson, der vermachte der Stadt Washington bei seinem Tod 1829 sein ganzes Vermögen mit der Auflage, »unter dem Namen des Smithsonian-Instituts eine Stelle zur Erweiterung und Verbreitung des Wissens zu gründen«. Warum dieser Mann sich genau Washington für seine Stiftung ausgesucht hatte, weiß niemand: Smithson war nie in Amerika gewesen. Washington nahm das Geschenk an, errichtete damit eine ganze Reihe von eigenen Museen, schuf Forschungsstellen und ›adoptierte‹ auch andere Museen wie das **Cooper-Hewitt Museum of Design** in New York, das schon 1897 von Sarah und Eleanor Hewitt, Erfinder der Dampflokomotive, den Enkeltöchtern von Peter Cooper, gegründet worden war.

Das Haus, in dem das Museum heute untergebracht ist, gehörte ebenfalls keinem Unbekannten: Der Stahlmagnat Andrew Carnegie ließ sich diesen 64-Zimmer-Stadtpalast bauen, in dem die Familie bis 1946 lebte. Das Museum beschäftigt sich mit allem, was mit Gestaltung und Design zu tun hat; das kann Stadtplanung sein, Architektur, Landschaftsarchitektur, industrielles Design,

Auch mit textilem Gestalten und Design beschäftigt sich das Cooper-Hewitt Museum

Mode und Textildesign, Bühnenbilder, Werbung oder Handwerksarbeiten. Jedes Jahr finden etwa zwölf verschiedene Hauptausstellungen statt. Die Sammlungen des Museums enthalten über 170 000 Objekte, die in vier Gruppen unterteilt sind: Dekorative Kunst, Zeichnungen und Drucke, Textilien und Wanddekoration.

Öffnungszeiten S. 173

86 Jewish Museum
1109 Fifth Avenue/92nd Street

Architekten: C. P. H. Gilbert, 1908; Albert and Vera List Wing von Samuel Glazer, 1963.

Der Welt größte Sammlung von Judaica.

Die weltweit größte und umfassendste Sammlung jüdischer zeremonieller Kunst ist in einem neogotischen Schlösschen, dem früheren Wohnraum von Felix M. Warburg, untergebracht. Die Räumlichkeiten im ersten und zweiten Stock werden für wechselnde **Ausstellungen** genützt, die sich thematisch meist mit der gegenwärtigen jüdischen Kultur beschäftigen. Im dritten Stock ist die permanente Kollektion untergebracht, die folgende vier Bereiche umfasst: Lebensabschnitte und damit verbundene Zeremonien; Feiertage und im Zusammenhang damit stehende zeremonielle Handlungen; religiöse Objekte, die in der Synagoge benutzt werden; Objekte, die im jüdischen Haushalt eine Rolle spielen.

Öffnungszeiten S. 174

87 International Center of Photography
1130 Fifth Avenue/94th Street

Architekten: Delano & Aldrich, 1914.

Moderne Fotos in alten Rahmen.

1974 wurde das erste und einzige Museum der Stadt eröffnet, das sich aus-

Ein eigens umgebautes Stadthaus beherbergt das International Center of Photography

125

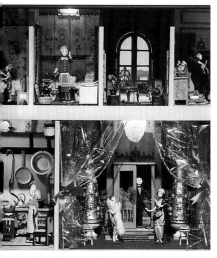

Die Objekte im Museum of the City of New York machen auch Kindern Spaß

schließlich mit **Fotografie** beschäftigt. Nach dem Willen seines Gründers Cornell Capa widmet sich das Museum dem künstlerischen und dokumentarischen Aspekt der Fotografie. Zu den bedeutendsten Fotografen, die hier ausgestellt wurden, gehören unter anderem Henri Cartier-Bresson, Weegee und W. Eugene Smith. Neben der permanenten Ausstellung werden wechselnde Shows zu bestimmten Themenkreisen oder die Werke einzelner Fotografen gezeigt. Die **Midtown-Filiale** des Museums befindet sich an der 6th Avenue Ecke 43th Street.

Öffnungszeiten S. 174

88 Museum of the City of New York

1220 Fifth Avenue zwischen 103rd und 104th Street

Architekt: Joseph H. Freedlander, 1932.

Ein buntes Bild der Stadt.

Geschichte lebendig machen, so lebendig, dass auch Kinder sich gerne mit ihr beschäftigen – das ist in diesem Museum gelungen: Da sind nicht nur alte Karten und Dioramen zu sehen, die das historische New York besonders anschaulich zeigen, sondern auch Spielzeug aus vergangenen Zeiten, Feuerwehrwagen, Trambahnen und Schiffe. Im fünften Stock kann man zwei Räume besichtigen, die aus dem Haus von John D. Rockefeller Sen. stammen. Dieses Haus stand an der 54. Straße, dort, wo sich heute der Garten des Museum of Modern Art [Nr. 63] befindet. 1938 wurde es abgerissen, und zwei Räume, Schlafzimmer und Ankleideraum, die den Geschmack des ausgehenden 19. Jh. widerspiegeln, wanderten ins Museum.

Die Zusammenstellung der Exponate erscheint insgesamt kunterbunt, ist aber durchaus sehenswert! Hoch interessant sind auch die Ausstellungen zu bestimmten Aspekten der Geschichte der Stadt, die das Museum regelmäßig zeigt.

Öffnungszeiten S. 174

Wollten Sie schon immer wissen, wie sich Multimillionäre betten? Voilà, das Schlafzimmer der Rockefellers im Museum of the City of New York

El Barrio, ›das Viertel‹

*East Harlem, Spanish Harlem, El Barrio – das Gebiet zwischen der 96th und der 120th Street und der 3rd und 5th Avenue hat viele Namen. El Barrio ist der gebräuchlichste, übersetzt heißt das einfach ›Viertel‹. Oder ›Neighborhood‹, wie die New Yorker die Stadtteile nennen, in denen sie zu Hause sind. Die Nachbarn hier sprechen alle dieselbe Sprache – und viele von ihnen nur diese eine: **Spanisch**.*

*Vor allem die Älteren können oft kein Englisch und brauchen es auch nicht. Sie haben ihre eigenen Zeitungen, Radiostationen und Fernsehsender, in den Geschäften, Restaurants und Arztpraxen kommen sie auch ohne Fremdsprachenkenntnisse zurecht. Wie die Ergebnisse der Volkszählung aus dem Jahr 2000 beweisen, bilden die Hispanier heute die größte Minoritätengruppe in New York. Sie stellen 27 % der Stadtbevölkerung (zum Vergleich: Weiße 35 %, Schwarze 25 %, Asiaten 10 %). Unter dem Begriff **Hispanier** fasst man all jene zusammen, die ihre Wurzeln in der Karibik, in Mexiko sowie im restlichen Mittel- und Südamerika haben. Heute kommen die meisten hispanischen Neuzuwanderer aus der Dominikanischen Republik.*

*Während des 20. Jh. dominierten die **Puertoricaner**. Sie waren und sind die einzigen Latinos, die freien Zutritt zu den USA haben: Ihre Insel wurde 1898 nach dem Spanisch-Amerikanischen Krieg den USA zugeschlagen und ist Teil der ›US Commonwealth Territories‹. Seit 1917 besitzen die Puertoricaner die amerikanische Staatsbürgerschaft. Sie haben in den USA zwar kein Wahlrecht, dürfen aber immerhin ihren Wohnsitz frei wählen. Und das taten sie, vor allem immer dann, wenn wirtschaftliche Not sie aus ihrem karibischen Paradies vertrieb. Schon in den 20er-Jahren des 20. Jh. kamen Zigtausende nach New York. Der Großteil von ihnen ließ sich im ehemals jüdischen East Harlem nieder. Die **Masseneinwanderung** begann in den 40er-Jahren und erreichte in den 50ern ihren Höhepunkt: Damals wohnten 80 % aller in den USA lebenden Puertoricaner in New York. El Barrio konnte sie längst nicht mehr fassen. Sie wichen nach Brooklyn und in Manhattan auf die Upper West Side aus.*

*Ihr Brot hatten sie sich immer als Billigarbeiter in der verarbeitenden Industrie verdient, und als New York ab Anfang der 60er-Jahre seine Bedeutung als Industriestandpunkt verlor, traf es die Puertoricaner besonders hart. Nur 10 % hatten einen Schulabschluss, Arbeitslosigkeit und Verelendung setzten ein und prägten auch das Erscheinungsbild von El Barrio. Die Häuser verkamen, jahrzehntelang lag das Viertel in Agonie. Der Osten, immer der ärmste Teil von **Spanish Harlem**, zeigt noch heute Spuren urbanen Verfalls. Im Westen hingegen regen sich erste Anzeichen einer Wiederbelebung. Häuser werden restauriert, Geschäfte eröffnet, bunte Wandbilder zeugen von neuem Leben. Sie künden auch vom neuen Selbstbewusstsein der **Nuyoricans**, wie sich die Menschen nennen, die in New York eine Heimat fern der Heimat gefunden haben.*

89 Museo del Barrio

1230 Fifth Avenue zwischen 104th und 105th Street

Quirliges hispanisches Kulturzentrum.

Das 1969 gegründete Museo del Barrio ist ein riesiges Gebäude, das den ganzen Block einnimmt. Es beschäftigt sich mit Kunst und Kultur der **Puertoricaner, Spanier** und **Lateinamerikaner**. Die umfangreiche Sammlung beinhaltet u. a. Gemälde, Handwerks- und Volkskunst, etwa mehr als 300 *Santos de Palo*, holzgeschnitzte Heiligenfiguren aus Puerto Rico, sowie präkolumbianische Keramik aus dem karibischen Raum.

Darüber hinaus dient das Museum als kulturelles Zentrum des Viertels, Lehr- und Lernraum für Kinder und Erwachsene, Künstler und Konsumenten.

Öffnungszeiten S. 174

Westlich des Central Parks ändern die Avenues ihre Namen. Sie treten als Central Park West, Columbus Avenue Amsterdam Avenue und West End Avenue auf den Stadtplan. Dies ist die Upper West Side, das Viertel zwischen Central Park, Fluß, der 59th und der 125th Street. Es umfasst auch *Morningside Heights*, wo die **Columbia University** ihren Sitz hat. Hauptschlagader ist der **Broadway**, an ihm und an der Parkseite erheben sich die prächtigen alten Apartmenthäuser, noch heute begehrte und teure Wohnadressen. Wie überhaupt das ganze Viertel in den letzten Jahrzehnten seit dem Bau des **Lincoln Center** eine steile Karriere als Neighborhood für Künstler, Familien und all jene genommen hat, die es sich leisten können, in dieser zwischenmenschlich intakten und architektonisch reizvollen Gegend zu leben.

Östlich der Morningside Avenue beginnt **Harlem**. Einst berühmt-berüchtigt als Ghetto, hat das Viertel in den letzten Jahren eine Renaissance erlebt und ist auch als touristische Destination interessant geworden. An der Nordspitze zeigt sich Manhattan grün und mit den **Cloisters** sogar mittelalterlich.

90 Lincoln Center for the Performing Arts

West 62nd bis 66th Street zwischen Columbus und Amsterdam Avenue

Verschiedene Architekten unter der Leitung von Wallace K. Harrison, 1962–68.

Wo die West Side Story spielte.

Bevor die Bagger kamen, erlebte San Juan Hill, der Slum, der sich westlich vom Güterbahnhof erstreckte, noch einmal einen großen Auftritt: Filmleute bauten ihre Kameras in den schäbigen Hinterhöfen auf, Stars spazierten über die schmutzigen Straßen – man drehte die ›West Side Story‹. Musik: Leonard Bernstein, Inszenierung und Choreographie: Jerome Robbins.

Als Arthur Laurents und Leonard Bernstein ihre moderne Version des Romeo-und-Julia-Themas zu schreiben begannen, wählten sie die Lower East Side als Schauplatz ihrer Geschichte; sie sollte von der aussichtslosen Liebe zwischen einem jüdischen Mädchen und einem italienischen Jungen handeln. Die Tagesereignisse, die Mitte der 50er-Jahre des 20. Jh. Schlagzeilen machten, die Berichte von bewaffneten und sich bekämpfenden Jugendbanden auf der **Upper West Side**, motivierten die Autoren wohl zum Umdenken: Als das Musical fertig war, hieß die Geschichte ›West Side Story‹, die Protagonisten waren eine Puertoricanerin und ein Weißer.

Das klassische Wohngebiet der Puertoricaner in New York war eigentlich El Barrio [s. S. 127]. Erst in den 50er-Jahren, nachdem die Massenemigration eingesetzt hatte, zogen die Hispanier auf die westliche Seite des Central Park. Von Norden nach Süden übernahmen sie einen Block nach dem anderen – die meisten Weißen flohen, sobald sich die erste puertoricanische Familie in ihrer Nachbarschaft niederließ. Die wenigen, die blieben, waren entweder Künstler, die den billigen Wohnraum zu schätzen wussten und der Faszination des Viertels erlagen, oder arme Weiße, die mit den

◁ **Oben:** *West End Chic am Central Park: Doppeltürme des San Remo Building*

Unten: *Das Apollo Theater erinnert an die großen Zeiten schwarzer Kultur in Harlem*

Schwarzen und Hispaniern bittere Kämpfe austrugen. Auch wenn es heute kaum zu glauben ist: Die Upper West Side war damals eine der übelsten Wohngegenden Manhattans, **San Juan Hill** galt als der schlimmste Slum New Yorks. 1961, als die ›West Side Story‹ gedreht wurde, war San Juan Hill nur noch Kulisse: Die Häuser waren schon geräumt, die Familien umgesiedelt. Kurz darauf wurde alles dem Erdboden gleichgemacht. Der Slum gehörte der Vergangenheit an, entstehen sollten neue Wohnviertel und ein Kulturzentrum, in dem Thea-

Das alte Opernhaus der Metropolitan Opera am Broadway, Ecke 39th Street, war bis 1966 Heimat der New York Philharmonics, hier nach einer Aufführung im Jahr 1951. Am Dirigentenpult Maestro Dimitri Mitropoulos

Met, die erste

Die Met, wie sie sich heute präsentiert, ist äußerlich ein typisches Kind der 60er-Jahre des 20. Jh. Der Nimbus des Opernhauses wurde aber schon viel früher begründet. Er geht zurück auf die erste **Metropolitan Opera***, die 1883 Ecke Broadway und 39th Street eröffnet wurde.*

Den Gründern der berühmtesten Oper Amerikas verfeinerten Kunstverstand zu unterstellen, wäre wohl falsch. Es ging vielmehr ums Prestige und um verletzte Eitelkeit. Das Prestige verlangte, dass die Ende des 19. Jh. durch Industrialisierung und Sezessionskrieg zu Geld gekommenen einen angemessenen **Logenplatz** *im Musentempel der Stadt besaßen. Diese Sitze waren aber alle in den Händen der alteingesessenen First Families, und die wollten die Neureichen nicht*

an ihrer Seite dulden. Nachdem sich Mrs. Vanderbilt, immerhin millionenschwere Gattin, eine Abfuhr in Sachen Erwerb einer Loge in der **Academy of Music** *geholt hatte, handelten ihr Mann und seine Millionärsfreunde und bauten sich ihre eigene Oper, die Metropolitan Opera.*

Da es an Geld nicht mangelte, traten hier von Anbeginn die **Größten der Großen** *auf. Daran hat sich bis heute nichts geändert, obwohl es bestimmt nicht mehr die Gage ist, die lockt: Spitzentenöre wie Pavarotti, Domingo und Carreras verdienen in Europa das Fünffache dessen, was ihnen die Met bietet. Dafür aber, so formulierte es einmal Manager Bruce Crawford, zahlt man hier »mit Renommee« – ein Auftritt in der Met ist noch immer die Krönung jeder Sängerkarriere.*

ter, die Oper und Konzerthallen Platz finden sollten: **Lincoln Center for the Performing Arts**. Für die Upper West Side war dieses Sanierungsprojekt der Startschuss zum Neubeginn. Nicht nur, dass die Gegend durch die Nähe zu dem neuen Musentempel noch attraktiver für Künstler wurde, es setzte insgesamt ein Prozess ein, der langsam und Block für Block zur Wiederbelebung des Viertels führte: Die Errichtung des Lincoln Center war gleichsam der Auftakt dafür, das Drehbuch der ›Upper West Side Story‹ umzuschreiben und wieder mit anderen Inhalten zu füllen als mit Bandenkriegen und Prostitution, verbarrikadierten Häusern und müllbesäten Gehsteigen.

Trotz dieser positiven Folgen, die die Sanierung des San-Juan-Hill-Slum mit sich brachte, stieß das Projekt, ein derart teures und aufwendiges **Kunstzentrum** zu errichten, auch auf Protest. Und das mit Recht: New York besaß bereits eine Oper, es verfügte über eine Konzerthalle und andere Einrichtungen, um die kulturellen Bedürfnisse der Millionenstadt zu befriedigen. So war es Wasser auf die Mühlen der Kritiker des »kulturellen Einkaufszentrums«, dass sich die Akustik der Philharmonic Hall (von Max Abramovitz, 1962) als derart schlecht erwies, dass die Mitglieder des New York Philharmonic Orchestra sich fragten, warum sie denn nun eigentlich ihr altes Stammhaus, die Carnegie Hall [Nr. 70], verlassen hatten. Zum Glück fand sich ein Mann namens Avery Fisher; er zahlte die nicht unbeträchtliche Summe von 5 Mio. Dollar, um die Philharmonic Hall 1976 mit Hilfe des Akustik-Ingenieurs Cyril Harris völlig umzubauen (Architekten: Johnson/Burgee). Zum Dank dafür, dass die Konzerthalle sich nun hören lassen konnte, taufte man sie um in **Avery Fisher Hall.**

Auch das architektonische Gesamtkonzept des Lincoln Center empfand man als unbefriedigend: Es wurde zwar ein Architekt, Wallace K. Harrison, benannt, der dem ›Board of Architects‹ vorstand – aufgrund seiner Mitwirkung am Rockefeller Center [Nr. 57] war er eigentlich prädestiniert für diese Aufgabe –, doch vermisst man die einheitliche Linie in dem Ensemble. Die Chance, einen städtebaulichen Komplex aus einem

Dank seiner hohen bogenförmigen Fenster ist das Metropolitan Opera House in der Mitte des Lincoln Center for the Performing Arts leicht zu identifizieren

Guss zu schaffen, wurde weitgehend vertan. Wallace K. Harrison zeichnet auch für den Entwurf des **Metropolitan Opera House** verantwortlich (1966), das mit seinen hohen Portalbögen nur in zweiter Linie elegant wirkt. Die klassizierende Fassade strömt zunächst Kälte aus und stellt stilistisch im Grunde einen Rückschritt dar. Großartig sind hingegen zwei Wandgemälde im **Foyer**, die von Marc Chagall stammen: ›Le Triomphe de la Musique‹ und ›Les Sources de la Musique‹.

Das links von der meist menschenleeren Plaza liegende **New York State Theater** (Architekten: Philip C. Johnson und Richard Foster, 1964) beherbergt das ›New York City Ballet‹ und die ›New York City Opera‹.

Hinter der Avery Fisher Hall bildet die **Juilliard School of Music** von Pietro Belluschi, Eduardo Catalano und Westermann & Miller (1968) den nördlichen Abschluss des Komplexes. Das weltberühmte Konservatorium – hier war z. B. auch der Violonist Nigel Kennedy Schüler – bietet den jungen Leuten schon während des Studiums die Möglichkeit, in Konzerten aufzutreten.

Zwischen Juilliard School und Opernhaus liegt das **Vivian Beaumont Theater** von Eero Saarinen & Assocs. (1965) auf der Ebene einer zweiten Plaza, die Skulpturen von Henry Moore und Alexander Calder beleben. Im freischwebenden Attikageschoss haben Skidmore, Owings & Merrill Räumlichkeiten geschaffen für die **Library for the Performing Arts**, eine Bibliothek, die zur New York Public Library gehört und die wohl umfangreichste Literatursammlung zum Thema Darstellende Künste besitzt. Wunderbare Konzerte kann man im Sommer im **Damrosch Park** erleben, der sich südlich an den Met-Komplex anschließt.

Öffnungszeiten S. 174, 175

91 Congregation Shearith Israel

99 Central Park West/70th Street

Architekten: Brunner & Tyron, 1897.

Die älteste jüdische Gemeinde New Yorks.

New York hieß noch Nieuw Amsterdam und wurde von Peter Stuyvesant regiert, als die ersten Juden in der Stadt eintrafen. Sie kamen aus Spanien und Portugal,

man hatte sie vor spanischen Piraten gerettet. Peter Stuyvesant war nicht begeistert und wäre die 23 Gäste am liebsten wieder losgeworden, doch die Dutch West India Company entschied 1655, dass die Juden bleiben konnten. Und nicht nur das: Entgegen Stuyvesants Widerstand erlaubte ihnen die Company, ihre Religion auszuüben – die erste **jüdische Gemeinde** hieß ›Shearith Israel‹. In den Anfangsjahren traf man sich in den Häusern der Gläubigen; erst 1730 bekam die Gemeinde ihre erste richtige Synagoge. Der klassizistische Bau am Central Park wurde 1897 errichtet, die angrenzende ›Little Synagogue‹ erinnert noch an den Vorgängerbau aus dem Jahr 1730.

92 Majestic Apartments

115 Central Park West,
zwischen 71st und 72nd Street

Architekt: Jacques Delamarre, 1930.

Majestätische Doppelkrone.

Leben in Apartmenthäusern? Als das Dakota [Nr. 93] gebaut wurde, rümpften die feinen Leute bei diesem Gedanken die Nase. Fast 50 Jahre später waren die mächtigen, **schlossartigen Apartmentbauten** zum Markenzeichen des Upper West Side geworden, und diejenigen, die sie bewohnten, gehörten zu den Berühmten und Reichen. Wie dieser Reichtum erworben worden war, spielte dabei keine Rolle – die Geschichte vieler Apartmenthäuser in diesem Viertel ließe sich als Gaunerkomödie oder Krimi mit blutigem Ende schreiben. Im Majestic zum Beispiel, einem der fünf Gebäude, die mit ihren Doppeltürmen die Skyline westlich des Central Park beherrschen, lebte Mitte des 20. Jh. Frank Costello. Der Mafioso, genannt ›Premierminister der Unterwelt‹, sorgte immer dafür, dass gegen ihn keine Beweise vorlagen. Erst nachdem er eines Nachts im Lobby des Hauses angeschossen worden war, hatte die Polizei Gelegenheit, im Krankenhaus seine Taschen zu durchsuchen. Was sie fand, genügte, Frank Costello endlich hinter Gitter zu bringen.

Eine interessante Gruppe von Reihenhäusern aus den 1890er-Jahren finden sich in der 71st Street zwischen Central Park und Columbus Avenue. Achten Sie auf die verschiedenen Details, mit denen die Treppen, die zur Haustür hinaufführen, geschmückt sind.

Die Skyline westlich des Central Park ist geprägt von den markanten Doppeltürmen der Majestic Apartments. Daneben liegen die kleineren Nachbarn Dakota und Langham

93 Dakota Apartments
1 West 72nd Street
Architekt: Henry J. Hardenbergh, 1884.

Das Haus, das den Auftakt zur Besiedlung der Upper West Side gab.

Wissen Sie, wo Dakota liegt? Richtig, im Westen der USA, dort gibt es die Staaten North und South Dakota. In den 80er-Jahren des 19. Jh. gehörte Dakota noch nicht zur Union, es war Indianerland und lag – zumindest für die Ostküstler – ganz weit weg im Wilden Westen ...

Ähnlich müssen die New Yorker die Standortwahl empfunden haben, die Edward S. Clark – der Erbe des Singer-Nähmaschinen-Vermögens – traf, als er sich entschloss, auf der Westseite des Parks an der 72nd Street ein **Luxusapartmenthaus** bauen zu lassen. Nicht so sehr, dass dies das erste Apartmenthaus in der Stadt werden sollte, erstaunte die New

Yorker, sondern die Tatsache, dass jemand ›Luxus‹ mit diesem Viertel verbinden konnte, mit einer Gegend, in der die Hütten der Ärmsten standen und magere Ziegen weideten. Luxus gehörte auf die Ostseite, dort lebte und baute der Geldadel. Wenn einer da oben im Westen Manhattans baute, dann könnte er genauso gut nach Dakota gehen, meinten die New Yorker und nannten das Haus ›The Dakota‹.

Clark und seine Architekten Hardenbergh störte das nicht. Sie errichteten ein festungsartiges Haus, das mit seinen Dachtürmen an ein *Renaissanceschloss* erinnert, und bewiesen, dass sie mit ihrem Pioniergeist goldrichtig lagen. Zur selben Zeit wurde die Hochbahn auf der 9th Avenue weiter nach Norden geführt, und immer mehr Bauherren begannen, sich für das Gebiet zu interessieren. Reihenhäuser und immer wuchtigere Apartmentkomplexe schossen aus dem Boden, die Upper West Side wurde zum begehrten Wohnviertel.

Der Trendsetter Dakota gilt nach wie vor als erste Adresse in der Upper West Side. Ex-Beatle **John Lennon** lebte hier mit seiner Familie – er nannte 28 Räume sein eigen. Direkt vor dem Dakota trafen ihn 1980 die tödlichen Schüsse. Seine Frau Yoko Ono hat gegenüber im Central Park 1983 einen kleinen Garten für ihn anlegen lassen, die **Strawberry Fields**. Es ist eine Oase der Ruhe – Musik und sportliche Aktivitäten sind verboten. ›Imagine‹ steht im Zentrum eines runden Bodenmosaiks, zur Erinnerung an eines von Lennons bekannten Liedern.

TOP TIPP

Der Block zwischen Central Park West und Columbus Avenue, 73rd und 74th Street steht unter Denkmalschutz. Die Häuser Nummer 19, 41 bis 65, 101 und 103 auf der 73rd Street stammen ebenfalls von Hardenbergh.

94 Verdi Square

Kreuzung von Broadway und Amsterdam Avenue zwischen 72nd und 73rd Street

Quirliges Zentrum der Upper West Side zu Füßen des Ansonia Hotels.

Der Broadway ist die einzige Straße, die Manhattan und dessen gitterförmiges Straßensystem diagonal durchschneidet und immer wieder dort, wo er eine der von Süden nach Norden verlaufenden Avenues kreuzt, schmale kleine **Plätze** entstehen lässt. Hier oben sind es zwei: Im Norden der 72nd Street liegt der Sherman Square, im Süden der Verdi Square.

Dieser kleine, vom Verkehr umtoste Platz ist wie eine Bühne, auf der täglich zu jeder Tages- und Nachtzeit die moderne ›Upper West Side Story‹ gegeben wird, ein Stück, in dem Akteure verschiedensten Alters und unterschiedlicher Rassen spielen. Da treten alte, weiß gepuderte Damen auf, die vom Ansonia, dem Zuckerbäcker-Apartmenthaus herübergetippelt kommen, sich auf die Bänke setzen und erzählen. Lauscht man ein bisschen, bemerkt man den Akzent: Die Upper West Side wurde in den 30er-Jahren vielen deutschen und jüdischen Flüchtlingen zur neuen Heimat. Spanische Wortfetzen, laute Rap-Musik aus übergroßen Kofferradios – das sind vertrautere Töne, gegenwärtigere. Junge Schwarze schlendern vorbei, die Haartracht kunstvoll aufgeputzt, aus den Geschäften hasten Frauen, Kinder im Schlepptau.

Auf Verdis Kopf flattern Tauben, doch der marmorne Komponist im Zentrum des Platzes hält die Stellung. Auch wenn die Bettler ihm zu Füßen Passanten um

›Imagine‹, ›Stell dir vor‹, steht im Mittelpunkt des Strawberry Park, den Yoko Ono zum Gedenken an ihren 1980 unweit dieser Stelle erschossenen Mann John Lennon errichten ließ

Auch wenn es heute nicht mehr viel hermacht, kann sich das Ansonia Hotel doch mit den Namen vieler berühmter Gäste schmücken

»some change« bitten. Die **Verdi-Statue** war ein Geschenk der italienischen Gemeinde New Yorks, Pasquale Civiletti hat sie 1906 geschaffen. Noch zwei Jahre älter ist das **U-Bahnhäuschen** an der Ecke Broadway und 72nd Street (Architekten: Heins & La Farge, 1904).

Die imposante Kulisse um den Verdi Square bereichern zwei Gebäude: An der Ecke Broadway/73rd Street steht trutzig und wehrhaft ein Bankhaus, die ehem. Central Savings Bank. Wenn Sie dieser

Bau an die Federal Reserve Bank of New York [Nr. 15] erinnert, so ist das kein Wunder: Die Banker beauftragten dasselbe Architektenteam, York & Sawyer (1928).

Der Bank gegenüber erhebt sich eines der grandiosesten Gebäude der Upper West Side: das **Ansonia Hotel**. Es nimmt den ganzen Block zwischen der 73rd und der 74th Street ein und wurde 1904 eröffnet (Architekten: Graves & Duboy). Dem Auftraggeber William

Earl Dodge Stokes schwebte ein Hotel im Stil der eleganten Pariser Stadtpaläste vor, Geld spielte keine Rolle. Zwei Swimmingpools und ein Dachgarten gehörten zur Anlage, die Steinwände wurden so dick und solide gebaut, dass das Haus absolut feuersicher ist. Und nicht nur das: Die Zimmer sind auch schalldicht, und dies wusste besonders eine Berufsgruppe zu schätzen – die *Musiker.* Enrico Caruso, Geraldine Farrar, Yehudi Menuhin, Igor Strawinsky, Arturo Toscanini und viele andere mehr gehörten zu den Gästen des Hauses. Leider ist nicht viel geblieben vom alten Glanz. Von außen jedoch wirkt der prächtige Bau mit seinen runden Türmen und Kuppeln noch immer imposant.

Vom Verdi Square lohnt sich auch ein kleiner Abstecher nach Süden zur 71st Street. Hier steht das **Dorilton**, ein Beaux Arts-Bau aus dem Jahr 1900 (Architekten: Janes & Leo).

95 San Remo

145–146 Central Park West,
zwischen 74th und 75th Street
Architekt: Emery Roth, 1930.

Blaublütige Doppeltürme.

Von den acht Apartmenthäusern, die Emery Roth am Central Park West erbau-

te, war ihm dies das liebste. Den »Aristokraten von Central Park West« nannte er das San Remo. Dieser 27 Stockwerke hohe Wolkenkratzer war das erste Gebäude mit Doppeltürmen, weitere folgten sehr bald und prägten das Gesicht der Skyline westlich des Parks. Dustin Hoffman, Diane Keaton, Faye Dunaway – der Aristokrat zieht große Namen an. Schlagzeilen machte 1988 auch Steve Jobs, der Erfinder der Apple Computer. Er kaufte die zwei oberen Stockwerke des Nordturms und beauftragte den Architekten I. M. Pei mit der Renovierung, die angeblich 15 Mio. Dollar kostete.

96 New-York Historical Society

170 Central Park West/77th Street
Architekten: York & Sawyer, 1908;
Seitenflügel Walker & Gillette, 1937–38.

Gemischtwarenladen: Historie und Alltagskultur.

Seit 1804 sammelt die New-York Historical Society: Gemälde, Spielzeug, Kutschen, Waffen, Tafelsilber, Möbel, Drucke und Stiche, Glas, alte Karten und Stadtansichten, Zinn und Töpferwaren, Porträts großer Persönlichkeiten – kurz alles, was im engsten und weitesten

Columbus Avenue ist die Hauptschlagader der Upper West Side. Besonders bei Straßenfesten zeigt sich dieses interessante Viertel in seiner ganzen ethnischen Vielfalt

Central Park West: Rechts befindet sich die New-York Historical Society, daneben die Universalist Church of New York, überragt von den Türmen der San Remo Apartments

Sinne mit New Yorks Geschichte und mit seiner Alltagskultur zu tun hat. Die New York Historical Society ist jedoch nicht nur ein **Museum** mit höchst interessanten Wechselausstellungen, sondern beherbergt auch eine fabelhaft sortierte **Bibliothek** zur Stadt- und Amerika-Geschichte.

Öffnungszeiten S.174

97 West End-Collegiate Historic District

Zwischen Riverside Drive und Broadway, 75th und 77th Street

Reihenhäuser ohne Einheitscharakter.

Fantasievoll und herzerfrischend wirken diese Häuschen, als hätte ein Kind aus seinem Baukasten Bögen, Türme, Gie-

137

bel, Treppen genommen und nach Lust und Laune kombiniert. Die meisten der Wohnhäuser stammen aus den 90er-Jahren des 19. Jh. Unter den Architekten, die hier wirkten, sind Clinton & Russell, C. P. H. Gilbert, Lamb & Rich, Neville & Bagge und Clarence F. True, der einige der hübschesten Bauten entwarf.

Werfen Sie auch einen Blick auf die **West End-Collegiate Church and School** an der Ecke West End Avenue und 77th Street (Architekt: Robert W. Gibson, 1893).

98 Hotel Belleclaire

250 West 77th Street/Broadway

Architekten: Stein, Cohen & Roth, 1901.

Schauplatz eines Lehrstücks in Sachen Moral.

Eine eklektisch und fantasievoll gestaltete Fassade mit Erkerfenstern, Balkonen

---

Zabar's, eine Upper West Side Institution

Ecke Broadway 80th Street steht ein dreistöckiges Haus, das mit seinen Giebeln und Holzbalken an der Fassade an ein Fachwerkhaus aus der Alten Welt erinnert. Das ist Zabar's, ein **Delikatessengeschäft***, das 1939 eröffnet wurde und damals den österreichischen, deutschen und deutschjüdischen Exilanten, die in der Upper West Side lebten, zumindest kulinarisch ein Stück Heimat bot.*

Zabar's ist eine Institution im kulinarischen und sozialen Leben Manhattans, ein Gourmet-Tempel, von dem die New Yorker behaupten, er sei einzig in seiner Art. (Dazu muss man wissen, dass schamloses Übertreiben in dieser Stadt nicht als sündig empfunden wird.)

Immerhin: Zabar's bedient pro Woche mehr als 30000 Kunden, an jedem Wochenende werden über 2000 kg Brie verkauft. Und: Die **Auswahl** *ist umwerfend, aus aller Welt kommt nur das Beste auf den Ladentisch. Es lohnt sich hineinzugehen, auch wenn man nichts kaufen will, Zabar's ist eine der Bühnen, auf denen ständig ›ein Stück aus New York‹ spielt.*

---

und allerlei schmiedeeisernem Beiwerk – das Paris der **Belle Epoque** lässt grüßen. Und die russische Revolution, die aus dem Belleclaire entscheidende Impulse erwartete, aber dann doch scheiterte – aus moralischen Gründen. Und das kam so:

Maxim Gorki, der russische Schriftsteller, der sich durch seine sozialkritischen Romane einen Namen gemacht hatte, reiste 1906 nach New York, um dort für die marxistische Sache zu werben und Geld für die Revolution aufzutreiben. Tausende kamen, ihn im Hafen zu begrüßen. Er wurde im eleganten Belleclaire aufgenommen, wo er eine Suite ganz oben mit Blick auf den Hudson bekam. Die Intelligenzia riss sich um ihn – bis nach vier Tagen ruchbar wurde, dass die Dame, die als »Mrs. Gorki« mit ihm reiste, mitnichten seine Frau, sondern eine bekannte Schauspielerin war. Gorki versuchte zu erklären – er lebte getrennt, es war ihm aber in Russland nicht möglich, sich scheiden zu lassen –, vergeblich; selbst die progressivsten Linken konnten sich vor Empörung nicht halten. Gorki musste das Belleclaire verlassen und erhielt ob seines verwerflichen Verhaltens in Sachen Revolution die rote Karte: »Wir müssen«, so äußerten sich die Bostoner Genossen, »die Konsequenzen ziehen und andere Pläne zur Befreiung Russlands machen.«

99 Apthorp Apartments

2211 Broadway zwischen 78th und 79th Street

Architekten: Clinton & Russell, 1908.

Vom Landhaus zum Apartmenthaus.

Das Dorf Harsenville auf der Westseite der Insel Manhattan war zu Beginn des 19. Jh. ein verschlafener kleiner Flecken, in den die Stadtleute aus dem Süden zum Schnepfenschießen fuhren. John Cornelius und Charlotte Apthorpe van der Heuvel hatten sich dort ein Landhaus gebaut, das später in den Besitz ihres Enkels William Waldorf Astor überging. Astor, den Trend der Zeit erkennend und wissend, dass das großelterliche Haus mit der einst so attraktiven Tontaubenschießanlage diesem nicht mehr entsprach, riss das Gebäude ab und ließ ein neues errichten, wobei er es am nötigen Respekt den Altvorderen gegenüber nicht fehlen ließ: ›Apthorp‹ benannte er das prächtige Apartmenthaus, warum er das ›e‹ dabei fallen ließ, ist nicht überliefert.

Das Leben in seiner ganzen Vielfalt ist Thema im American Museum of Natural History

Das Apthorp nimmt den ganzen Häuserblock zwischen Broadway und West End Avenue und der 78th und 79th Street ein. Das Zentrum bildet ein *Innenhof* (nicht öffentlich zugänglich) mit einem Brunnen, auf den die äußerst stattlichen, mit schmiedeeisernen Gittern verzierten Toreinfahrten zuführen – am beeindruckendsten ist die frühere Kutschenpassage auf der Broadway-Seite.

100 American Museum of Natural History

Columbus Avenue
zwischen 77th und 81st Street

Ältester Teil: Calvert Vaux und J. Wrey Mould, 1872–77; Erweiterungen: J. C. Cady & Co., 1892–98; Cady, Berg & See, 1899; Charles Volz, 1908; Trowbridge und Livingston, 1924, 1926, 1933. Theodore Roosevelt Memorial am Central Park West von John Russell Pope, 1936.

Das weltweit größte Naturhistorische Museum inklusive Planetarium.

»Ich meine, ich könnte mich zu den Tieren gesellen und mit ihnen leben, sie sind so ruhig und selbständig. Ich stehe und betrachte sie lange, lange.«
Walt Whitman (1819–1892)

Beim Betrachten ließ es Whitmans Zeitgenosse, der Professor Albert Smith Bickmore, nicht: Er sammelte. Auf seinen Reisen, die ihn in den 60er-Jahren des 19. Jh. nach Asien und Europa führten, nahm er alles mit, was im weitesten Sinn in sein Fachgebiet, die Naturkunde, fiel: Vögel, Käfer, Muscheln ... Seine Sammlung und die des deutschen Naturforschers Maximilian Prinz zu Wied-Neuwied, die wohlhabende New Yorker Bürger aufgekauft hatten, bildeten den Grundstock des Museums, das acht Jahre nach seiner Gründung in das von Calvert Vaux und J. Wrey Mould entworfene Gebäude zog. In den folgenden Jahrzehnten wurde der Bau viele Male erweitert: Heute ist das American Museum of Natural History das größte Naturhistorische Museum der Welt.

Naturkunde und Anthropologie sind die beiden Hauptthemen, die hier behandelt werden. Es gibt Dinosaurierskelette zu sehen und einen riesigen Blauwal in der **Hall of Ocean Life**, in Schaukästen, die heute altmodisch und leicht verkitscht wirken, werden keulenschwingende Steinzeitmenschen vorgestellt und ausgestopfte Tiere in ihrer natürlichen Umgebung gezeigt. Auch die **Mineraliensammlung** enthält wunderbare Stücke, zum Beispiel einen 563-karätigen Saphir. Im **Imax**, einem Kino mit einer vier Stockwerke hohen Leinwand, werden verschiedene Naturfilme gezeigt.

Das American Museum of Natural History ist eines jener New Yorker Museen, in denen man Tage verbringen kann. Wer sich für ein Spezialgebiet interessiert, sollte sich darauf beschränken – es ist unmöglich, bei dieser Fülle alles zu sehen.

Pünktlich zur Jahrtausendwende erhielt das Museum einen neuen Anbau, das **Rose Center for Earth and Space**, in dem auch das neue **Hayden Planetarium** untergebracht ist. Die Museumsfläche wurde damit um 25 % vergrößert, und alles, was hier zu sehen ist, entspricht dem neuesten technischen und museumsdidaktischen Stand. Absoluter Hit ist die Show im *Space Theater*, bei der man sich mit Tom Hanks auf eine Reise durchs All begibt. Zurück zu den Anfängen führt die Ausstellung Big Bang, die die Entstehung des Universums simuliert und dann durch die gesamte Evolution führt.

Öffnungszeiten S. 173

101 Riverside Park und Riverside Drive

Der Park folgt dem Riverside Drive, sein Zentrum liegt zwischen der 72nd und der 125th Street. Im Norden geht er in den Fort Washington Park über.

In Analogie und Konkurrenz zum Central Park und zur Fifth Avenue.

Zu einer Zeit, als die ›high society‹ des 18. und frühen 19. Jh. sich bereits fest in der Fifth Avenue eingerichtet hatte, während das ›alte Geld‹ noch Downtown in rotbraunen, im Federal Style erbauten Ziegelhäusern residierte, zu dieser Zeit suchten die damals ›Neureichen‹, die Ende des 19. Jh. zu Geld gekommen waren, eine standesgemäße Bleibe und fanden sie auf der Upper West Side.

Dort hatte Frederick Law Olmsted 1873 mit der Anlage des **Parks** begonnen, der ebenso ›natürlich‹ gestaltet werden sollte wie der Central Park. Diese Grünanlage wertete die Gegend auf, machte sie vergleichbar mit der Fifth Avenue und vielleicht sogar noch ein bisschen besser als diese: Hatte man hier am Riverside Drive doch einen Park und darüber hinaus einen Fluss und den Blick auf die Wälder von New Jersey, die sich jenseits des Hudson erstrecken.

Die Lage also stimmte. Man brauchte nur noch eine architektonische Besonderheit, um sich von den anderen abzuheben. Am besten etwas Importiertes, grandios und doch den alten Werten verbunden, eine Kulisse eben, vor der man prächtige Equipagen und neue französische Mode vorführen konnte.

Die Antwort kam aus Paris: Es war der **Beaux Arts-Stil**, der dort in den 90er-Jahren durch die Ecole des Beaux Arts propagiert wurde: Hier fand man den überladenen Schmuck, die Pracht, die Möglichkeit, jedes bekannte klassische Motiv zu zitieren. »Das zentrale Symbol des amerikanischen Beaux Arts-Stils war zweifellos die Kartusche, ein schildförmiges, sanft gerundetes Steintableau, bereit, das Wappen von Familien aufzunehmen, die mit ziemlicher Sicherheit keines hatten«, so Richard Perk in der ›New York Times‹.

»Riverside Drive sollte die Fifth Avenue als Wohngegend übertreffen, mit dem reichlichen Fassadenschmuck im orientalischen, italienischen, ägyptischen, immer prächtigen Stil, den Achtzimmerfluchten, den Dienstbotenkammern, versteckten Lieferantenaufgängen, den feierlichen Foyers, den Angestellten in der Uniform, mit der reservierten Aussicht auf Natur«, schreibt Uwe Johnson in seinem Roman ›Jahrestage‹. »Eine Adresse am Riverside Drive«, so Johnson weiter, »bedeutete damals Vermögen und Kredit, Macht und fürstlichen Rang. Es war eine Straße für Weiße, Angelsachsen, Protestanten. Zu ihnen stießen nach dem Ersten Weltkrieg jene Juden, denen die ehemals exklusiven Quartiere Harlems nicht mehr standesgemäß schienen... In den 30er-Jahren kamen die Juden aus Deutschland... und nach dem Krieg kamen die Überlebenden der Konzentrationslager und Bürger des Staates Israel..., so dass am Riverside Drive und an der West End Avenue eine jüdische Kolonie versammelt war, nicht nur verbunden durch Familie und Religion, sondern auch durch die Erinnerung an das verlorene Europa.«

Riverside Drive ist eine sehr lange Straße, die man am besten mit dem Bus abfährt (No. 5). Von den alten Villen sind nicht mehr viele erhalten. Nehmen Sie die **Villa Julia** Ecke 89th Street als pars pro toto: Es ist eine der beiden einzigen erhaltenen frei stehenden Residenzen – an Riverside Drive standen zu Beginn des Jahrhunderts nur von Gärten umgebene Häuser. Die Villa Julia stammt aus dem Jahr 1901. Der Rechtsanwalt Isaac L. Rice ließ sie von den Architekten Herts & Tallant für seine Frau errichten.

›Wer liegt in Grant's Tomb?‹ lautet eine beliebte Scherzfrage in New York. Die Antwort ist klar: General Ulysses Simpson Grant, später 18. Präsident der Vereinigten Staaten

Entgegen Olmsteds Wunsch, der eigentlich kein Freund von allzu vielen Monumenten in seinen naturbelassenen Anlagen war, wurde der Riverside Park Standort dreier wichtiger Denkmäler: Bei der 89th Street steht das **Soldiers' and Sailors' Monument** (Stoughton & Stoughton, Paul E. M. Duboy, 1902), das nach einem Athener Vorbild modelliert wurde. Auf Höhe der 93rd Street kann man **Jeanne d'Arc** hoch zu Ross sehen (Bildhauerin Anna Vaughn Hyatt Huntington, Architekt: John V. Van Pelt, 1915) und bei der 122nd Street schließlich erhebt sich **Grant's Tomb**, offiziell ›General Grant National Memorial‹ geheißen, das an den General und späteren Präsidenten der USA (1868–76) erinnert,

der die Truppen der Union im Sezessionskrieg führte (John H. Duncan, 1897). Von außen einem römischen Mausoleum ähnlich, lässt das Innere des Monuments mit der offenen, mit weißem Marmor verkleideten *Krypta*, in der die Sarkophage des Generals und seiner Frau stehen, an den Invalidendom in Paris denken.

Es lohnt sich auch, einen Blick in die **Riverside Church** am Riverside Drive zwischen der 120th und der 122nd Street zu werfen. Sie wurde 1930 von Allen & Collens und Henry C. Pelton erbaut, die sich von der Kathedrale in Chartres inspirieren ließen. In dem knapp 120 m hohen Kirchturm ist ein *Glockenspiel* mit 74 Glocken verborgen: das größte der Welt! Man kann es besichtigen und sonn-

141

tags um drei Uhr nachmittags auch seinem Spiel lauschen. Von der zugigen *Aussichtsplattform* hat man einen fantastischen Blick auf Manhattan.

102 Cathedral of St. John the Divine

Amsterdam Avenue/112th Street

Architekten: Heins & La Farge u. a., Baubeginn 1892.

Die größte Kathedrale der Welt.

Bescheidenheit ist eine Zier, Unbescheidenheit eine Sünde. Das wusste sicher auch Bischof Henry Codman Potter. Des-

halb betonte er ausdrücklich, dass er zwar hoch hinaus wolle, seine Kirche aber nicht größer werde als der Petersdom in Rom. Der Form war damit Genüge getan. Den **Superlativ**, die »größte Kathedrale der Welt« erbaut zu haben, hätte der Bischof trotzdem für sich verbuchen können, denn der Petersdom ist keine Kathedrale.

Potter starb 1908 und in dem Glauben, dass sein 1892 begonnenes Werk bald vollendet sein und er damit in die Geschichte der Kathedralenbauer eingehen werde. Falsch. Die Kirche ist bis heute noch nicht fertig. Generationen von Architekten hat sie kommen und gehen sehen: Die ersten, die noch Potter beauftragte, waren Heins & La Farge; sie bauten bis 1911. Apsis, Chor und Vierung tragen ihre *romanisch-byzantinisch* inspirierte Handschrift. Nach dem Tod der beiden übernahm Ralph Adams Cram die Leitung. Er favorisierte den *gotischen* Stil, den auch die anderen Mitarbeiter übernahmen. Als Cram 1942 starb, standen das Hauptschiff und die Westfront ohne Turm. Während des Zweiten Weltkriegs stagnierten die Arbeiten, erst 1979 wurden sie wieder aufgenommen. Unter der Leitung des britischen Steinmetzes James Bambridge sollen vorrangig die beiden Türme vollendet werden. Wie die Kirche einmal aussehen wird, wenn der Bau abgeschlossen ist und sie sich mit Fug und Recht die »größte Kathedrale der Welt« nennen darf, lässt sich an dem Modell erkennen, das im Ausstellungsraum steht. Die Maße sind beeindruckend: 185 m lang und 110 m breit!

Die Kathedrale kann aber noch mit weiteren Superlativen aufwarten: Das mittlere der fünf **Portale** an der Westfront mit Szenen aus dem Alten und Neuen Testament ist aus Bronze gegossen und wiegt etwa 6 t. Die **Rosette** darüber hat einen Durchmesser von 12 m und besteht aus 10000 Glasteilen. Im fünfschiffigen **Innenraum** können sich 10000 Gläubige versammeln; das Mittelschiff ist so breit wie die 112th Street, an der die Kirche liegt. Die acht Granitsäulen, die im Halbrund den *Chor* umschließen, wiegen je 130 t. Kunstwerke italienischer Schule des 15./16. Jh. sind im **Kirchenmuseum** zu besichtigen, und auch der ›*biblische Garten*‹, der nur mit Pflanzen angelegt ist, die in der Bibel erwähnt sind, lohnt einen Blick.

Öffnungszeiten S. 173

Lasset die Tiere zu mir kommen

St. John ist eine überaus **liberale Kirche***, die sich in den 80er- und 90er-Jahren durch ihre ökumenische Öffnung und ihre soziale Haltung einen Namen machte. Hier gibt es einen Altar für AIDS-Opfer, Künstler finden ein Forum, man wendet sich globalen und Umweltproblemen ebenso zu wie den Sorgen der Gemeindemitglieder.*

Einmal im Jahr finden sogar die vierbeinigen Geschöpfe Gottes Beachtung: Am ersten Sonntag im Oktober, wenn **Franz von Assisi** *seinen Ehrentag feiert, öffnet St. John den Tieren die Tore. Dann füllt sich das riesige Kirchenschiff mit Hunden, Katzen und Meerschweinchen, Kinder bringen ihre Mäuse oder Stofftiere mit, Bellen hallt durch den ehrwürdigen Raum. Nach einem fulminanten Gottesdienst, der fast einer mulitkulturellen Show gleicht, marschieren zum Abschluss die Großen ein: Elefant, Lama und Dromedar erhalten den göttlichen Segen. Das individuelle ›***Blessing of the animals***‹ findet anschließend im Hof statt: Priester und Priesterinnen streichen jedem Vierbeiner über den Kopf und geben ihm ein ganz persönliches ›God bless you‹ mit auf den Weg. Tierfreunde sollten sich dieses Ereignis nicht entgehen lassen – auch wenn Bello und Miezi zu Hause geblieben sind, man kann ihnen ja eine Kerze aufstecken ...*

Huldvoll scheint die Figur der Alma Mater vor der Bibliothek der Columbia University die Studierenden einzuladen, sich an diesem Born zusammengetragenen Wissens zu laben

103 Columbia University

Zwischen 114th und 120th Street,
Broadway und Amsterdam
Avenue

Architekten: McKim, Mead & White, 1897;
Erweiterungen von anderen.

Eine der ältesten, größten und wohlhabendsten Universitäten der Nation.

Amerikanische Universitäten sind Welten für sich, abgeschlossene Bereiche, in denen die Studenten leben, arbeiten, Sport treiben, zur Kirche gehen. Es gibt Theater und Kinos, Einkaufsmöglichkeiten und Cafeterias. Man kann, wenn man will, sein ganzes studentisches Leben auf dem Campus verbringen, ohne die Stadt, in der die Universität liegt, wahrzunehmen.

Als die Columbia University Ende des 19. Jh. in den Norden der Insel Manhattan zog, gab es dort noch keine städtische Umgebung, die die Studenten hätten wahrnehmen können. Die Universität hatte ein Gelände erworben, auf dem vorher eine Irrenanstalt gestanden hatte – Isolation war gewährleistet. Ob das im Sinn der Gründerväter war? Diese hatten ihr ›King's College‹ 1754 mitten ins Geschehen platziert, in die Nähe der Trinity Church. Das allerdings hatte Nachteile, die sich zeigten, als das Geschehen kriegerisch wurde: Während der Auseinandersetzungen zwischen den Briten und den Kolonisten musste King's College schließen. Als es 1784 wiedereröffnete, herrschte kein König mehr über Amerika, und so wurde aus King's College Columbia University.

Die Downtown-Grundstücke der Universität blieben jedoch in ihrem Besitz und sorgten nachhaltig für ein regelmäßiges Einkommen: Bis zum Jahr 1987 gehörte ihr zum Beispiel die Immobiliengesellschaft ›Rockefeller Center real estate‹.

Als Columbia sich oberhalb der 114th Street etablierte, gewann man den Architekten Charles F. McKim für den Entwurf der Anlage. Er entscheid sich für einen ›städtischen‹ Campus, das heißt für nahe beieinander liegende, identische **Lehrgebäude**, die sich um zentrale Einrichtungen, wie zum Beispiel die Bibliothek, gruppieren sollten.

McKim, Mead & White führten nur einige der Bauten selbst aus – die Lehrgebäude im italienischen *Renaissance-Stil* aus rotem Ziegel sowie die Low Library –, und auch ihr Gesamtkonzept wurde in der Folge nicht mehr beachtet, so dass ein recht uneinheitliches Nebeneinander entstand. Einige wichtige Gebäude sind:

Low Memorial Library, Main Campus; McKim, Mead & White, 1897.
Ursprünglich als Bibliothek konzipiert, sind in dem denkmalgeschützten Gebäude heute Verwaltungsbüros untergebracht. Die zentrale *Rotunda* dient offiziellen Anlässen. Die *Statue* vor der Bibliothek von Daniel Chester French zeigt die Alma Mater (1903).

Avery Hall, nordöstlich der Low Library; McKim, Mead & White, 1912.
Eines von neun einander ähnelnden Lehrgebäuden. Die Avery Library im Untergeschoss, 1977 von Kouzmanoff & Assocs. angefügt, gilt als die bestsortierte Architektur-Bücherei des Landes.

St. Paul's Chapel, Main Campus; Howells & Stokes, 1907.
Die klassizistische, ebenfalls unter Denkmalschutz stehende Kapelle ist der architektonisch gelungenste Wurf auf dem Campus. Ausgezeichnet ist ihre Akustik.

Sherman Fairfield Center for the Life Sciences, nordöstlich der Low Library; Mitchell/Giurgola Assocs., 1977.
Der moderne Bau wurde mit roten Ziegelsteinen verkleidet und passt sich auch in seinen Proportionen den umliegenden Gebäuden an – ein gelungener Versuch, Altes mit Neuem zu verbinden.

Butler Library, 114th Street zwischen Amsterdam Avenue und Broadway; James Gamble Rogers, 1934.

Die Hauptbibliothek der Universität mit einem Bücherbestand von 5700000 Bänden.

Interessant ist noch der **East Campus Complex** (118th St./Morningside Drive) von Gwathmey Siegel & Assocs., 1982, ein elegantes Wohn- und Verwaltungshochhaus aus Glas und Ziegeln in Grau und Rot.

Columbia University genießt einen guten Ruf. Besonders angesehen sind die Fakultäten für Medizin und Jura, die ›School of International Affairs‹, die ›School of Journalism‹ und das ›Barnard College‹, das in den 90er-Jahren des 19. Jh. im Sinne der Gleichberechtigung für Frauen eingerichtet wurde.

104 Harlem
Zwischen 110th Street und Harlem River, 5th Avenue, Morningside und St. Nicholas Avenues

Inbegriff des schwarzen Ghettos, aber auch der afroamerikanischen Kultur.

Wenn es noch irgendwelche Zweifel gab, so sind die seit Februar 2001 ausgeräumt. Seitdem weiß die Nation und die Welt: Harlem ist auf dem Weg nach oben, unaufhaltsam und gewissermaßen geadelt durch die Präsenz des einst mächtigsten Mannes der Welt: Ex-US-Präsident Bill Clinton hat diesen Stadtteil auserkoren, um dort an der 125th Street sein Büro einzurichten. Wie passt das zusammen? Clinton, der Weiße aus den Südstaaten, und Harlem, das schwarze Ghetto, Schauplatz blutiger Auseinandersetzungen in den 1960er-Jahren. Harlem, wo die Autos brannten und die Bürgerrechtler marschierten, Harlem, das immer noch zu den Vierteln New Yorks mit der höchsten Arbeitslosenrate und überdurchschnittlich schlechten Lebensbedingungen gehört.

Man muss hinzufügen, dass Harlem nicht die erste Wahl Bill Clintons war. Midtown wäre ihm lieber gewesen, doch dort in den Carnegie Towers hätte die jährliche Miete 800 000 Dollar betragen. Und das sorgte für einen ziemlichen Skandal, denn das Geld für die Büros ehemaliger Präsidenten kommt von der öffentlichen Hand. Also musste sich Clinton umorientieren und wandte den Blick nach Norden. Dort zahlt er nur ein Viertel der Miete, und eines Publicity Er-

Play it cool, play it hot – nach wie vor wird in vielen Lokalen Harlems bester Jazz gespielt

folges ist sich ›America's first black President‹, wie ihn die afroamerikanische Autorin Toni Morrison einmal nannte, auch sicher.

Dass Clinton überhaupt Harlem als Domizil in Betracht zog, wirft ein Licht auf die **Entwicklung** des Stadtteils in den letzten Jahren. Oder genauer gesagt die

Fahrradkurier in der 125th Street: Startklar und immer eine Nasenlänge voraus

Entwicklung des südlichen Teils. Dort stehen oft noch schöne alte Gebäude, die in den ersten Jahrzehnten des 20. Jh. für die Wohlhabenden gebaut worden waren. In diesen Gegenden wird renoviert, ehemals vernagelte Häuser erstrahlen in neu-

The Great Migration

Bis 1915 lebten mehr als zwei Drittel der schwarzen US-Bürgerinnen und -Bürger im Süden der USA und dort hauptsächlich in den Staaten Georgia, Mississippi, Alabama und South Carolina sowie in Louisiana, North Carolina, Texas und Virginia. Seit 1865 waren die Afro-Amerikaner zwar offiziell keine **Sklaven** *mehr, doch die Mehrzahl blieb ungebildet, unterdrückt und diskriminiert. Auch an ihren Arbeitsbedingungen änderte sich nicht viel: Noch 1910 besaßen nur 10 % der schwarzen Farmer das Land, das sie bearbeiteten. Der Rest wurde weiterhin ausgebeutet. Die weißen Landbesitzer hatten sich das sogenannte ›sharecropping‹ ausgedacht, bei dem die Arbeiter mit einem Teil der Ernte bezahlt wurden. Da die Weißen nach wie vor die Absatzmärkte kontrollierten, zudem falsch abrechneten und sehr oft Gutscheine ausgaben, die nur zum Einkauf in den Läden des Landbesitzers berechtigten, blieben die schwarzen Landarbeiter weiterhin in einem* **Abhängigkeitsverhältnis**, *das dem der Sklaverei sehr ähnlich war.*

Die Situation änderte sich erst mit dem Beginn des Ersten Weltkriegs: Die Industrie im Norden brauchte **Arbeitskräfte**, *Agenten zogen aus, um im Süden Schwarze anzuheuern. Die Landarbeiter wurden mobil – um 1915 begann ›the Great Migration‹, die große Wanderung vom Süden nach dem Norden. Mehr als eine Million Schwarze begaben sich in den Jahren bis 1940 auf Wanderschaft. Ihre Ziele waren die Städte im Norden, wo in der Folge der ›Great Migration‹* **schwarze Ghettos** *entstanden waren. Dieses neue Umfeld gab den Afroamerikanern die Möglichkeit, eine eigene* **urbane Kultur** *zu entwickeln, deren landesweites Zentrum Harlem wurde.*

em Glanz, Grundstücke, die jahrzehntelang als Mülldeponien dienten, werden bebaut.

Zentrum der geschäftlichen Aktivitäten ist die 125th Street. Seit sich der Disney-Konzern 1996 entschloss, hier eines seiner Ladengeschäfte zu errichten, zogen die anderen Ketten nach. Ein opulentes Einkaufszentrum entstand, ständig eröffnen neue Restaurants, alte Kultstätten, wie die *Lenox Lounge*, in der bereits um 1930 die mittlerweil

e schon legendäre Billie Holiday den Blues sang, werden renoviert und ziehen neues Publikum an. Kein Zweifel, Harlem steigt wie der Phoenix aus der Asche, und die Verantwortlichen hoffen nun, dass Clinton, wie einst Disney, als Trendsetter wirkt und in Zukunft weitere Unternehmen hier ihre Büros eröffnen.

Die Gründe für die Wiederbelebung des ehemaligen Ghettos sind vielfältig. Zum einen sank durch Bürgermeister Rudolph Giulianis (zwar umstrittene, aber offensichtlich wirksame) Law-and-Order-Politik die Kriminalitätsrate in den 90er-Jahre in der ganzen Stadt drastisch. Zum anderen ist Harlem die letzte Bastion in Manhattan, die noch nicht veredelt und daher noch bezahlbar ist. Die steigenden Mieten im südlichen Manhattan tun ein übriges, und treiben immer mehr Wohnungssuchende, unter ihnen auch Weiße, gen Norden.

Hinzu kommt, dass hier wunderschöne alte Bausubstanz erhalten blieb. Harlem wurde Ende des 19., Anfang des 20. Jh. als Wohnviertel interessant, nachdem die Hochbahnen die Anbindung nach Downtown verbessert hatten. Es waren vor allem Deutsche, die sich hier niederließen und sich nett einrichteten. Sie besaßen ihr eigenes Opernhaus, eine Music Hall, Biergärten, einen Poloplatz, lebten in soliden Backsteinbauten und biedermeierlicher Beschaulichkeit.

Als nun 1904 auch noch die U-Bahn nach Norden geführt wurde, gewann das Viertel weiter an Attraktivität. Zigtausende von Juden sahen ihre Chance und verließen die Lower East Side. Harlem und das angrenzende East Harlem beherbergten in den Jahren nach 1910 mit 170 000 Menschen die zweitgrößte jüdische Gemeinde der Stadt.

Die U-Bahn-Anbindung löste einen ungeheuren Bauboom aus. Immobilienhaie witterten das große Geschäft, stampften Apartment- und Reihenhäuser aus dem Boden, die für die wohlhabende

Mittelschicht ausgestattet und eingerichtet waren. Nur, die Mittelschichtler kamen nicht in so großer Zahl, wie es die Spekulanten gehofft hatten. Ganz offensichtlich hatte man sich verspekuliert.

Nun trat Philip A. Payton Jr. auf den Plan, ein Schwarzer, der 1904 die Afro-American Realty Company gegründet hatte. Er übernahm die Verwaltung der leer stehenden Häuser und vermietete sie – teils zu horrenden Preisen – an andere Schwarze, für die dies wiederum die einzige Chance war, den Slums von Midtown zu entfliehen.

Mit dem Einsetzen der Great Migration nahm die Zahl der Afroamerikaner in Harlem sprunghaft zu. Zwar wanderten die Weißen in Scharen ab, doch trotzdem stieg 1920–30 die Bevölkerung von 120 000 auf 200 000 an – Harlem wurde schwarz. In diese Zeit fiel auch die glanzvollste Epoche des Viertels, die man rückblickend **Harlem Renaissance** nennt. Hier, im urbanen Umfeld, konnte sich eine eigene schwarze Kultur entwickeln, afroamerikanische Künstler und Intellektuelle aus dem ganzen Land strömten in den Norden Manhattans. Harlem wurde zum Amüsierviertel, die Restaurants und Clubs, wie der Savoy Ballroom oder Minton's Playhouse, zogen auch die weiße Boheme an, zwischen Greenwich Village und Harlem fand ein reger und fruchtbarer Austausch statt.

Mit der Depression, die Amerika in den 30er-Jahren beutelte, begann der Niedergang. Die Gebäude verfielen, wer konnte, verließ das Viertel. Harlem verslumte, es wurde zum größten schwarzen Ghetto Amerikas, zum Symbol für Unterdrückung, Wut und Sprachlosigkeit. Aufstände und Gewalttätigkeiten waren an der Tagesordnung und wirkten nicht selten als Initialzündung für Revolten in anderen Ghettos des Landes. Eine der schlimmsten Unruhen fand zur Zeit der Bürgerrechtsbewegung in den 60er-Jahren statt: Nachdem ein weißer Polizist im Juli 1964 einen schwarzen Teenager erschossen hatte, brannte Harlem, tagelang tobten die Schlachten zwischen Polizei und Bürgern.

Zwischen diesen Bildern und denen eines Bill Clinton, der winkend und umjubelt durch die Straßen zieht, liegen Welten. Nach Jahrzehnten sozialer Probleme zeichnete sich in den 80er-Jahren ein **Aufschwung** ab. Als die Stadt beschloss, Gebäude zu versteigern, die ihr

Seit seiner Eröffnung 1914 traten im Apollo Theater die Größten der schwarzen Musik auf – heute darf die traditionsreiche Bühne zumindest von außen bei keiner Sightseeingtour durch Harlem fehlen

zugefallen waren, nachdem die Hausbesitzer sie aufgegeben hatten, wurden die alteingessenen Harlemer hellhörig. Es galt zu verhindern, dass ihr Viertel so schick wurde wie SoHo oder das East Village. Aus diesen Gegenden mussten die ursprünglichen Bewohner schließlich wegziehen, weil sie die Mieten nicht mehr bezahlen konnten. Das Ziel, Harlem zu erhalten, verfolgt die Bürgerinitiative **Abyssinian Development Corporation**, die mit der berühmten Abyssinian Baptist Church zusammenarbeitet. Die Gruppe hat Hunderte von Häusern aufgekauft und restauriert. Sie will erreichen, dass Harlem nicht Yuppie-Land der Weißen wird, sondern sich wieder zu einem Viertel entwickelt, in dem die schwarze Kultur ihren Platz findet. Es ist viel die Rede von einer zweiten Harlem Renaissance und man kann nur hoffen, dass die nicht nur aus Einkaufszentren und Disney Stores bestehen wird.

Abyssinian Baptist Church, 132 West 138th Street zwischen Lenox Avenue und 7th Avenue; Architekt Charles W. Bolton, 1923

Die Kirche verdankt ihre Berühmtheit vor allem dem Prediger und Politiker Adam Clayton Powell Jr. Sie ist noch heute ein in sozialen Bereichen aktives Zentrum und Pilgerziel für diejenigen, die am Sonntag den Gospel-Gottesdienst erleben wollen.

New York Public Library – Schomburg Center, 515 Malcolm X Boulevard zwischen 135th und 136th St.; Architekten: Bond Ryder Assocs., 1978.

Die weltweit wichtigste Institution, die sich mit der Geschichte und Kultur der Schwarzen befasst. Den Grundstock bildete die private Bibliothek von Arthur Alfonso Schomburg, die die *New York Public Library* 1926 erwarb.

Öffnungszeiten S. 174

Apollo Theater, 253 West 125th Street zwischen 7th und 8th Avenue; Architekt: Georg Keister, 1914.

Ella Fitzgerald, Bessie Smith, Billie Holiday, Duke Ellington, Charlie Parker ... große Namen stehen in Verbindung mit dem Apollo Theater. 1934 wurde hier die *Amateur Night* eingeführt, bis heute eine feste Institution. Dabei kann jeder, der glaubt Talent zu haben, auf die Bühne treten und sich dem Urteil des Publikums aussetzen.

Studio Museum in Harlem, 144 West 125th Street zwischen Lenox und 7th Avenue.

Alle sprechen von einer zweiten Harlem Renaissance, und das Studio Museum setzt Zeichen, die wirklich auf eine kulturelle Wiederbelebung hindeuten: Im Jahr 2000 übernahm Lowery Stokes Sims, die ehemalige Kuratorin für Moderne Kunst am Metropolitan Museum, hier die Leitung, die neben afrikanischer Kunst

Wer in Harlem auf sich hält, geht am Sonntag im besten Gewand zum Gottesdienst

Kreuzgang in den Cloisters – ein Stückchen Mittelalter im Norden Manhattans

auch Gegenwartskunst zum Thema der Ausstellungen macht.

Öffnungszeiten S. 175

Striver's Row, 138th Street, zwischen 7th und 8th Avenue, Architekten u.a. McKim, Mead & White, Bruce Prince and Clarence S. Luce, James Brown Lord, nach 1891

Nördlich der 135th Street blieben wunderschöne Straßenzüge mit alter Bausubstanz erhalten, z. B. entlang der Striver's Row. Dort wohnten die reichen und erfolgreichen Schwarzen, die nach dem Ersten Weltkrieg nach Harlem zogen – Striver heißt soviel wie Streber.

🔺 TOP TIPP 105 The Cloisters – Metropolitan Museum of Art

Fort Tryon Park

Mittelalterliche Kunst in der Neuen Welt.

Ein mehrere hundert Jahre altes **französisches Kloster** – wer hätte das in Manhattan vermutet? Eine Kapelle, die tatsächlich gotisch ist, ohne den Zusatz ›neo‹ oder ›gothic revival‹ ... In den Cloisters ist (beinahe) alles **original mittelalterlich**: Die Kreuzgänge von fünf französischen Klöstern wurden verbaut, eine romanische und etliche gotische Kapellen. Gewölbe, Fenster, Brunnen, Arkaden – die ganze mittelalterliche Baugeschichte vom 12. bis zum 15. Jh. ist hier am Ufer des Hudson präsent! Das Mittelalter kam per Schiff nach Manhattan, John D. Rockefeller Jr., war die treibende und zahlende Kraft. Er verpflanzte eine ganze Epoche von Kontinent zu Kontinent und vermachte die Sammlung dann dem Metropolitan Museum of Art.

Hauptsächlich sind es französische, spanische und flämische Kunstwerke: Glasfenster, Handschriften, Goldschmiedearbeiten, Tapisserien, Skulpturen, Bilder ..., die zwischen 1934 und 1938 hier Einzug hielten und von den Amerikanern respektvoll arrangiert wurden.

Der **Bus Nummer 4** fährt von der Madison Avenue ab nach Norden. Etwa eine Stunde dauert die interessante Fahrt durch unterschiedliche Viertel.

Öffnungszeiten S. 173

New York ist mehr als Manhattan. New York besteht aus **Manhattan**, **Brooklyn**, der **Bronx**, **Queens** und **Staten Island**. Diese ›Boroughs‹ (Stadtteile) nehmen den Großteil der Fläche der Stadt ein, in ihnen leben etwa 80 % aller New Yorker. Politisch und verwaltungstechnisch sind alle Boroughs gleichberechtigt. Dennoch: Wer New York sagt, meint Manhattan. Und wer nach New York fährt, ist meist froh, wenn er bei seinem Besuch auch nur einen Teil der zahllosen Sehenswürdigkeiten der Hauptinsel ›schafft‹. Auf die Idee, sich auch noch in **Brooklyn** oder gar **Queens** umzusehen, kommen die wenigsten, obwohl gerade Brooklyn mit mit seinem *Botanic Garden* oder dem hochkarätig bestückten *Brooklyn Museum* viel zu bieten hätte. An dieser Stelle muss ein Überblick über die Boroughs und ihre wichtigsten Attraktionen genügen.

106 Brooklyn

Der angenehme Stadtteil südlich von Manhattan bietet bunte Wohnviertel, einen ausgedehnten Botanischen Garten und ein Museum von Weltrang.

Brooklyn und Manhattan – die Geschichte dieser beiden böte genug Stoff für ein Bruderdrama klassischen Zuschnitts. Der Erstgeborene hieß Nieuw Amsterdam, der zweite, ebenso wie sein Bruder ein Kind holländischer Eltern, trat 1636 als *Breukelen* ins Leben. Lange Jahre wuchsen die beiden voneinander getrennt auf – der eine auf der Insel Manhattan, der andere auf **Long Island**. Sie änderten ihre Namen gleichzeitig – New York, der eine, Brooklyn, der andere –, expandierten und prosperierten. Bald hatte jeder seine Hafenanlagen und Werften, einen von Frederick Law Olmsted angelegten Park, Colleges, eine Musikakademie, eine Prachtstraße und einen Triumphbogen sowie Museen. Jedoch war New Yorks Prachtstraße prächtiger, seine Museen waren zahlreicher, seine Colleges berühmter ausgeprägt, dass es den jüngeren Bruder einfach an die Wand spielte. Und so sprach bald jedermann in der

◁ **Oben:** *Bürgerliche Atmosphäre in den platanenbestandenen Vorortstraßen von Brooklyn*

Unten: *Queens gilt als ruhige ›Schlafstadt‹, die hiesigen Graffitis bergen keine politische Brisanz*

Welt von New York – den Namen Brooklyn erwähnte keiner mehr. Und das, obwohl Brooklyn bei seiner **Eingemeindung** 1898 die viertgrößte Stadt der USA war.

Nun wäre die Geschichte Brooklyns nicht so tragisch, wenn es, wie die anderen Boroughs, nur ein farbloser Trabant wäre, der das leuchtende Manhattan umkreist und von dessen Glanz profitiert. Aber Brooklyn hat selbst viel zu bieten. Läge es irgendwo im Mittleren Westen der USA, wäre es sicher eine gefeierte und in Reiseführern besungene Stadt: ›Großartige ägyptische Sammlung: Brooklyn Museum‹ oder ›Kleinstädtisches Juwel aus dem 19. Jh.: Brooklyn Heights‹ könnten die Schlagzeilen lauten. So aber liegt die Messlatte zu hoch. Autoren, die all die Superlative und Extravaganzen Manhattans besungen haben, fehlt einfach die Stimme, wenn sie nach Brooklyn kommen. Sie können allenfalls noch emphatisch werden, wenn es gilt, den Blick von der Promenade zu beschreiben – den Blick auf Manhattan.

Mit 210 km² ist Brooklyn der zweitgrößte Borough, hier leben 2,5 Mio. Menschen, mehr als in jedem anderen Stadtteil New Yorks. Sie kommen aus aller Welt und leben gleichsam in Dörfern nebeneinander, streng nach Herkunft und Rasse getrennt und nicht immer konfliktfrei. Neben hispanischen und afroamerikanischen Gemeinden gibt es verschie-

151

dene Gruppen streng orthodoxer Juden, die ihren eigenen Gesetzen folgen. Entlang der Atlantic Avenue liegt *Little Arabia*, im benachbarten *Little Odessa* haben sich die Immigranten aus der ehemaligen Sowjetunion eine neue Heimat geschaffen. *Williamsburg*, das Viertel, das man über die gleichnamige Brücke von Manhattan aus erreicht, etablierte sich in den letzten Jahren als Ausweichquartier für Künstler, die hier billigeren Wohnraum finden. Teuer und seit jeher von Künstlern und Intellektuellen favorisiert, ist *Brooklyn Heights*, das jenseits der Brooklyn Bridge gelegene Viertel.

Brooklyns wichtigste Sehenswürdigkeiten sind:

TOP TIPP **Brooklyn Heights**

Zwischen der Brooklyn Bridge und Atlantik Avenue im Süden, dem Fluss und Fulton Street gelegenes Viertel. Die meisten der hübschen Häuser stammen aus dem 19. Jh. – Brooklyn Heights wurde zum begehrten **Wohnviertel**, nachdem die Fährverbindung zwischen Süd-Manhattan und Brooklyn eingerichtet worden war. Kleine Geschäfte, nette Restaurants, baumbestandene Straßen und Häuser aller Stilrichtungen prägen das Bild. Von der Promenade, die oberhalb der Schnellstraße parallel zum East River verläuft, hat man einen herrlichen Blick auf Manhattan.

Das Brooklyn Museum ist berühmt für seine fantastische ägyptische Sammlung

Prospect Park mit Brooklyn Museum und Brooklyn Botanic Garden

Über *Grand Army Plaza*, einem monumentalen ovalen Platz mit einem Triumphbogen (Architekt John H. Duncan, 1892), und durch ein prächtiges Eingangsportal (1894), betritt man **Prospect Park**. Platz und Park wurden in den 60er-Jahren des 19. Jh. von Frederick Law Olmsted und Calvert Vaux entworfen und angelegt. Das **Brooklyn Museum** (McKim, Mead & White, 1897–1924, spätere Erweiterungen und Umbauten), das auf der Ostseite des Parks an der Washington Avenue steht, beherbergt unter anderem eine der bedeutendsten ägyptischen Sammlungen der Welt.

Südlich des Museums liegt der **Brooklyn Botanic Garden**, in dem unter anderem ein japanischer Garten und ein tropisches Gewächshaus zu besichtigen sind.

Öffnungszeiten S. 173, 175

Von der Brooklyn Bridge aus genießt man einen überwältigenden Blick auf Manhattan

Idylle in der Megalopolis: Japanischer Garten im Brooklyn Botanic Garden

Brooklyns monumentale Grand Army Plaza bietet sich als Mittelpunkt einer selbstständigen Großstadt an

Coney Island

Coney Island liegt im Süden Brooklyns an der *Atlantikküste*. Es wurde in den 80er-Jahren des 19. Jh. ein Vergnügungspark eingerichtet, dem bis in die 50er-Jahre des 20. Jh. hinein eine ähnliche Be-

deutung zukam, wie sie Disneyland heute genießt: Coney Island galt als größter, faszinierendster und aufregendster **Vergnügungspark** der Welt. Familien kamen von weit her, um ihren Kindern die Attraktionen zu zeigen: das Riesenrad, den Fallschirmsprungturm, die Achter- und Geisterbahnen. Man flanierte auf dem hölzernen ›Boardwalk‹, am Strand lagerten an heißen Sommersonntagen bis zu 100 000 Menschen. Von der ehemaligen Pracht blieb nur mehr die alte hölzerne Achterbahn.

Coney Island wird gerade renoviert, hier sollen **Sportstätten** entstehen. Vom morbiden Charme der ehemaligen Vergnügungsstätte wird wohl nichts mehr erhalten bleiben.

107 Queens

Tennischampions und Einwanderer lieben das vielfältige Viertel gleichermaßen.

Wie Brooklyn liegt auch Queens auf **Long Island**, einer 193 km langen Atlantikinsel, die sich parallel zum Festland erstreckt. In Queens schließen fast alle Reisenden zum ersten Mal Bekanntschaft mit New York: Hier liegt der internationale **John F. Kennedy Flughafen**. Dieses erste Kennenlernen ist recht ernüchternd: Man erwartet die grandiose Skyline von Manhattan, wie man sie aus unzähligen Filmen und von Bildern kennt, und sieht Schnellstraßen und langweilige Häuschen mit kleinen Vorgärten. Die Fahrt führt über vielspurige Straßen, sie führt durch Tausende von Schlag-

In den Straßen von Brooklyn trifft man sowohl orthodoxe Juden ...

... als auch russische Immigranten, die alle in New York nach ihrer Fasson leben können

Auf dem Centre Court von Flushing Meadows werden im September die Finalspiele der US Open ausgetragen – für Tennisfans selbst auf den hinteren Rängen ein Erlebnis

löchern und einen gesichtslosen Vorort – mit Recht nennen die New Yorker Queens ihr Schlafzimmer.

Queens ist 311 km² groß und das ethnisch gemischteste Viertel der Stadt. 1990–2000 nahm die Bevölkerung um 11% zu und liegt heute bei 2,2 Mio. Wobei der Census des Jahres 2000 nur die legal Zugewanderten umfasst und nicht die vielen, die mit dem Touristenvisum einreisten und einfach blieben. Deren Zentrum ist **Roosevelt Avenue**. Hier, zwischen der 60th Street und Flushing sollen Angehörige von 126 Nationen leben. Die U-Bahn-Linie Nummer 7, die auf Streben über der Straße rattert, heißt ›International Express‹, mit ihr kann man vom Times Square aus eine Weltreise unternehmen. Wer in Jackson Heights aussteigt und zu Fuß weitergeht, kann durch Kolumbien, Peru, Bangladesch, Mexiko, Indien, Kroatien, Korea, Ecuador bis nach Taiwan spazieren und hautnah erleben, was es bedeutet, wenn man vom Vielvölkergemisch in New York spricht.

Queens internationale Bedeutung beschränkte sich bislang auf die Tenniswelt – Anfang September finden in **Flushing Meadows** die *US Open Championship* statt. Inzwischen beginnt sich aber auch die Kunstszene für das Borough zu interessieren. In **Long Island City**, einem Manhattan zugewandten Stadtteil, macht

das **P. S. 1 Contemporary Art Center** von sich reden. In dem ehemaligen Schulgebäude finden interessante Ausstellungen statt, und während der Renovierungsphase weicht das Museum of Modern Art nach Long Island City aus, wo es in der *Swingline Stapler Factory* residiert [s. S. 104]. Mit diesem Aufschwung rückt auch das **Isamu Noguchi Garden Museum** am Vernon Boulevard in den Blickpunkt der Kunstinteressierten. Es zeigt Werke des amerikanisch-japanischen Bildhauers Isamu Noguchi, dessen Arbeiten auch in Manhattan präsent sind. Von ihm sind zum Beispiel die ›News‹ im Rockefeller Center und der ›Red Cube‹, der vor der Marine Midland Bank am 140 Broadway steht.

Öffnungszeiten S. 174

108 The Bronx

Die Bronx ist bedeutend besser als ihr Ruf, und zunehmend lassen sich wieder Neuankömmlinge in dem wandlungsfähigen Viertel nieder.

Jahrzehntelang war die Bronx Synonym für ausgebrannte Fassaden, Kriminalität und all jene **Schrecken**, die man im schlimmsten Fall mit dem urbanen Leben in Verbindung bringt. Zwischen den

60er- und den späten 80er-Jahren sahen weite Teile der Bronx tatsächlich wie nach einem Bombenangriff aus. Doch schon damals entsprach dieses Bild keineswegs der ganzen Wahrheit. In der 109 km² großen Bronx gibt es z. B. mehr Grünflächen als im übrigen New York. Außerdem gehören zu dem verrufenen Stadtteil Straßenzüge mit hübschen viktorianischen Häuschen und Villenviertel wie **Riverdale** am Ufer des Hudson.

Berühmt-berüchtigt ist allein die **South Bronx**. Doch selbst sie war bis in die 50er-Jahre des 20. Jh. hinein ein sehr gutes bürgerliches Wohnviertel, in dem sich vor allem die jüdische Mittel- und Oberschicht wohl fühlte. Ein Umschwung kam mit einsetzender Stadtflucht und der zeitgleichen Errichtung von Mietskasernen des sozialen Wohnungsbaus. In den folgenden Jahren verfielen die Häuser und für die Hausbesitzer erwies es sich als rentabler, von der **Feuerversicherung** zu kassieren als die Miete einzutreiben. Auch die Mieter profitierten vom Zündeln: Wer abgebrannt war, bekam Geld von der Stadt für neue Möbel und hatte zugleich größere Chancen auf eine Sozialwohnung. Und so brannte die Bronx. In den 60er- und 70er-Jahren lagen ganze Straßenzüge in Schutt und Asche. Wer noch in der South Bronx hauste, gehörte zu den Ärmsten der Armen oder zu den Kriminellen.

Eine Änderung trat erst Ende der 80er-Jahre ein, als ein neuer Bezirksbürgermeister mit der korrupten Politik seines Vorgängers Schluss machte. Sein Konzept zur aktiven **Stadtplanung** lautete, Wohnraum zu schaffen, den sich die untere Mittelschicht leisten kann. Auf diese Weise sollten wieder Neighborhoods aufgebaut werden, in denen die Leute stolz auf ihr Zuhause sind und von sich aus gegen Vandalismus vorgehen. Der Plan scheint zu funktionieren. In den letzten Jahren entstanden Tausende von neuen Wohnungen, und die Zahlen der Volkszählung aus dem Jahr 2000 beweisen, dass die Bronx wieder an Beliebtheit gewinnt: Immerhin sind 7% Bevölkerungszuwachs zu verzeichnen. Insgesamt leben heute 1,3 Mio. Menschen in diesem Borough. Eine Attraktion, die auch Touristen interessiert, ist der **Bronx Zoo** am Bronx River Parkway, der größte städtische Zoo der Welt.

Öffnungszeiten S. 175

109 Staten Island

New Yorks grüne, in weiten Teilen noch ländliche Seite im Süden von Manhattan.

›Small Town America‹ mitten in New York – man möchte es nicht glauben. Die kleinen Häuser und Kirchen mit spitzen Türmen, das viele Grün – auch das ist New York. Es ist die ländliche Seite der Megapolis und für die meisten Touristen nur deshalb interessant, weil man umsonst mit der Staten Island Ferry übersetzten und – wie könnte es anders sein – den Blick auf die Skyline von Manhattan genießen kann.

Die Wandmalereien in der Bronx zeigen Miss Liberty mit zerbrochenem Strahlendiadem – obwohl es mit dem lange Zeit verrufenen Stadtteil mittlerweile wieder bergauf geht

Öffentlicher Nahverkehr mit berühmter Aussicht: Eine Fahrt mit der Staten Island-Fähre beinhaltet den Panoramablick auf die Skyline von Manhattan – und kostet keinen Cent

Staten Island ist fast dreimal so groß wie Manhattan. Es ist der am dünnsten besiedelte Borough und derjenige, der in den letzten Jahrzehnten am schnellsten gewachsen ist. Um 15 % hat sich die Bevölkerung 1990–2000 vermehrt, 444 000 Menschen leben auf der 115 km² großen Insel. Von qualvoller Enge kann man angesichts dieser Zahlen nicht sprechen, aber die alteingesessenen Staten Islander sind trotzdem nicht glücklich über den Zuzug. Schon in den 50er-Jahren des 20. Jh. hatten sie sich heftig gegen den Bau der **Verrazano Narrows Bridge** gewehrt, denn sie befürchteten, was dann auch eintrat, nachdem die Verbindung nach Brooklyn 1964 fertiggestellt worden war: Die ›schöne heile Welt‹ von Staten Island, in der alles noch so weiß und ordentlich war, geriet durch den Zuzug von Schwarzen und Hispaniern ins Wanken, denen in den 90er-Jahren eine große Zahl Asiaten folgten. Die ›Überfremdung‹ ist eines, aber beileibe nicht das einzige Thema, das die Insulaner auf die Palme treibt und ihren Groll gegen das übrige New York schürt. Vor allem stinkt es ihnen, dass sie als Müllhalde der Megapolis fungieren müssen. Auf Staten Island liegt **Fresh Kills**, mit 850 ha die größte Mülldeponie der Erde, auf die täglich 12 000 t Abfall landen. Ende 2001 soll Fresh Kills geschlossen werden, doch die Umweltprobleme bleiben, selbst wenn auf dem Giftberg wie geplant eine Parklandschaft entstehen sollte.

Wenn man sich diese Tatsachen vor Augen führt, verwundert es nicht, dass die Staten Islander ein äußerst gespanntes Verhältnis zu der Stadt haben, der sie sich 1898 aus freien Stücken anschlossen. Bereits zwei Jahre nach diesem Schritt bildete sich eine **Separation League**. Sie ist bis heute aktiv und will Staten Island gern als unabhängige Stadt sehen. 65 % der Wahlberechtigten unterstützten dieses Begehren bei einer Umfrage 1993. Bislang scheiterten die Separatisten aber an juristischen Hürden.

An Sehenswürdigkeiten hat Staten Island wenig zu bieten. Wer aber genug von urbaner Kultur hat und auf seiner Reise nicht mehr die Gelegenheit haben wird, ländliche Gebiete an der Nordostküste kennenzulernen, mag sich für den Besuch des Museumsdorfes **Historic Richmond Town** interessieren, das an der 441 Clark Avenue angelegt wurde. Hier wird anhand von im 17.–19. Jh. entstandenen Gebäuden ein Bild des Lebens in Richmond – so hieß Staten Island ursprünglich – gezeichnet.

Öffnungszeiten S. 174

New York aktuell A bis Z

Vor Reiseantritt

ADAC Info-Service:
Tel. 0 18 05/10 11 12,
Fax 30 29 28 (24 Pf./Min.)

ADAC im Internet:
www.adac.de

New York im Internet:
www.newyork.citysearch.com

**New York Fremdenverkehrsbüro
c/o Mangum Management**, Herzog-
spitalstraße 5, 80331 München,
Tel. 0 89/23 66 21 49, Fax 2 60 40 09.
Diese Agentur bietet Informationen
und Broschüren zu New York City.

NYCVB im Internet:
www.nycvisit.com

Allgemeine Informationen

Reisedokumente

Deutsche, Österreicher und Schweizer
brauchen zur Einreise einen gültigen
Reisepass bzw. **Kinderausweis** (ab 10
Jahren mit Lichtbild). Verlangt wird zudem ein Rückflugticket. Über die Auf-
enthaltsdauer entscheidet der *Immigration Officer* am Flughafen. Ein **Visum** ist
nur vonnöten, wenn man länger als 90
Tage im Land bleiben möchte.

Kfz-Papiere

Bis zu einem Jahr Aufenthalt genügt der
nationale Führerschein. Um ein Auto zu
mieten, muss man mindestens 21 Jahre
alt sein und unbedingt eine auf den Fahrer zugelassene Kreditkarte vorlegen.

Zollbestimmungen

Zollfrei eingeführt werden dürfen neben
Gegenständen des persönlichen Ge-
brauchs 200 Zigaretten oder 50 Zigarren
oder 2 kg Tabak, 1 l alkoholische Getränke (nur von Personen über 21 Jahren) sowie Geschenke im Wert von 100 $. Ver-
boten ist die Einfuhr von Pflanzen und
Lebensmitteln tierischer Herkunft.

Geld

Dass man in Amerika mit Dollar ($)
zahlt, ist nichts Neues. Wissen Sie aber
auch, was ein Nickel, ein Dime oder ein
Quarter ist? So nennt man in der Um-
gangssprache die Münzen: 5, 10 und
25 Cents.
Was die Reisekasse betrifft, so empfiehlt
es sich, sie aus Sicherheitsgründen mit
möglichst wenig Bargeld zu füllen. Nehmen Sie **Dollar-Reiseschecks** in kleiner
Stückelung (10, 20, 50 $) mit – Sie kön-
nen nahezu überall damit zahlen. Besorgen Sie sich auch unbedingt eine **Kreditkarte**, z. B. die ADAC VISA Karte, sie
wird überall akzeptiert. Besonders bei
Mietwagen oder Hotelreservierungen im
Voraus ist die Karte der Schlüssel zum
Erfolg: ohne Angabe der Nummer und
der Gültigkeitsdauer geht es oft gar nicht.
Eurocheques und EC-Karte sind in den
USA unbekannt.

Gesundheit

Der Abschluss einer **Reisekrankenver-
sicherung** ist empfehlenswert. Unsere
gesetzlichen Krankenkassen kommen für
eine Behandlung in den USA nicht auf.
Wenn Sie regelmäßig **Medikamente** einnehmen, bringen Sie einen ausreichen-
den Vorrat mit und achten Sie auf die
Zeitverschiebung. In den USA sind viele unserer Medikamente rezeptpflichtig.

Tourismusämter in New York

**New York Convention & Visitors
Bureau**, 810 7th Avenue (zw. 52nd und
53rd St.), Tel. 4 84-12 00, Fax 2 45-
59 43, Mo–Fr 9–18, Sa/So 10–15 Uhr

Visitor Information Center, 2 World
Trade Center, Tel. 4 35-27 83.
April– Sept. tgl. 9–17 Uhr, sonst
Mo– Sa 9–18 Uhr

◁ *Riesig, vielfältig, unerschöpflich – Macy's,
›der Welt größtes Kaufhaus‹, spiegelt mit
seinem Anspruch ganz New York wider*

Notrufnummern und Adressen

Polizei, Feuerwehr, Ambulanz: 911

Ärztliche Nothilfe: 511

Die Adressen **deutschsprachiger Ärzte** erhalten Sie über die diplomatischen Vertretungen [s. u.].

ADAC-Notrufzentrale in Orlando/Florida: Tel. 1-888-222-1373. Deutschsprachige Experten.

ADAC-Notrufzentrale München rund um die Uhr: Tel. 01149-89-222222

ADAC-Ambulanzdienst München rund um die Uhr: Tel. 01149-89-767676

Pannenhilfe leisten die Vertragswerkstätten der AAA oder AATA. Pannenhilfe kann über die kostenlose ›Super Number‹ Tel. 1-800-AAA-HELP (d. h. 1-800-222-4357) gerufen werden. ADAC-Mitgliedsausweis nicht vergessen.

ADAC-Partnerclub
AAA, 1881 Broadway/W.62nd St.
NY 10023, Tel. 586-1166.
Mo – Fr 8.45 – 17.30, Sa 9 – 17 Uhr

Diplomatische Vertretungen

Deutsches Generalkonsulat, 871 United Nations Plaza, Tel. 212/610-9700

Österreichisches Generalkonsulat, 31 E. 69th St., Tel. 212/737-6400

Schweizerisches Generalkonsulat, 633 3rd Ave., Tel. 212/599-5700

Elektrizität

Die Netzspannung in Amerika beträgt 110/120 Volt Wechselstrom/60 Hertz. Man benötigt also einen Zwischenstecker und einen Transformator.

Besondere Verkehrsbestimmungen

Die **Höchstgeschwindigkeit** beträgt innerorts 25–30 mph (40–48 km/h), in der Umgebung von Schulen 15 mph (24 km/h). Man darf nach vollständigem Ampelstopp bei Rot vorsichtig nach rechts abzubiegen. An haltenden Schulbussen mit ein- oder aussteigenden Kindern darf auch in der Gegenrichtung nicht vorbeigefahren werden.

Es besteht **absolutes Alkoholverbot**. Offener Alkohol darf nur im Kofferraum transportiert werden. Bei einer **Polizeikontrolle** bleiben Sie im Auto sitzen, öffnen das Wagenfenster und warten auf Anweisungen der Beamten.

Kleidung

Entgegen weit verbreiteter Meinung laufen Amerikaner nicht ständig in Jeans und Turnschuhen herum. Im Gegenteil – wenn es feierlich oder offiziell wird, ist die **Kleiderordnung** in Amerika strenger als in Mitteleuropa. Zur korrekten Kleidung der Herren gehören Jackett und Krawatte. Die Damen sprinten zwar trotz Kostüm mit Turnschuhen ins Büro, aber kaum sind sie an der Arbeitsstelle angelangt, ziehen sie die Hochhackigen über. Das heißt also für **Geschäftsreisende**: Fürchten Sie sich nicht davor, ›overdressed‹ zu sein – Sie sind es nicht! Andererseits muss man tagsüber, während man eindeutig **touristischen Beschäftigungen** wie Sightseeing nachgeht, überhaupt keine Hemmungen haben: Kurze Hemden und Shorts werden von allen Altersgruppen und Gewichtsklassen getragen. Will man aber gut essen oder abends elegant ausgehen, ist korrekte Kleidung vonnöten.

Maße und Gewichte

Gewichtsmaße:	Längenmaße:
1 ounce = 28,35 g	1 inch = 2,54 cm
1 pound = 453,61 g	1 foot = 30,48 cm
1 quarter = 12,7 kg	1 yard = 91,44 cm
	1 mile = 1,609 km
Hohlmaße:	
1 quart = 0,946 l	
1 gallon = 3,7851 l	

Zeit

Der **Zeitunterschied** zwischen Mitteleuropa und der Ostküste der USA beträgt minus sechs Stunden. Auch in den Vereinigten Staaten wird Anfang April bis Ende Oktober auf **Sommerzeit** umgestellt.

Anreise

Flugzeug

Es gibt **drei Flughäfen** in New York und Umgebung: die beiden **internationalen** John F. Kennedy und Newark sowie den **nationalen** LaGuardia Airport.

John F. Kennedy Airport

Die meisten Maschinen aus Europa landen auf dem John F. Kennedy International Airport. Er liegt im Stadtteil Queens, etwa 24 km von Manhattan entfernt. Reisende haben verschiedene Möglichkeiten, diese Distanz zu überbrücken:

Am preiswertesten ist die Kombination von **Bus** und **U-Bahn**: Von den Terminals verkehren ständig kostenlose *Shuttle*-Busse zur Howard Beach/JFK Airport Station. Dort steigen Sie in die U-Bahn, Ihr Gepäck müssen Sie selbst tragen.

Die Alternative ist etwas teurer, dafür mehr auf die Bedürfnisse des Touristen zugeschnitten: Mit dem *Expressbus* der **Carey Airport Express** kommen Sie vom Terminal direkt nach Midtown Manhattan, die Busse steuern auch verschiedene große Hotels an. Einen ähnlichen Service bieten die *Minibusse von* **Gray Line Air Shuttle**. Auch sie halten an den meisten Midtown Hotels.

Am bequemsten ist die Fahrt mit dem **Taxi**. Nehmen Sie nur lizensierte Wagen, die uniformierte Angestellte Ihnen zuteilen. Die Fahrt kostet 30 $. Zusätzlich sind die Gebühren für Brücken und Tunnel zu zahlen und etwa 15 % Trinkgeld.

Newark International Airport
Der zweite internationale Flughafen in unmittelbarer Nähe New Yorks, Newark International Airport, liegt in **New Jersey**, etwa 26 km westlich von Manhattan. Auch von dort bestehen Busverbindungen nach Manhattan. Der **Olympia Trail Airport Express Bus** fährt mehrere Ziele in Downtown und Midtown Manhattan an: Pennsylvania Station, Grand Central Terminal und World Trade Center.

Minibusse von **Gray Line Air Shuttle** halten an bestimmten Hotels. **Taxis** kosten etwa 30–32 $ plus Extras (Gebühren für Brücken und Tunnel, Trinkgeld).

LaGuardia Airport
Der inneramerikanische Flugverkehr wird meist über den LaGuardia Flughafen abgewickelt. Auch er liegt in Queens, etwa 13 km von Manhattan entfernt.

Die Verbindung nach Manhattan stellen her: **Carey Airport Express** und *Minibusse* von **Gray Line Air Shuttle**. Sie steuern beide diverse Hotels in Manhattan an. Eine **Taxifahrt** kostet 16–26 $ plus Gebühren und Trinkgeld.

Adressen finden

Die schachbrettartige Anlage Manhattans hat den Vorteil, dass man sich verhältnismäßig einfach zurechtfindet, wenn man das **System**, nach dem

Straßen und Avenues angelegt sind, einmal verstanden hat: Die durchnummerierten **Straßen** verlaufen von **West nach Ost**. Es beginnt im Süden mit der 1st Street. Bei der Adressangabe kennzeichnet ein W(est) oder E(ast) vor der Hausnummer, ob sich das gesuchte Gebäude westlich oder östlich der **Fifth Avenue** befindet.

Die **Avenues** kreuzen die Straßen im rechten Winkel und stellen die **Nord-Süd-Verbindung** her. Einzig der Broadway verhält sich atypisch und bahnt sich seinen Weg diagonal durch die Insel.

Die ungefähre **Lage eines Hauses** auf einer **Avenue** kann man folgendermaßen ermitteln: Man streicht die letzte Ziffer der Hausnummer, teilt die Zahl, die man erhalten hat durch zwei und fügt dann die im folgenden aufgeführten Nummern hinzu oder zieht sie ab. Als Ergebnis erhält man die Nummer der Straße, die in der Nähe des gesuchten Hauses liegt.

Ave. A, B, C, D	+3
1. u. 2. Ave.	+3
3. Ave.	+9 oder 10
4. Ave.	+8
5. Ave.	
bis Nr. 200	+13
bis Nr. 400	+16
bis Nr. 600	+18
bis Nr. 775	+20
von Nr. 775 bis 1286	−18
bis Nr. 1500	+45
über Nummer 2000	+24
6. Ave.	−12 oder 13
7. Ave.	+12
über der 110. St.	+20
8. Ave.	+9 oder 10
9. Ave.	+13
10. Ave.	+14
11. Ave.	+15
Amsterdam Ave.	+59 oder 60
Audubon Ave.	+165
Broadway	
bis Nr. 750	unterhalb der 8. Str.
756 bis 846	−29
847 bis 953	−25
über 953	−31
Columbus Ave.	+59 oder 60
Convent Ave.	+127
Ft. Washington Ave.	+158
Lenox Ave.	+110
Lexington Ave.	+22
Madison Ave.	+26
Manhattan Ave.	+100
Park Ave.	+34 oder 35
St. Nicholas Ave.	+110
West End Ave.	+59 oder 60

161

Aktuell A bis Z

Central Park West: Hausnummer durch 10 teilen und 60 addieren; Riverside Drive: Hausnummer durch 10 teilen und 72 addieren.

Bank, Post, Telefon

Bank

Die Banken (*Banks*) sind in der Regel Mo–Fr 9–17 Uhr geöffnet, einige Filialen der Chemical Bank und Banken an der Canal Street auch Sa und So 9.30–12 Uhr. Außerdem stehen Geldautomaten zur Verfügung.

Post

Die Kernöffnungszeit der Postämter (*Post Offices*) ist Mo–Fr 10–17 Uhr, größere arbeiten auch Samstag vormittags. Das **Main Post Office** (421 8th Avenue/33rd Street) hat Tag und Nacht geöffnet.

Telefon

Internationale Vorwahlen
USA: 001
Deutschland: 011/49
Österreich: 011/43
Schweiz: 011/41
Es folgt die Ortsvorwahl ohne die Null.

Vorwahl New York
Manhattan: 212
übrige Boroughs: 718

Auskunft: 411 (in Telefonzellen gebührenfrei, also kein Geld einwerfen)

Operator: 0 (hilft bei allen Fragen, auch in Notfällen)
International Operator: 00

Öffentliche Fernsprecher
Ortsgespräche kosten 25 Cents.

Bei **Ferngesprächen** wählt man meist die Ortsvorwahl (*Area Code*) und die Teilnehmer-Nummer. Manchmal muss man auch vor dem Area Code eine 1 wählen. Im Zweifelsfall hilft der **Operator**, den man unter 0 erreicht. Dieser Operator schaltet sich bei jedem Ferngespräch ein und nennt die Summe, die man für die ersten drei Minuten einzuwerfen hat. Nach drei Minuten muss man erneut zahlen. Also: Kleingeld bereithalten.

Auslandsgespräche kann man mit Hilfe einer Telefonkarte, *Prepaid Phone Card*, führen, die es zum Preis von 5, 10 oder 20

$ in Zeitschriften- und Lebensmittelläden zu kaufen gibt. Man ruft von einer Telefonzelle die auf der Karte genannte gebührenfreie Nummer an und kann nach Eingabe der Karten-Geheimnummer die gewünschte Telefonnummer wählen. Am preisgünstigsten ist die *Travel Phone Card*. Amerikanische Telefongesellschaften bieten Kreditkartenbesitzern (z. B. ADAC VISA Karte oder MasterCard) sogenannte **Calling Cards** an, mit denen man zu sehr viel günstigeren Tarifen telefonieren kann. Abgerechnet wird über das Kreditkarteninstitut.

Wenn Sie nach Deutschland anrufen wollen, können Sie ein **R-Gespräch** führen, für das der Angerufene bezahlt. Sie wählen dazu die gebührenfreie Nummer 1-800/292-0049 und erreichen ›Deutschland Direkt‹, eine Vermittlungsstelle in Frankfurt, die weiterverbindet.

Einkaufen

Da es kein Ladenschlussgesetz gibt, variieren die **Öffnungszeiten** der Geschäfte. In der Regel sind sie Mo–Sa 10–19 bzw. 20 Uhr und So bis ca. 17 Uhr geöffnet. In vielen Supermärkten kann man rund um die Uhr einkaufen.

Neben der bekannten Einkaufsstraße Fifth Avenue und den großen Kaufhäusern **Macy's** [Nr. 45] und **Bloomingdale's** [Nr. 74] bietet Manhattan Myriaden von Geschäften, die praktisch alles führen, was Menschen je gebraucht und nicht gebraucht haben.

Wer etwas Bestimmtes sucht, sollte sich das Buch ›**Where to Find it, Buy it, Eat it**‹ von Gerry Frank kaufen (nur in den USA erhältlich!). Es wird jedes Jahr neu aufgelegt, erscheint sowohl als Taschenbuch als auch als dicker Wälzer und zeigt auf, wo welches Konsumbedürfnis optimal zu befriedigen ist.

Ganz allgemein lässt sich die ›Einkaufslandschaft Manhattan‹ folgendermaßen charakterisieren: Die **Hauptgeschäftsstraßen** Manhattans sind die **Avenues**, an ihnen reihen sich auf jeder Höhe Geschäfte aller Art (ausgenommen Central Park West, Fifth Avenue auf Parkhöhe und Park Avenue). In den Wohngegenden dominieren die kleinen Läden: der koreanische Gemüsehändler, bei dem man nachts um 2 Uhr noch das Nötigste kaufen kann, Zeitungsläden, Lebensmittelgeschäfte und Supermarkets, Reinigungen, meist von Chinesen betrieben, Coffeeshops.

Warenhäuser und **Spezialgeschäfte** konzentrieren sich in bestimmten Gegenden: die exklusivsten Geschäftsadressen sind **Madison Avenue** zwischen der 57th und der 79th Street, die **57th Street** zwischen Lexington und Sixth Avenue und die **Fifth Avenue** im 50er Block. Auf der Fifth Avenue tummeln sich allerdings auch einige Billigläden, die mit ›Going out of Business‹-Schildern locken. Meist bieten sie Elektronikgeräte, Lederwaren und andere Importwaren.

In der **Columbus Avenue** zwischen der 66th und der 84th Street findet man avantgardistische Mode, ausgefallene Geschenk- und Souvenirläden, besonders gut sortierte Kindermoden- und Spielwarengeschäfte. In der 47th Street, der **Diamond Row**, kann man – falls man sich auskennt – günstig Schmuck und Edelsteine kaufen.

In den **Villages** (besonders Broadway zwischen Houston und 8th Street, 8th Street, Bleecker Street und St. Mark's Place) sowie in **SoHo** (West Broadway und Seitenstraßen) beherrscht wieder Ausgefallenes die Auslagen. Asiatische Produkte gibt es in **Chinatown**.

Bücher

Barnes & Noble Bookseller, 600 Fifth Ave. (Ecke 48th St.), Tel. 765-0592. Eine von vielen Filialen der bekannten Buchhandelskette in Manhattan. Mo–Fr 8–21, Sa 10–20, So 10–19 Uhr.

Different Light Bookstore, 151 W. 19 St., Tel. 989-4850. Die beste Buchhandlung der ›Gay-Scene‹.

Drama Bookshop, 723 Seventh Ave., Tel. 800-322-0595. Wie der Name schon sagt, ist man hier auf Bühnenstücke aller Art spezialisiert.

Forbidden Planet, 840 Broadway, Tel. 473-1576. Dorado für Liebhaber von Science-fiction- und Comic-Literatur.

Gotham Book Mart, 41 W. 47th St., Tel. 719-4448. Eine wunderbare Buchhandlung zum Stöbern. Hier findet man auch noch längst vergriffene Titel.

TOP TIPP **Strand Book Store**, 828 Broadway, Tel. 473-1452. Modernes Antiquariat. Günstige Preise, grandiose Auswahl. In dem Regal- und Bücherlabyrinth empfielt sich Stöbern; gezieltes Suchen ist oft schwierig.

Hier erwacht Leselust: Buchladen mit großer Auswahl

Elektronik

Telefone, Faxgeräte und dergleichen sind in Amerika um einiges billiger als in Europa. Ein Preisvergleich lohnt sich immer. Die meisten Elektronikläden befinden sich an der Fifth Avenue oberhalb der 42nd Street, an der 42nd Street westlich des Times Square und in der Nähe der Grand Central Station.

B & H Photo & Video, 420 9th Ave. (zwischen 33rd und 34th St.), Tel. 239-7500. Ausgezeichnete Adresse für den Kauf von preiswertem Foto-, Video- und Audiozubehör (Mo–Do 9–19, Fr 9–14 , So 10-17 Uhr).

Haute Couture

Alle namhaften Designer haben in New York Filialen. Ihre Geschäfte befinden sich an der Fifth Avenue (im 50er Block), der Madison Avenue (zwischen der 57th und der 79th Street) und auf der Park Avenue auf der Höhe der 50er und 60er Straßen (*die* Straße ist die 57th). Avantgarde-Designer findet man auch in SoHo und auf der Columbus Avenue.

Kaufhäuser

Barney's New York, 660 Madison Ave., Tel. 339-7300. Das größte Herrenbekleidungsgeschäft, im Anbau eine Damenmoden-Abteilung mit eleganter Avantgarde-Mode.

Bergdorf Goodman, 754 Fifth Ave./W. 57th–58th St., Tel. 753-7300. Das exklusivste Kaufhaus für Damen. Herrengeschäft gegenüber.

Die New Yorker Kaufhäuser verblüffen ortsfremde Besucher oft durch ihre enorme Ausmaße

Bloomingdale's, Lexington Ave./59th St., Tel. 355-5900. Das klassische New Yorker Kaufhaus: Mode, Accessoires, Haushaltswaren, Möbel usw. [Nr. 74]

Lord & Taylor, 424 Fifth Ave./W. 38th–39th St., Tel. 391-3344. Klassische Mode, amerikanische Designer, Porzellan, Möbel. Im Dezember besonders schöne Schaufensterdekorationen.

Macy's, Broadway-Seventh Ave./W. 34th–35th St., Tel. 695-4400. Weltberühmt und riesig groß. Breites Angebot. Besonders gute Haushaltswaren- und Delikatessabteilung im Keller [Nr. 45].

Saks Fifth Avenue, 611 Fifth Ave./E. 49th–50th St., Tel. 753-4000. Elegantes Kaufhaus mit besonders guten Modeabteilungen für Damen und Herren.

Mode zu Discountpreise

Canal Jean Co., 504 Broadway/Broome und Spring St., Tel. 226-1130. Jeans, T-Shirts, Sweatshirts besonders günstig.

 Century 21, 22 Cortland St., Tel. 227-9092. Qualitätsware, auch von Markendesignern, zu sagenhaft günstigen Preisen. Bei der Fülle des Angebots ist allerdings der Spürsinn des Schnäppchenjägers gefragt.

Daffy's, 135 E. 57th St. Reduzierte Designer-Sportswear und alles, was bei jungen Leuten im Trend liegt.

Loehmann's, 101 7th Ave. bei der 16th St. Modisches, auch Designer-Kreationen, zu Superpreisen.

Schallplatten, CDs, Videos

 Tower Records, 692 Broadway/ E. 4th St., Tel. 505-1500 und viele andere Filialen. Welche Musikrichtung man auch sucht, hier wird man dank der riesigen Auswahl garantiert fündig. Außerdem locken immer gute Sonderangebote.

Spielzeug

F.A.O. Schwarz, 767 Fifth Ave., Tel. 644-9400. Amerikas bekanntester Spielwarenladen. Ein wahres Paradies mit Plüschtieren, Puppen, Baukästen – und was Kinderherzen sonst noch höher schlagen lässt.

Essen und Trinken

Reservieren

Grundsätzlich sollte man immer telefonisch einen Tisch reservieren. Wo dies nicht möglich ist, zum Beispiel in Chinatown, muss man vor allem am Wochenende mit Wartezeiten rechnen – je beliebter das Lokal, desto länger die Schlangen. Gewisse Restaurants, die gerade ›in‹ sind, sind oft auf Wochen hinaus ausgebucht. Rufen Sie also rechtzeitig an, wenn Sie in einem der bekannten Lokale speisen wollen.

Wait to be seated

Vor die Nahrungsaufnahme haben die Amerikaner das ›Wait to be seated‹ gesetzt: Warten Sie, bis man Ihnen einen Platz zuweist. Diese Aufforderung ist ernst zu nehmen. Keinem Amerikaner käme es in den Sinn, einfach ein Lokal zu stürmen und auf wilde germanische Art einen Tisch in Beschlag zu nehmen. Wo man sitzt, entscheiden **Host** oder **Hostess**, an sie wendet man sich und von ihnen wird man zu einem Tisch geleitet.

Diese Regelung hat durchaus ihren Sinn: Kellner erhalten in den USA nur ein minimales Gehalt, sie leben vom Trinkgeld. Host oder Hostess müssen dafür sorgen, dass die Kundschaft so verteilt wird, dass kein Kellner zu kurz kommt.

Trinkgeld

Eigentlich wäre es korrekter, den Ausdruck **Bedienungsgeld** zu benützen. Denn das, was man dem Kellner als *Tip* hinterlässt, ist kein Zubrot, das man ihm freundlicherweise zukommen lässt, sondern sein Lohn. Anders als bei uns, ist das Bedienungsgeld **nicht im Preis enthalten**, der Gast zahlt den Kellner direkt. Die Vorteile dieses Systems bekommt man überall zu spüren. Fast immer ist die Bedienung freundlich und prompt – wer den Gast schlecht behandelt, riskiert, kein Trinkgeld zu bekommen.

Man zahlt **15–20 %** des Rechnungsbetrags; wenn man sehr zufrieden war, gibt man mehr. 15 % sind in New York recht einfach zu errechnen. Man verdoppelt den Betrag, der auf der Rechnung als ›tax‹ ausgewiesen ist. Üblich ist, zuerst die Rechnung zu zahlen und das Geld für den Kellner gesondert auf den Tisch zu legen. Achtung: Manche Kellner, die mit der ›Trinkgeldmoral‹ von Touristen schlechte Erfahrungen gemacht haben, setzen das Trinkgeld schon mit auf die Rechnung. Also den Betrag kontrollieren, sonst zahlt man doppelt.

Getränke

Man erhält automatisch und zu jedem Essen **Eiswasser** und das in unbegrenzten Mengen. Keiner zwingt oder nötigt einen, ein anderes Getränk zu bestellen, wenn man nicht will. **Kaffee** bekommt man in vielen Lokalen ohne Aufpreis nachgeschenkt; verlangen Sie ein *Refill*.

Wer gerne Bier oder Wein zum Essen trinkt, sollte vor allem bei kleineren, billigeren Lokalen darauf achten, ob sie mit dem Kürzel **BYOB** (»Bring your own bottle«) werben. Das bedeutet, dass sie zwar keine Lizenz für Alkoholausschank besitzen, aber erlauben, dass sich Gäste

Bier oder Wein selbst mitbringt. Weintrinker sollten **kalifornischen Wein** probieren. Vor allem Chardonnay ist populär und in fast allen Lokalen zu erhalten. **Bier** wird entweder in der Flasche oder ›on tap‹, d. h. frisch gezapft, serviert.

Im Bundesstaat New York darf man übrigens erst ab dem Alter von 21 Jahren **Alkohol** kaufen und konsumieren.

Restaurants nach Stadtvierteln

Die im Folgenden gegebenen Empfehlungen folgen dem Pfad der Reisenden und sind daher nach **Stadtvierteln** unterschieden aufgeführt.

Financial District

Bridge Cafe, 279 Water St. (Ecke Dover St.), Tel. 2 27-33 44. Alte Bar mit einem gemütlichen kleinen Lokal, in dem man preiswert Hamburger und andere Kleinigkeiten bekommt. Es herrscht eine ungezwungene Atmosphäre.

Fraunces Tavern, 21 S. William St., Tel. 2 69-01 44. Wie in allen Börsianertreffs ist auch in diesem historischen Wirtshaus [s. S. 28] das Essen weniger wichtig als das People-watching.

Harry's Bar, 1 Hanover Sq., Tel. 4 25-34 12. Ob zum Power Breakfast, Lunch oder ›Happy Hour‹ – hier treffen sich die Börsianer.

Windows on the World, One World Trade Center, Tel. 5 24-70 00. Das Restaurant ist zwar teuer und die Herren müssen sich in ein Jackett zwängen, aber die Erfahrung, hoch über Manhattan zu speisen, ist einmalig. Tischreservierung ist unbedingt erforderlich.

Chinatown

Bo Ky, 80 Bayard St. (zw. Mott und Mulberry St.), Tel. 4 06-22 92. Vietnamesisch-chinesische Küche, vor allem mit guten Suppen. Da nimmt man als Gast auch das Plastikambiente in Kauf.

Canton, 45 Division St. (zw. Bowery und Market St.), Tel. 2 26-44 41. Viele Feinschmecker behaupten, dass kantonesische Küche nirgends in New York besser zubereitet wird als hier.

Oriental Garden, 14 Elizabeth St. (südlich von Canal St.), Tel. 6 19-00 85. Hervorragende Meeresfrüchte, zubereitet nach chinesischer Art.

Tai Hong Lau, 70 Mott Street, Tel. 2 19-14 31. Ausgezeichnete kantonesische Küche; die frischen Zutaten

Kulinarische Weltreise

Lassen Sie Ihre Vorurteile getrost zu Hause: Was Sie über die amerikanische Küche, die matschigen Hamburger und die Fast-Food-Restaurants gehört haben, trifft auf New York nicht zu. Hier ist auch kulinarisch alles anders! In dieser Stadt lädt **die ganze Welt** *zum Mahl, Sie können brasilianisch, koreanisch, kubanisch, türkisch, russisch, jüdisch, vietnamesisch, japanisch, mexikanisch ... essen, wunderbare Steaks und (gute!) Hamburger bekommen, die frischesten Meeresfrüchte genießen. Auch was die* **Preispalette** *betrifft, sind in New York keine Grenzen gesetzt: Es erstaunt nicht, dass die beiden Restaurants, die in den gesamten USA die größten Umsätze machen, in New York zu finden sind. Sie können also sündhaft teuer und exklusiv speisen, sich aber auch in den kleinen* **Ethnic restaurants** *(das sind, salopp übersetzt, die ›ausländischen‹ Lokale) billig und sehr gut ernähren.*

Eine bestimmte Spezialität, die typisch für New York wäre, gibt es allerdings nicht. Die New Yorker nehmen die Anregungen, die die vielen Einwanderer bringen, begeistert auf und verarbeiten diese fremden Elemente auch: Die **Neue Amerikanische Küche** *hat in den letzten Jahren erstaunliche Fortschritte gemacht. Wer sich speziell für die sehr guten – und auch sehr teuren – Restaurants interessiert, der sollte sich* **Zagat**, **Marcellino's** *oder den* **New York Times Restaurantführer** *kaufen. Alle drei setzen sich kritisch mit der aktuellen Restaurant-Szene auseinander.*

Der **Brunch** *wird in New York geradezu zelebriert. In Manhattan gehört er gar zum sonntäglichen Ritual, und das heißt, dass man unbedingt vorbestellen muss. Viele Lokale, auch die großen Hotelrestaurants, bieten Brunch-Buffets mit einer schier unendlichen Vielfalt von Köstlichkeiten. In Chinatown kann man ein* **Dim Sum Brunch** *probieren, das schon etwa ab 8 Uhr morgens serviert wird. Außerhalb von Chinatown beginnt der Brunch üblicherweise erst um 11 Uhr und dauert bis 14 oder 15 Uhr.*

werden nur kurz angebraten und scharf gewürzt serviert.

Thailand Restaurant, 106 Bayard Street, Tel. 349-3132. Preiswerte, authentische und scharfe Landesküche.

20 Mott Street, 20 Mott Street, Tel. 964-0380. Eines der besten chinesischen Restaurants in Chinatown (keine Kreditkarten!). Besonders gut ist hier das Dim Sum. Die Speisen werden auf Buffetwagen herangebracht, man nimmt sich, was man will. Gezahlt wird pro Teller. Beim Dim Sum geht es laut zu, also nichts für Leute, die lieber ungestört unter sich sein wollen.

Lower East Side/East Village

Bayamo, 704 Broadway, Tel. 475-5151. Ebenso eklektisch und ausgefallen wie die Dekoration ist die Küche: Man kombiniert Kubanisches mit Chinesischem.

Cloister Cafe, 238 E. 9th St., Tel. 777-9128. Die Buntglasfenster sorgen für klösterliche Atmosphäre. Es gibt gute Salate, im Sommer sitzt man sehr hübsch im Garten.

Kiev, 117 2nd Ave. (Ecke 7th St.), Tel. 627-7764. Das einfache Lokal ist eine Institution auf der East Side. Hier kann man jüdisch-osteuropäische Spezialitäten probieren, etwa Borschtsch oder Blintzes, eine Art gefüllte Pfannkuchen, aber auch klassisch amerikanisch essen. Ideal zum Sonntagsbrunch.

Passage To India, 308 E. 6th St. (zw. 1st und 2nd Ave.), Tel. 529-5770. Roti, Curry, Tandoori – hier kosten die indischen Köstlichkeiten nur wenig Geld.

Ratners, 138 Delancey St., Tel. 677-5588. Preiswertes jüdisches Restaurant alten Stils, in dem man traditionelle Gerichte wie ›Gefilte Fish‹ oder Hefegebäck à la ›Blintzes‹ und ›Pierogies‹ probieren kann (Sa geschl.).

TriBeCa/SoHo

Balthazar, 80 Spring St. (zw. Broadway und Crosby St.), Tel. 965-1414. Exzellentes französisches Restaurant, Treffpunkt der High-Society Manhattans. Für Dinner rechtzeitig reservieren und nach Stars am Nebentisch Ausschau halten.

Bouley Bakery, 120 West Broadway/ Duane St., Tel. 964-2525. Kleines, aber sehr feines Restaurant mit höchstens 40 Sitzplätzen und einer ausgezeichneten Bäckerei.

Im Stardust Diner an der Sixth Ave./56th Street trifft man sich vor und nach dem Theater

Chanterelle, 2 Harrison St., Tel. 966-6960. Ein schlichter heller Speisesaal, in dem nichts vom Wesentlichen abhält: dem Essen. Und das ist großartig. Dinner-Termine sind auf lange Zeit hin ausgebucht, zum (preiswerteren) Lunch dagegen bekommt man leichter einen Platz.

I Tre Merli, 463 W. Broadway, Tel. 254-8699. Tempel der Sinne im Ambiente der 80er-Jahre. In diesem Restaurant stimmt einfach alles – wer gute Musik laut *hören*, schöne Menschen *sehen* und sich italienische Spezialitäten *schmecken* lassen will, sollte die Wartezeiten in Kauf nehmen.

Montrachet, 239 W. Broadway (zw. White und Walker St.), Tel. 219-2777. Kenner schwören, dass das Montrachet auch nach dem Weggang des Küchenchefs David Bouley seinem Ruf als Gourmetrestaurant treu geblieben ist.

The Moondance Diner, 6th Ave./ Grand St., Tel. 226-1191. Durch den schmalen, langen Raum läuft eine Theke, an der Straßenseite stehen kleine Tische (Fr/Sa durchgehend geöffnet).

Odeon, 145 W. Broadway/Thomas St., Tel. 233-0507. Oldtimer und Trendsetter unter den Lokalen TriBeCas. Die Atmo-phäre stimmt noch immer, nicht zuletzt dank der Art déco-Ausstattung.

TriBeCa Grill, 375 Greenwich St./ Franklin St., Tel. 941-3900. Bilden in den anderen bekannten TriBeCa-Lokalen die Küchenchefs den Anziehungspunkt, so ist es hier der Besitzer: der Schauspieler Robert De Niro.

Greenwich Village

Caffe Reggio, 119 MacDougal St., Tel. 475-9557. Im Jahr 1785 eröffnet und damit das erste Kaffeehaus der USA. Gemütlich und sehr europäisch.

Cucina Stagionale, 289 Bleecker St. (zw. 6th und 7th Ave.), Tel. 924-2707. Vor diesem Restaurant steht fast immer eine lange Schlange: die Leute haben Weinflaschen im Arm (BYOB) und freuen sich auf ein gutes, preisgünstiges italienisches Mahl.

Gotham Bar & Grill, 12 E. 12th St. zwischen 5th Ave. und University Pl., Tel. 620-4020. Gehobene Preise, aber Liebhaber der kreativen Neuen Amerikanischen Küche sind begeistert.

Grove, 314 Bleecker Street, Tel. 675-9463. Dieses amerikanisch-französische Bistro ist ein beliebter Treffpunkt zum sonntäglichen Brunch. Der kleine Garten ist zauberhaft. Wenn man dort sitzen will, muss man unbedingt rechtzeitig reservieren.

Home, 20 Cornelia St. (zw. Bleecker und 4th Ave.), Tel. 243-9579. Geheimtipp für amerikanische Hausmannskost in behaglicher Wohnzimmeratmosphäre. Hübscher Garten.

Joe's, Bleecker/Carmine St. (6th Ave.). Eine kleine, kitschig bemalte Pizzeria, wie es sie früher im Village zuhauf gab.

Taste of Tokyo, 54 W. 13th St. (zw. 5th und 6th Ave.), Tel. 691-8666. Beliebtes japanisches Restaurant mit gutem Sushi (roher Fisch auf Reisbett) und großer Auswahl an Rolls (Reis, Fisch oder Gemüse u. a. in Seegras eingerollt).

Westlich der Fifth Avenue

Chelsea Ristorante, 108 8th Ave. (zw. 15th und 16th St.), Tel. 924-7786. Gute norditalienische Küche in gemütlichem Ambiente.

Empire Diner, 210 10th Ave./22nd St., Tel. 243-2736. Ein Diner wie aus dem Bilderbuch: Stahl, Chrom und schwarze Möbel. Ideal für kleinere Imbisse. Richtig lebhaft bis wild geht es erst nach 1 Uhr nachts zu.

Frank's Restaurant, 85 10th Ave., Tel. 243-1349. In dem legeren, im besten Sinne des Wortes altmodischen Steakhaus werden riesige Portionen serviert.

Gramercy Tavern, 42 E. 20th St., Tel. 477-0777. Fantastische Küche. Im Hinterzimmer speist man eher vornehm und teuer, vorne geht es ungezwungener zu und die Preise sind niedriger.

Zwischen 14th und 40th Street

Union Square Cafe, 21 E. 16th St. (zw. 5th Ave. und Union Square W)., Tel. 243-4020. Die Küche, die sich am kalifornischen Vorbild orientiert, findet begeisterte Aufnahme bei den New Yorkern. ›In‹, schick, junges Publikum.

The Water Club, 500 E. 30th St., Tel. 683-3333. Auf einem Boot im East River mit Blick auf den Fluss und Brooklyn zu speisen – das hat seinen Preis.

Zwischen 40th und 59th Street

Westlich der Fifth Avenue:

Hamburger Harry's, 145 W. 45th St. (zw. Broadway und 6th Ave.), Tel. 840-2756. Wenn man vor dem Theaterbesuch noch schnell etwas essen will, ist man hier gut aufgehoben.

Joe Allen, 326 W. 46th St., Tel. 581-6464. Elegant-legerer Treffpunkt vor und nach dem Theater – manchmal tauchen hier sogar die großen Stars auf! Solide amerikanische Küche, doch keine Highlights. Tische für die Zeit nach dem Theater unbedingt vorbestellen.

Kiiroihana, 23 W. 56th St., Tel. 582-7499. Ein besonders gutes japanisches Restaurant, das für die Lage und das, was geboten wird, nicht teuer ist. Die Sonderkarte ›Rolls‹ verzeichnet köstliche Spezialitäten.

Manhattan Ocean Club, 57 W. 58th Str. (zw. 5th und 6th Ave.), Tel. 371-7777. Elegantes, teures aber sehr gutes Fischlokal mit guter Weinauswahl.

The Palm Court, Plaza Hotel, 58th St./5th Ave., Tel. 546-5350. Gelegenheiten, das sehenswerte Palm Court kennen zu lernen und nicht gleich die horrenden Preise für ein Abendessen zu zahlen, bieten sich zum Brunch und zur Teezeit (High Tea).

Rainbow Room, 30 Rockefeller Plaza (General Electric Building), 65. Stock, Tel. 632-5000. Kleiden Sie sich elegant und genießen Sie etwas ganz Besonderes: Speisen und Tanzen im romantischen Art déco-Ambiente! Teuer.

TOP TIPP **The View**, 1535 Broadway (zw. 45th und 46th St., im Marriott Marquis Hotel), Tel. 704-8900. Was für eine Aussicht: Während man Wein trinkt und Chicken Wings knabbert, dreht sich das Restaurant um sich selbst und um eine Tanzfläche – und ganz Manhattan liegt im Gast im 360°-Winkel zu Füßen (Mo–Do 17.30– 22.45, Fr/Sa 17–23.45 Uhr)!

Victor's Cafe 52, 236 W. 52nd St., Tel. 586-7714. Beliebter Treff im Theater District mit kubanischer Küche, die ›echter‹ als auf Kuba sein soll.

Östlich der Fifth Avenue:

Bill's Gay 90's, 57 E. 54th St. (zw. Madison und Park Ave.), Tel. 355-0243. Originell ausgestattetes, altes Restaurant, das Geschäftsleute anzieht.

Brasserie, 100 E 53rd St. (zw. Park und Lexington Ave.), Tel. 751-4840. Gemischtes Publikum, angenehme Atmosphäre. Beliebt vor allem zu Frühstück und Brunch (tgl. 24 h geöffnet).

TOP TIPP **Oyster Bar & Restaurant**, 89 E. 42nd St. (Grand Central Station), Tel. 490-6650. Das Restaurant liegt im Kellergewölbe der Grand Central Station. Hier gibt es hervorragende Fischgerichte und Meeresfrüchte. Kenner behaupten gar, dies sei das beste Fischrestaurant der Stadt.

Palm, 837 2nd Ave. (zw. 44th und 45th St.), Tel. 687-2953. Palm und Sparks liegen im edlen Wettstreit, welches von beiden das bessere Steakhaus sei.

Sparks Steak House, 210 E. 46th St. (zw. 2nd und 3rd Ave.), Tel. 687-4855. Steaks sind nirgends so gut wie in den USA, und Sparks zählt zu den besten Häusern auf diesem Gebiet.

Tavern on the Green – das ideale Restaurant im Central Park für ein romantisches Dinner

Vong, 200 E. 54 St., Tel. 4 86-95 92. ›Fusion Cuisine‹ in bester Ausführung: Das Dekor ist ebenso stilvoll und kreativ wie die Küche, die französische und asiatische Elemente vereint.

Upper West Side

Café des Artistes, 1 W. 67th St. (zw. Central Park West und Columbus Ave.), Tel. 8 77-35 00. Das Essen mit dem französischen Touch ist kein billiges Vergnügen, aber für Romantiker ein Erlebnis. So sind z. B. die Wände mit zarten Fresken von Nymphen bemalt.

Fine & Schapiro, 138 W. 72nd St., Tel. 8 77-28 74. Zwischen den beiden Weltkriegen war dies *der* Treffpunkt der europäischen Juden und noch heute gibt es koschere Gerichte zu reellen Preisen.

Park View Restaurant at the Boathouse, Central Park /72nd St., Tel. 5 17-22 33. Es ist ein Vergnügen, im ›Bootshaus‹ direkt am See im Central Park zu speisen. Gehobene Preisklasse.

Sarabeth's, 423 Amsterdam Ave. (zw. 80th und 81st St.), Tel. 4 96-62 80. Das gemütliche Upper-West-Side-Lokal ist besonders beliebt zum Brunch, bietet aber auch sonst gute, kreative Küche zu angemessenen Preisen.

Tavern on the Green, Central Park West/67th St., Tel. 8 73-32 00. Herrlich gelegenes Restaurant: Im Sommer kann man im Garten, sprich im Central Park, sitzen. Ansonsten sollte man einen Tisch im Crystal Room reservieren. Teuer, wobei weniger das Essen das Geld wert ist als das edle Ambiente.

Upper East Side

Dean & Deluca, 1071 Fifth Ave. (im Guggenheim Museum), Tel. 4226-68 00. In der Museumscafeteria kann man ausgezeichnet essen.

Le Cirque 2000, 455 Madison Ave. (zw. 50th und 51st St., im New York Palace Hotel), Tel. 3 03-77 88. Neueröffnung des teuren Klassikers mit demselben Küchenchef. Sehr gute französische Küche und viel Prominenz.

Yellowfingers, 200 E. 60th St. (zw. 2nd und 3rd Ave., Tel. 7 51-86 15. Kleine Snacks und Salate – hier trifft man sich nach dem Einkaufen bei ›Bloomies‹.

Harlem

Sylvia's Soul Food, 328 Lenox Ave. (zw. 126th und 127th St.), Tel. 9 96-06 06. Soul Food nennt man die Küche der US-Südstaaten und Sylvia nennt sich ›Queen of Soul Food‹. Eingedenk ihres Brathuhns halten viele Gäste diesen Titel für absolut gerechtfertigt.

Bars

 Chumley's, 86 Bedfort Barrow St., Tel. 6 75-44 49. In Prohibitions-Zeiten nannte man verbotene versteckte Lokale wie dieses ›speakeasies‹. Chumley's ist noch immer schwer zu finden, da kein Schild den Weg weist. Einlass findet man durch eine schmale eisenbeschlagene Holztür.

Lenox Lounge, 288 Malcolm X Blvd. (zw. 124th und 125th St.), Tel. 4 27-02 53. In dem 1939 erbauten Art déco-Club traten einst Billie Holiday und andere Jazz-Größen auf. Eine aufwendige Restaurierung lässt die Bar heute wieder so erstrahlen wie damals, die Musik tut ein Übriges, die alten Zeiten wieder aufleben zu lassen.

TOP TIPP **McSorley's Old Ale House**, 15 E. 7th St. (Ecke 3rd Ave.), Tel. 473-9148. Im Jahr 1857 eröffnet und seitdem eine Institution im East Village. Die rustikale Einrichtung trägt zur gemütlichen Wirtshausatmosphäre bei, ebenso das gute Bier (zur Auswahl stehen nur Helles oder Dunkles) und zünftige Speisen.

P. J. Clarke's, 915 Third Ave. (Ecke 55th St.), Tel. 759-1650. Singles, Touristen, Geschäftsleute – bei P. J. trifft man sich, kommt man schnell ins Gespräch und bleibt nicht lange single.

Pravda, 281 Lafayette St. (zw. Houston und Prince St.), Tel. 334-5015. Versteckt gelegene, ansprechende Kellerbar mit ausgezeichneter Wodka- und Martini-Auswahl sowie russischen Snacks.

River Cafe, 1 Water St. (unter der Brooklyn Bridge), Tel. (718)522-5200. Bei einem Drink lässt sich der Blick auf die Skyline von Manhattan genießen. Korrekte Kleidung wird verlangt.

White Horse Tavern, 567 Hudson St. (Ecke 11th St.), Tel. 243-9260. Urige, bodenständige Kneipe, in der Mitte des 20. Jh. u.a. Dylan Thomas und Norman Mailer ver-kehrten (So–Do 11–2, Fr/Sa 11–4 Uhr).

Feste und Feiern

Feiertage

Banken, öffentliche Gebäude und viele Museen sind an öffentlichen Feiertagen (*Public holidays*) geschlossen. Fällt dieser auf einen Sonntag, so ist der darauf folgende Montag frei.

1. Januar (New Years Day), 3. Montag im Januar (Martin Luther King Jr. Birthday), 3. Montag im Februar (President's Day), Freitag vor Ostern (Good Friday), letzter Montag im Mai (Memorial Day), 4. Juli (Independence Day), 1. Montag im September (Labor Day), 2. Montag im Oktober (Columbus Day), 12. November (Veterans Day), 4. Donnerstag im November (Thanksgiving Day), 25. Dezember (Christmas Day)

Feste

Die Zahl der Feste, die in New York gefeiert werden, ist Legion: Jede der hier ansässigen Volksgruppen pflegt ihre eigene Tradition und feiert nationale und religiöse Feste – manche veranstalten Umzüge auf der Fifth Avenue, andere organisieren Stadtteilfeste. Hier eine Auswahl der wichtigsten Feste:

Januar

Chinese New Year (erster Vollmond nach dem 21. Januar): Chinatown steht Kopf, wenn mit Feuerwerk und viel Lärm das Neue Jahr begangen wird.

März

St. Patrick's Day Parade (an dem Wochenende, das dem 17. März, dem St. Patrick's Day, am nächsten ist): Farbenprächtige Parade auf der 5th Avenue zu Ehren des irischen Nationalheiligen.

März/April

Easter Parade (Osterwochenende): Das Kaufhaus Macy's sponsert alljährlich den bunten Umzug auf der 5th Avenue, mit dem der Frühling begrüßt wird.

Mai

Puerto Rican Day Parade (1. Sonntag im Juni): Mit viel Musik und Tanz auf der 5th Avenue feiert die puertoricanische Gemeinde der Stadt sich selbst.

Juni

Gay Pride (letzter Sonntag im Monat): Die größte Gay Parade der Welt bietet Schwulen und Lesben Gelegenheit zum Auftritt auf der 5th Avenue. Fröhlich und fantasievoll zeigen sie u.a. viel nacktes Fleisch sowie – vor allem die ›Damen‹ – ausgefallene Kostüme.

Halloween-Parade im Village

Manhattans Stadtviertel

0   2 km

Inwood
Dyckman St.
Fort George
181 st St.
Washington Heights
151 st St.
THE BRONX
Harlem River
Harlem
125 th St.
Morningside Heights
110 th St.
East Harlem
Upper West Side
Central Park
Central Park West
96 th St.
Yorkville
79 th St.
Park Ave.
72 nd St.
Fifth Ave.
Upper East Side
59 th St.
East River
Lower West Side
Theater District
Midtown
42 nd St.
← Sutton
34 th St.
Garment District
Murray Hill
← Tudor
Chelsea
Gramercy
First Ave.
Stuyvesant Town
14 th St.
Greenwich Village
B'way
East Village
Lower East Side
Houston
Little Italy
SoHo
Bowery
Hudson River
Tribeca
Fulton St.
Chinatown
Battery
Financial District
BROOKLYN

Oktober
Halloween (31. Oktober): Als Kostümfest besonders im Village von der Schwulengemeinde ausgelassen gefeiert.

November
Macy's Thanksgiving Day Parade (4. Donnerstag im November): Der beeindruckende Umzug des Kaufhauses mit den meterhohen aufblasbaren Comicfiguren beginnt am Central Park West.

Dezember
New Year's Eve (31. Dezember): Den Jahreswechsel feiern die New Yorker am Times Square, wo pünktlich um Mitternacht ein Ballon zur Erde schwebt.

Klima und Reisezeit

Das New Yorker Klima bewegt sich zwischen **Extremen**: Im Winter ist es bitterkalt, im Sommer feuchtheiß und schier unerträglich. Dazu kommen die unzähligen Klimaanlagen (Air Condition), die zwar die Wohnungen kühlen aber heiße Luft in die Straßen blasen. Im Juli und August wird Manhattan zur Vorhölle.

Die beste Reisezeit ist Mai, Juni und September, Oktober. Seinen eigenen Reiz entfaltet New York auch in der **Vorweihnachtszeit**, wenn Manhattan Festschmuck trägt: eine Riesentanne im Rockefeller Center, prächtige Auslagen und Lichterketten in der Fifth Avenue.

In den USA wird die Temperatur in Grad Fahrenheit gemessen; 0 °Celsius entspricht + 32 °Fahrenheit).

Juli
Macy's Firework Display (4. Juli): Das große Kaufhaus veranstaltet anlässlich des mit vielen Feierlichkeiten begangenen Unabhängigkeitstages ein Feuerwerk auf dem Hudson River.

September
Festival San Gennaro (Mitte des Monats): Auf der Mulberry Street in Little Italy findet ein buntes Straßenfest zu Ehren von San Gennaro, dem Schutzpatron von Neapel, statt.

Steuben Day Parade (3. Wochenende im September): Umzug der Deutsch-Amerikaner auf der Fifth Avenue, u.a. mit Trachtenvereinen aus der ›Alten Heimat‹ und Blasmusik.

Klimadaten New York

Monat	Luft (°C) min./max.	Wasser (°C)	Sonnenstd./Tag	Regentage/Mt.
Jan.	−4/ 4	3	4	8
Febr.	−4/ 5	2	6	7
März	0/ 9	4	7	9
April	5/14	8	8	9
Mai	11/21	13	8	8
Juni	17/25	18	10	7
Juli	19/28	22	9	7
Aug.	19/27	23	8	7
Sept.	16/24	21	8	6
Okt.	10/18	17	6	5
Nov.	4/12	11	5	8
Dez.	−2/ 6	6	4	8

Kultur live

Open-Air-Konzerte, Lesungen und Vorträge, Jazz, Musical, Kino, Broadway-Theater, Off-Broadway, Off-Off-Broadway, Oper und Disko, klassisches Ballett und modernes Tanztheater... Bei der Sichtung des immensen Kulturangebots hilft die **New York Times**. Sie informiert täglich über Veranstaltungen und bietet in ihrer Freitagsausgabe eine Vorschau auf die Ereignisse des Wochenendes.

Informationen bieten auch die Wochenzeitungen **New York Magazine** (montags), **The New Yorker** (mittwochs, ausführlicher Infoteil über die Jazzszene), die kostenlos ausliegende **The Village Voice** (mittwochs, Hinweise auf besonders billige Veranstaltungen) und **Time Out** (mittwochs). Täglich aktualisierte Informationen erhält man im **Internet**: www.citysearchnyc.com.

Theater und Musical

Die **Broadway-Theater** befinden sich im Viertel um den **Times Square**. Off-Broadway oder Off-Off-Broadway-Theater, die sich vom kommerziellen Theaterbetrieb distanzieren, sind hauptsächlich in Midtown und in Greenwich Village zu finden. Wenn Sie eine ganz bestimmte Show sehen wollen, sollten Sie das schon in Europa über Ihr Reisebüro organisieren.

In New York selbst gibt es verschiedene Wege, an **Veranstaltungskarten** zu kommen. In einem guten Hotel können Sie sich Karten von der Concierge besorgen lassen. Auch das Convention & Visitors Bureau [s. S. 159] hilft bei der Kartenbestellung. Last but not least bleibt der Weg an die Theaterkasse.

Tickets zum halben Preis für die Vorstellung des jeweiligen Tages erhält man in den beiden Büros des **TkTs**. Um die zentral gelegene Zweigstelle am **Times Square** winden sich immer lange Warteschlangen, im **World Trade Center** (Turm 2) sind die Wartezeiten kürzer. Kreditkarten werden nicht akzeptiert!

Musik und Tanz

Carnegie Hall [Nr. 70] und Avery Fisher Hall sind die beiden großen **Konzerthallen**; letztere gehört zum Lincoln Center for the Performing Arts [Nr. 90] (Broadway und 65th Street), in dem u. a. auch die legendäre ›Met‹, die Metropolitan Opera, untergebracht ist. Ebenfalls Teil des Lincoln Center ist die New York City Opera, die sich mit dem New York City Ballet das New York State Theater teilt.

Die ›New York Times‹, das ›New York Magazine‹, ›The New Yorker‹, ›Time Out‹ und ›The Village Voice‹ informieren über Veranstaltungen in den Bereichen **zeitgenössische Musik** und **Jazz**. Die Presse weist auch auf **kostenlose Konzerte** hin, sei es im Central Park, in einem der vielen Foyers in Midtown oder im Finanzdistrikt, wo zur Lunchzeit regelmäßig Musikanten aufspielen.

Für **Jazz-Liebhaber** hat New York einen besonderen Reiz. Zu den bekannten Jazzklubs im West Village zählt z. B. das **Blue Note** (131 W. 3rd St., Ecke 6th Ave., Tel. 4 75-85 92, So–Do 19–2, Fr/Sa 19–4 Uhr). Seinen ausgezeichneten Ruf verdankt es Auftritten u. a. von Oscar Peterson oder Elvin Jones. Auch **Sweet Basil** (88 7th Ave., Tel. 2 42-17 85) ist ein Tipp. Geradezu legendär ist das **Village Vanguard** (178 7th Ave., zw. 11th St., Tel. 2 55-40 37), die musikalische ›Vorhut des Village‹. Jazzgrößen von Tommy Flanagan über Lou Donaldson bis Cecil Taylor gaben sich in dem 123 Personen fassenden Gewölbe schon die Ehre.

Wer auch an jungen Talenten interessiert ist, sollte Mittwoch Abend nach Harlem fahren. Dort findet im **Apollo Theater** (253 W. 125th St., Tel. 7 49-58 38) die *Amateur Night* (Tel. 3 07-71 71) statt, bei der das Publikum die Darbieter entweder begeistert feiert oder gnadenlos auspfeift.

Kunsthandel / Galerien

New Yorks Galerien und einige seiner Galeristen, wie Leo Castelli, Ileana Sonnabend und Paula Cooper, sind weltberühmt. Die **ältesten Galerien** liegen an der 57th Street zwischen Park und 6th Avenue sowie an der Madison Avenue zwischen der 57th und etwa der 95th Street. Ganz SoHo ist ein Dorado für Kunstfreunde.

Über Ausstellungen informiert der **Gallery Guide**, der in den Galerien ausliegt, auch in den Zeitungen **Village Voice** und **New Yorker** findet man Hinweise darauf, was sich in der Galerien-Szene tut;

Musik liegt in der Luft: Für Jazz-Fans sind die New Yorker Clubs eine Offenbarung

suchen Sie unter der Rubrik ›Art‹ und ›Recent Openings‹.

Die meisten Galerien sind Di–Sa 10–18 Uhr geöffnet. In den Sommermonaten Juli und August schließen viele.

Museen, Sammlungen etc.

Angesichts der z.T. stolzen Eintrittspreise hilft der **City Pass** beim Sightseeing ein wenig beim Sparen. Er beinhaltet die gegenüber den Einzelpreisen um die Hälfte reduzierten Eintrittskarten für Empire State Building Observatory, Museum of Modern Art, Guggenheim Museum, American Museum of Natural History, Top of the World Trade Center sowie das Intrepid Sea Air Space Museum. Man erhält den ab Kauf neun Tage gültigen City Pass am Ticketschalter jedes der oben genannten Attraktionen.

Abigail Adams Smith House [Nr. 75], 421 E. 61st St., Tel. 8 38-68 78. Museumshaus. Mo–Fr 12–16, Sept.–Mai So 13–17 Uhr. August geschl.

Alternative Museum [s. S. 57], 594 Broadway (zw. Houston und Prince St.), Tel. 9 66-44 44. Zeitgenössische Kunst. Di–Sa 11–18 Uhr.

American Museum of Natural History [Nr. 100], Central Park West/79th St., Tel. 7 69-51 00. Naturhistorisches Museum. So–Do 10–17.45, Fr, Sa 10–20.45 Uhr.

Hayden Planetarium, Central Park West/81st St., So–Do 10–17.45, Fr, Sa 10–20.45 Uhr.

Rose Center for Earth and Space, 81st St. (zw. Central Park und Columbus Ave.), Tel. 769-5200. Space Shows von rund 40 Min. Dauer tgl. ab 10.30 Uhr

Brooklyn Museum [s. S. 153], 200 Eastern Parkway (Washington Ave.), Brooklyn, Tel. 7 18-6 38-50 00. Ägyptische Sammlung. Mi–Fr 10–17, Sa/So 11–18 Uhr, 1. Sa im Monat 11–23 Uhr mit Sonderprogramm.

Cathedral of St. John the Divine, [Nr. 102], 1047 Amsterdam Ave., Tel. 6 62-2133, Führungen Tel. 9 32-73 47. Kirchenmuseum. Mo–Sa 7–18, So 7–20 Uhr.

The Cloisters – Metropolitan Museum of Art [Nr. 105], Fort Tryon Park (Ecke 190th St.), Tel. 9 23-37 00. Kunst des Mittelalters. Di– So 9.30–17 Uhr.

Cooper-Hewitt Museum [Nr. 85], 5th Ave. (Ecke E. 91st St.), Tel. 8 49-8300. Designmuseum: Möbel, Schmuck, Keramik, Textilien. Di 10–21, Mi–Sa 10–17, So 12–17 Uhr.

Ellis Island Immigration Museum [s. S. 23], Ellis Island, Tel. 3 63-32 00 (Fähre der Circle Line vom Battery Park aus, tgl. 9.30–17 Uhr, Tel. 2 69-57 55). Einwanderermuseum. Juni–Sept. tgl. 8.30–18.45, sonst bis 17.45 Uhr. Eintritt frei.

Fraunces Tavern Museum [s. S. 28], 54 Pearl St., Tel. 4 25-17 78. Mo–Fr 10–16.45, Sa/So 12–16 Uhr. Über die Geschichte der historischen Taverne.

Museen, Sammlungen etc.

Frick Collection [Nr. 78], 10 E. 70th St. (zw. Madison und 5th Ave.), Tel. 2 88-07 00. Gemäldesammlung europäischer Meister des 14.–19. Jh. Di–Sa 10–18, So 13–18 Uhr.

Guggenheim Museum, Solomon R. [Nr. 84], 1071 5th Ave. (Ecke 89th St.), Tel. 4 23-35 00. Moderne Kunst. So–Mi 9–18, Fr/Sa 9–20 Uhr.
– *Zweigmuseum: Guggenheim Museum SoHo* [s. S. 57], 575 Broadway (Ecke Prince St.), Tel. 4 23 -35 00. Wechselnde Ausstellungen. Do–Mo 11–18 Uhr.

Historic Richmond Town [s. S. 157], 441 Clarke Ave., Staten Island, Tel. 7 18-351-16 11. Museumsdorf aus der Kolonialzeit. Juli/Aug. Mi–Fr 10–17, Sa/So 13–17, sonst Mi–So 13–17 Uhr.

International Center of Photography [Nr. 87], 1130 5th Ave. (94th St.), Tel. 8 60-17 77. Fotoausstellungen. Di–Do 10–17, Fr 10–20, Sa/So 10–18 Uhr.
– *Zweigmuseum in Midtown:* 1133 Ave. of the Americas, (Ecke 43rd St.), Tel. 7 68-46 82.

Isamu Noguchi Garden Museum [s. S. 155], 32–37 Vernon Boulevard (Long Island City / Queens), Tel. 718-721-1932. bitte hier noch etwas Text. April – Okt. Mi – Fr 10–17, Sa/So 11–18 Uhr.

Jewish Museum [Nr. 86], 1109 5th Ave. (Ecke 92nd St.), Tel. 4 23-32 00. Judaica. So/Mo/Mi/Do 11-17.45, Di 11–21, Fr 11–15 Uhr.

Lower East Side Tenement Museum [Nr. 30], 66 Allen Street, Eingang: 90 Orchard St., Tel. 4 31-02 33. Einwanderungsgeschichte. Di–Fr 12–17, Sa/So 10–17 Uhr.

Metropolitan Museum of Art [Nr. 82], 1000 5th Ave. (Ecke 82nd St.), Tel. 5 35-77 10. Kunstmuseum von Weltruf und -rang. Di –Do 9.30–17.30, Fr/Sa 9.30–21, So 9.30–17.30 Uhr.

Museo del Barrio [Nr. 89], 1230 5th Ave. (Ecke 105th St.), Tel. 8 31-72 72. Hispanische Kunst und Kultur. Mi–So 11–17 Uhr.

Museum for African Art [s. S. 57], 593 Broadway (zw. Houston und Prince St.), Tel. 9 66-13 13. Afrikanische Kunst. Di – Fr 10.30–17.30, Sa/So 12–18 Uhr.

Museum of the City of New York [Nr. 88], 1220 5th Ave. (Ecke 103rd St., Harlem), Tel. 5 34-16 72. Stadtgeschichte. Mi–Sa 10–17, So 13–17 Uhr.

Museum of Jewish Heritage: A Living Memorial to the Holocaust [s. S. 26], 18 First Place, Battery Park City, Tel. 9 45-00 39. Geschichte des Holocaust. So–Mi 9–17, Do 9–20, Fr 9–15 Uhr.

Museum of Modern Art [Nr. 63], 11 W 53rd St. (zw. 5th und 6th Ave.), Tel. 7 08-94 00. Moderne Kunst. Sa–Di, Do 10.30–17.45, Fr 10.30–20.15 Uhr.

National Museum of the American Indian [s. S. 26], 1 Bowling Green (U.S. Custom House), Tel. 514-37 00. Indianermuseum. Mo–Fr 10–17. Sa 9–16, So 10–16 Uhr.

New Museum of Contemporary Art [s. S. 57], 583 Broadway (Ecke Houston St.), Tel. 2 19-12 22. Zeitgenössische Kunst. Mi/So 12–18, Do–Sa 12–20 Uhr.

New-York Historical Society [Nr. 96], 2W 77th St. (bei Central Park West), Tel. 8 73-34 00. Exponate zur Stadtgeschichte. Di–So 11–17 Uhr.

New York Public Library (Mid-Manhattan Library) [Nr. 48], 455 5th Ave. (Ecke 40nd St.), Tel. 340-0833. Sonderausstellungen, Lesesaal. Mo/Mi/Do 9–21, Di 11–19, Fr/Sa 10–18 Uhr.

New York Public Library for the Performing Arts [s. S. 132], 40 Lincoln Center (West 62nd bis 66th St.), Tel. 8 70-16 30. Darstellende Künste. Mo–Do 12–20, Di/Mi/Fr/Sa 12–18 Uhr.

New York Public Library – Schomburg Center [s. S. 148], 515 Malcolm X Blv., Tel. 4 91-22 00. Geschichte und Kultur der Afro-Amerikaner. Mo–Mi 12–27, Fr/Sa 10–17 Uhr.

Pierpont Morgan Library [Nr. 47], 29 E. 36th St., Tel. 6 85-06 10. Wechselnde Ausstellungen, Lesesaal. Di –Do 10.30–17, Fr 10.30–20, Sa 10.30–18, So 12–18 Uhr.

Sony Wonder Technology Lab [s. S. 106], 550 Madison Ave, Tel. 8 33-81 00. Kommunikation und moderne Technologie. Di/Mi/Fr/Sa 10–18, Do 10–20, So 12–18 Uhr.

South Street Seaport Museum [s. S. 38], 207 Front St., Tel. 7 48-86 00. Restaurierte Hafenanlage. Fr–Mi 10–17, Do 10–20 Uhr.

Statue of Liberty Museum [s. S. 22], Liberty Island, Tel. 3 63-32 00 (Fähre der Circle Line vom Battery Park aus, tgl. 9.30–17 Uhr, Tel. 2 69-57 55). Geschichte der Einwanderung ab 1600.

Fester Bestandteil des New Yorker Nachtlebens: das Hard Rock Cafe

Studio Museum in Harlem [s. S. 148], 144 W. 125th St., Tel. 8 64-45 00. Moderne Werke schwarzer Künstler. Mi /Do 12–18, Fr 12–20, Sa/So 10–18 Uhr.

Whitney Museum of American Art [Nr. 79], 945 Madison Ave. (Ecke 75th St.), Tel. 5 70-36 76. Amerikanische Kunst des 20. Jh. Di–Do 11–18, Fr 13–21, Sa/So 11–18 Uhr.
– *Whitney Museum of American Art at Philip Morris Building* [s. S. 86], 120 Park Ave./42nd St., Tel. 663-2453. Galerie: Mo–Fr 11–18, Do 11–19.30 Uhr; Sculpture Court: Mo–Sa 7.30–21.30, So und während der Ferien 11–19 Uhr.

Sonstige Sehenswürdigkeiten

Bronx Zoo [s. S. 156], 2300 Southern Boulevard (Ecke Bronx Park South, Bronx), Tel. 7 18-3 67-10 10, Mo–Fr 10–17, Sa/So bis 17.30 Uhr.

Brooklyn Botanic Garden [s. S. 152], 1000 Washington Ave. (beim Prospect Park), Brooklyn, Tel. 7 18-6 23-72 00, Di–Fr 8–16.30, Sa/So 10–16.30 Uhr.

City Hall [s. S. 48], Broadway/Murray St., City Hall Park, Mo–Fr 10–15.30 Uhr.

Federal Hall National Memorial [Nr. 12], 28 Wall St., Mo–Fr 9–17 Uhr.

Gracie Mansion [Nr. 83], East End Ave. (Ecke 88th Str.), Tel. 5 70-09 85, Gruppenanmeldungen Tel. 5 70-47 51. Führungen März – Nov. Mi 10, 11, 13 und 14 Uhr sowie nach Vereinbarung.

Lincoln Center for the Performing Arts [Nr. 90], Columbus Ave. (Ecke 64th St.), Führungen tgl. ab Concourse 10–16.30 Uhr, Anmeldg. Tel. 8 75-53 50.

New York Stock Exchange [s. S. 32], 20 Broad St./Wall St., Tel. 6 56-51 68, Mo–Fr 9–16 Uhr. Kostenlose Führungen Mo – Fr 8.45 –16 Uhr, Tickets dafür im Kiosk 20 Broad St.

Radio City Music Hall [s. S. 98], 6th Ave./50th St., Führungen tgl. 10–17 Uhr, alle 30 Min. außer wenn Veranstaltungen sind, Tel. 6 32-4041.

Statue of Liberty [Nr. 1], Liberty Island, tgl. 9–15.30 Uhr (Fähre der South Ferry ab Battery Park, Tickets im Castle Clinton, Tel. 2 69-57 55).

Theodore Roosevelt Birthplace [Nr. 35], 28 E. 20th St., Tel. 2 60-16 16, Museumshaus, Mi – So 9 –17 Uhr.

United Nations Headquarters [Nr. 54], 1st Ave. zwischen 45th und 46th St., Führungen tgl. 9 –16.45 Uhr. Führungen in deutscher Sprache: Tel. 9 63-75 39.

Nachtleben

Infos über die Nightspots bietet das Veranstaltungsblatt ›Time out‹. Erkundigen Sie sich danach, welche Kleidung in der Disko Ihrer Wahl erwünscht ist, damit der Türsteher Sie auch hinein lässt. Und stürzen Sie sich nicht zu früh ins Nachtleben, das in New York erst ab 23 Uhr richtig beginnt.

Um einfach nächtens durch die Straßen zu bummeln, fährt man nach Greenwich Village, ins East Village, nach SoHo oder in die Upper West Side.

Carbon, 610 W. 56th St., zwischen 11th und 12th Ave. Megaclub, in dem

Aktuell A bis Z

Do – Sa einige der besten Discjockeys der Stadt das Programm gestalten.

CBGB and OMFUG, 315 Bowery (Ende Bleecker Street, zw. 1st und 2nd St.), Tel. 982-4052. Lange dunkle Bar, verschiedene Musikrichtungen. Erster Auftrittsort der Punkgruppe ›Ramones‹.

Hard Rock Cafe, 221 W. 57th St. zwischen 7th Ave. und Broadway. Favorit der Jungen – am Wochenende sehr voll.

Sounds of Brazil (SOB), 204 Varick St., zwischen West Houston und King St. Hervorragende Livemusik aus der Karibik, Lateinamerika und Afrika.

Sport

Bootsfahrten

Im Sommer kann man mit Ruderbooten auf dem See im Central Park fahren. Zu mieten sind die Dingis bei **Loeb Boathouse**, Park Drive North (bei 72nd St.), Tel. 5 17-22 33.

Eislaufen

Okt. – April läuft man auf dem Eis des **Wollman Memorial Rink** im Central Park. Das Betonrund befindet sich auf Höhe der 59th Street, Tel. 5 17-48 00.

Von Mitte Oktober bis Mitte April verwandelt sich die Plaza im **Rockefeller Center**, auf der im Sommer Caféhaus-Tische und -Stühle stehen, in einen Eislaufplatz. Tel. 3 32-76 54

Die Chelsea Piers (23rd Ave.) bieten den **Skyrink**, Tel. 3 36-68 00, der tgl. bis 22.15 Uhr geöffnet ist.

Fahrradverleih

Räder für Touren durch den Central Park kann man stundenweise mieten bei **Loeb Boathouse**, Park Drive North (bei 72nd St.), Tel. 5 17-22 33.

Joggen

In New York joggt man überall, ungeachtet der Abgase, die man einatmet. Man joggt natürlich im **Central Park** und dort mit Vorliebe auf dem Pfad, der ums Reservoir führt. Einmal im Jahr, am ersten Sonntag im November, rennt dann plötzlich gewissermaßen die ganze Stadt, und mit ihr laufen Tausende, die von außerhalb kommen, um am *New York City Marathon* teilzunehmen.

Sportveranstaltungen

Spektakuläre Sportveranstaltungen, wie z. B. Boxkämpfe, finden im **Madison Square Garden Center** [Nr. 43] statt.

Baseball

New Yorks Baseball-Mannschaften sind die ›Yankees‹ und die ›Mets‹. In der Saison (April–Okt.) spielen die Yankees im **Yankee Stadium** in der Bronx (Tel. 7 18-2 93-60 00), die Mets im **Shea Stadium** in Queens (Tel. 7 18-5 07-84 99).

Football

New Yorks Football-Mannschaften sind die ›Jets‹ und die ›Giants‹. In der Saison (Sept.–Dez.) spielen sie im **Meadowlands Sports Complex** in East Rutherford in New Jersey, Tel. 2 01-9 35-39 00.

Tennis

Im **Central Park** an der 93rd Street befindet sich ein Tennisplatz, auf dem auch Gäste gegen eine geringe Gebühr spielen können. Tel. 3 60-81 33.

Jedes Jahr im September findet im New Yorker Stadtteil Queens das US Open statt, eines der vier Grand Slam Turniere. Spielort ist der **Flushing Meadows Park**, Tel. 7 18-7 60-62 00.

Stadtbesichtigung

Mit dem Bus

Gray Line New York Tours, 1740 Broadway, Tel. 3 97-26 20. Gray Line bietet verschiedenste Touren von 2 – 8 Std. Dauer an; Führungen auch in deutscher Sprache.

Mit dem Hubschrauber

Liberty Helicopters, Downtown Manhattan Heliport, Pier 6/East River, Tel. 4 65-89 05. Manhattan von oben – ein unvergessliches Erlebnis!

Mit dem Schiff

Circle Line, Pier 83 am westlichen Ende der 42nd Street, Tel. 5 63-32 00. Die Fahrt um die Insel Manhattan dauert drei Stunden. Tgl. März – Dez.

Circle Line Statue of Liberty South Ferry, Battery Park, Tel. 2 69-57 55.

Staten Island Ferry [Nr. 3], Whitehall Ferry Terminal, Tel. 7 27-25 08. Die billigste Möglichkeit, die Skyline vom

Wasser aus zu genießen: Hinfahrt und Rückfahrt kostenlos!

Thematische Führungen

Big Apple Greeter, 1 Centre St., Tel. 669-2896, Fax 669-3685. Gratis-Touren, geführt von New Yorkern. Anmeldung 2 Wochen im Voraus.

Harlem, Your Way! Tours Unlimited, 129 W. 130th St., Tel. 888-692-2775. Abendtouren mit einem Besuch des Apollo Theater, sonntägliches Gospelprogramm und vieles mehr.

Harlem Spirituals, 690 8th Ave. (zw. 43rd und 44th St.), Tel. 391-0900. Spezialisiert auf Gospel- und Jazztouren.

Walk of the Town, 280 Riverside Drive, Tel. 222-5343. Touren durch Greenwich Village, Wall Street, Theater District, Lower East Side.

Aussichtspunkte

Empire State Building [Nr. 44], 5th Ave./34th St., Aussichtsterrassen tgl. 9.30–24 Uhr, letzte Tickets werden um 23.25 Uhr verkauft.

World Trade Center [Nr. 19], Aussichtsplattform tgl. 9.30–21.30 Uhr.

Statistik

Bedeutung: New York ist einer der größten Industriestandorte der USA und das bedeutendste Handels- und Finanzzentrum der Welt (Wall Street). In New York befindet sich das Hauptquartier der Vereinten Nationen.
Hauptstadt des Bundesstaates New York ist Albany – nicht New York City!

Lage: New York liegt auf der Höhe von Neapel, knapp 41 °C nördlicher Breite und 74 °C westlicher Länge.

Fläche des gesamten Stadtgebiets: 780 km². Die Insel Manhattan ist 21,5 km lang und 1,3–3,7 km breit.

Stadtteile: New York besteht aus fünf Boroughs: Manhattan, Bronx, Queens, Brooklyn, Staten Island.

Bevölkerung: 8 Mio. Einwohner in New York City. Ethnisch setzt sich die Bevölkerung wie folgt zusammen: 35 % Weiße, 27 % Hispanier (aus der Karibik, Zentral- und Südamerika), 25 % Schwarze, 10 % Asiaten. Die Bevölkerung verteilt sich folgendermaßen auf die einzelnen Stadtteile: Manhattan 1,5 Mio.,

Bronx 1,3 Mio., Queens 2,2 Mio., Brooklyn 2,5 Mio., Staten Island 444 000.

Fremdenverkehr: 40 Mio. Besucher pro Jahr (einschl. Tagesbesucher); xy Mio. Besucher aus dem Ausland (überwiegend aus Kanada, England, Deutschland, Japan, Frankreich und Italien); ca. 59 000 Hotelzimmer, Hotelbelegung 75,2 %.

Stadtwappen: Windmühlenflügel, begleitet oben und unten von zwei Bibern und seitlich von zwei Fässern.

Spitzname: The Big Apple.

Unterkunft

Arm kann man werden in Morpheus Armen in dieser Stadt! Wer aus dem Jugendherbergsalter heraus ist, muss mindestens 150 $ pro Nacht hinblättern, wenn er sich in Manhattan einigermaßen gepflegt zur Ruhe legen will. Zusätzlich zahlt man 13,25 % Steuer pro Zimmer und Nacht. Dazu kommt eine zweite Steuer in Höhe von 2 $ pro Tag. Vom *Trinkgeld* gar nicht zu sprechen: Der Kofferträger erhält 1 $ pro Gepäckstück, der Türsteher erwartet 1 $, wenn man ihn bittet, ein Taxi zu rufen, Zimmermädchen bekommen 2 $ pro Tag. Generell ist zu sagen, dass es billiger ist, die Hotels in Deutschland über einen Veranstalter zu buchen.

Im **Internet** findet man Informationen zu den einzelnen Häusern unter »Hotels & Visitors« auf der Seite www.newyork.citysearch.com

In New Yorker Luxusherbergen kann man für Geld sogar Bettwäsche haben, die mit dem eigenen Monogramm bestickt ist. Da die meisten Reisenden aber in der Regel andere Probleme haben, stellen wir im Schwerpunkt auf relativ preiswerte Unterkünfte vor. Die im Folgenden genannten Preise beziehen sich jeweils auf ein Doppelzimmer:

ab 350 $

Top Tipp **The Pierre**, 2 E. 61st St. (bei 5th Ave.) NY 10021, Tel. 8 38 -80 00, Fax 940-81 09. Das gediegene Traditionshotel liegt wunderbar direkt am Central Park. Es verwöhnt den Gast mit perfektem Service in luxuriösem Alte-Welt-Ambiente.

Plaza Athénée, 37 E. 64th St. (zw. Madison und Park Ave.), NY 10021,

Tel. 7 34-91 00, Fax 772-09 58. VIPs unter sich? Auch zahlungskräftige Normalbürger werden den Luxus genießen.

The Plaza, 5th Ave. (bei 59th St.), NY 10019, Tel. 759-30 00, Fax 759-31 67. Weltberühmt und viel besucht ist vor allem das Foyer des pompösen Hotels.

Waldorf-Astoria, 301 Park Ave. (bei 50th St.), NY 10022, Tel. 3 55-30 00, Fax 872-72 72. Hotel mit Familientradition und vielen berühmten Gästen [Nr. 56].

Top Tipp **SoHo Grand Hotel**, 310 W. Broadway, NY 10013, Tel. 9 65-30 00, Fax 9 65-32 00. Erstes Hotel der Luxuskategorie in SoHo. Es ist modern, sprich cool, mit industriellem Design eingerichtet und erfreut sich großer Beliebtheit bei Modeleuten und jungen erfolgreichen Kreativen.

200 bis 300 $

Algonquin, 59 W. 44th St., NY 10036, Tel. 8 40-68 00, Fax 9 44-14 19. Fast wie zu Hause: Die Lobby ist gemütlich wie ein Wohnzimmer, die Gästezimmer einladend. Parkett der Literaten, Künstler und Journalisten [Nr. 53].

Beacon, 2130 Broadway, NY 10023, Tel. 7 87-11 00, Fax 7 24-08 39. Komfortables Hotel in der Upper West Side. Manche der Zimmer verfügen über Kochnischen. Von den Räumen in den oberen Stockwerden hat man einen herrlichen Blick über die Stadt.

Empire Hotel, 44 W. 63rd St., NY 10023, Tel. 265-7400, Fax 315-0349. Gleich gegenüber der Metropolitan Opera: traditionsreiches Hotel mit modernem Standard und angenehmer Atmosphäre.

Mansfield, 12 W. 44th St., NY 10036, Tel. 9 44-60 50, Fax 764-44 77. Geschmackvoll renoviertes Haus in unmittelbarer Nähe des Theater District u. a. mit sonnigen Suiten.

Mayflower, 15 Central Park West, NY 10023, Tel. 2 65-00 60, Fax 265-02 27. Manche der gemütlichen Zimmer bieten sogar einen Blick auf den Central Park.

Paramount, 235 W. 46th St., NY 10036, Tel. 7 64-55 00, Fax 354-52 37. Französisch-kühl ausgestattetes Hotel, das besonders bei (europäischen) Yuppies beliebt ist.

Radisson Hotel, 511 Lexington Ave., NY 10017, Tel. 755-4400, Fax 751-4091. Trotz seiner Größe hat dieses zentral gelegene Hotel eine angenehme Atmosphäre.

Roger Williams Hotel, 131 Madison Ave., NY 10016, Tel. 448-7000, Fax 448-7007. Minimalistisch elegant mit hellem Holz eingerichtetes Hotel auf Höhe der 31st Street. Kleine Zimmer, korrekter Service.

Wales, 1295 Madison Ave., NY 10128, Tel. 876-6000, Fax 860-7000. Hotel in vornehmer Lage an der Upper East Side – unweit der Museum Mile. Sonntags wird Kammermusik geboten.

100 bis 200 $

Best Western Manhattan, 17 W. 32nd St., NY 10001, Tel. 736-1600, Fax 790-2760. Die Zimmer entsprechen dem Hotelkettenstandard, doch die Beaux Arts-Fassade ist wunderschön.

Gershwin Hotel, 7 E. 27th St., NY 10016, Tel. 545-8000, Fax 684-5546. Bei Künstlern und jungen Leuten beliebtes Hotel in zentraler Lage zwischen der 5th und der Madison Avenue.

Holiday Inn Hotel Midtown, 440 W. 57th St., NY 10019, Tel. 581-8100, Fax 581-7739. Komfortables Hotel mitten in Manhattans Theater District – nicht weit von Radio City Music Hall.

 Lucerne, 201 W. 79th St., NY 10024, Tel. 875-1000, Fax 579-2408. Hier stimmt einfach alles: Die Lage auf der Upper West Side in Parknähe zwischen Broadway und Amsterdam, die freundliche und gediegene Ausstattung, der aufmerksame Service sowie der Preis für das Gebotene.

Off SoHo Suites Hotel, 11 Rivington St., Tel. 979-9808, Fax 979-9801. Mitten in SoHo gelegen, bietet dieses Hotel mit seinen einfachen properen Suiten mit Küche eine günstige Übernachtungsmöglichkeit.

Pickwick Arms, 230 E. 51st St., NY 10022, Tel. 355-0300, Fax 755-5029. Hotel in Midtown mit Dachterrasse, Gourmet-Deli und Cocktail-Bar.

Salisbury, 123 W. 57th St., NY 10019, Tel. 246-1300, Fax 977-7752. Hotel im Theater District mit überwiegend großen Zimmern.

Welcome! Portier vor dem Hotel

Second Home on Second Avenue, 221 2nd Ave., Lower East Side, NY 10013, Tel./Fax 677-3161. Wer in einem der nur sieben hübsch ausgestatteten Zimmer nächtigen will, muss rechtzeitig reservieren.

Washington Square Hotel, 103 Waverly Place, NY 10011, Tel. 777-9515, Fax 979-8373. Die günstige Lage im Herzen von Greenwich Village verbunden mit der netten Ausstattung und freundlichem Service machen dieses Hotel zu einem Tipp.

unter 100 $

Big Apple Hostel, 119 W. 45th St., NY 10036, Tel. 302-2603, Fax 302-2605. Eine Art Jugendherberge in guter Lage mit elf separaten Zimmern und 100 Betten in Viererzimmern. Küche und Bad werden gemeinschaftlich genutzt.

de Hirsch Residence at the 92nd Y, 1395 Lexington Ave., NY 10128, Tel. 415-5650, Fax 415-5578. 298 Einzel- und Doppelzimmer, die auch langfristig vermietet werden. Ringsum gibt es preisgünstige Restaurants.

Hotel 17, 225 E. 17th St., NY 10003, Tel. 475-2845. Zentral gelegenes Haus mit 160 Zimmern, ideal für Nachtschwärmer. Kreditkarten werden nicht akzeptiert.

YMCA, West Side, 5 W. 63rd St., NY 10023, Tel. 875-4100, Fax 875-1334. Dieser CVJM bietet Männern wie Frauen eine erschwingliche Unterkunft.

Privatunterkünfte

Nicht nur der Preis spricht dafür, in New York privat zu wohnen, ob Bed & Breakfast oder Apartments, man hat außerdem die Chance, die Stadt quasi als Bewohner kennen zu lernen.

New York Habitat, 307 7th Ave., Tel. 3 52-02 67/143, Fax 6 27-14 16. Vermittelt Unterkünfte in möblierten Aparments sowie Bed & Breakfast in allen Stadtteilen. In der Regel muss man dem Vermieter das Entgeld bar bezahlen. Die günstigen Angebote liegen bei 90 $.

Verkehrsmittel

Auto

Der beste Rat: Lassen Sie die Finger vom Steuer! New York und insbesondere Manhattan hat ein sehr gut ausgebautes öffentliches Verkehrssystem [s. u.], Parkplätze hingegen sind Mangelware.

Wenn Sie von New York aus mit dem Auto weiterfahren wollen, mieten Sie den Wagen am letzten Tag. Aus Preisgründen ist es sinnvoller, das Auto bereits in Deutschland zu reservieren. Für Mitglieder bietet die **ADAC Autovermietung GmbH** günstige Konditionen. Buchungen über die ADAC-Geschäftsstellen oder unter Tel. 0 8 05/31 81 81 (12 Pf./Min.). Außerdem können Mitglieder umfangreiches **Informations- und kartenmaterial** kostenlos bei allen ADAC-Geschäftsstellen abholen oder unter Tel. 0 18 05/ 10 11 12 (24 Pf./Min.) anfordern. Im Buchhandel ist der im ADAC-Verlag erschienene Cityplan *New York* erhältlich.

Bus

New York hat ein fantastisch ausgebautes **öffentliches Verkehrssystem**: 12 000 Taxis, ein U-Bahn-Netz von 370 km Länge und Busse, die auf einer Strecke von 2800 km verkehren – diese Zahlen sprechen für sich. In Bussen, Subway Stationen und in den meisten Hotels sind Informationsbroschüren und Pläne erhältlich. Auskünfte auch bei: **Metropolitan Transportation Authority NYC Transit**, Tel. 7 18-3 30-12 34 (englisch), Tel. 7 18-3 30-48 47 (andere Sprachen).

Während die U-Bahn für Nord-Süd-Verbindungen in Manhattan sorgt, verkehren Busse meist auf Ost-West-Routen. Das Fahrgeld beträgt pauschal 1,50 $ oder einen Token [s. u.]. Der Fahrer kann nicht wechseln; halten Sie das Geld abgezählt und in Münzen bereit. Wenn Sie umzusteigen wollen, verlangen Sie vom Fahrer einen **Transfer**. Dieses Ticket ist Ihr Fahrschein für den nächsten Bus.

Taxi

Nehmen Sie nur die offiziellen **gelben Taxis** (*Cab*). Sie sind mit einem Taxameter ausgestattet, die Lizenz des Fahrers muss gut sichtbar im Auto aushängen. Es gibt weder Taxistände noch kann man ein normales Cab per Telefon ordern. Man winkt Taxis einfach auf der Straße herbei.

Vergewissern Sie sich, ob der Fahrer auch wirklich verstanden hat, wohin Sie möchten. Viele Taxifahrer verfügen nur über rudimentäre Englischkenntnisse. 10–15 % Trinkgeld sind üblich.

U-Bahn

Die U-Bahn (*Subway*) ist das zuverlässigste und schnellste Verkehrsmittel in New York. Während oben die Taxis im Stau stehen, rauscht unterirdisch die Metro vorbei. Manchmal so schnell, dass es für Fremde ein Problem wird: Es gibt nämlich *Local Lines* und *Express Lines*, deren Verlauf für Nicht-Eingeweihte nicht mit Gewissheit zu bestimmen ist. Da die Express Lines nur an bestimmten Stationen halten ist es immer sicherer, als Tourist die Local Lines zu nehmen, die an jeder Station stoppen.

Man bezahlt entweder mit **Token**, metallenen Wertmarken, die man für je 1,50 $ in jeder U-Bahn-Station erwerben kann, oder mit der **MetroCard**. Sie ist in Tourismusbüros, in gekennzeichneten MetroCard-Verkaufsstellen oder an Automaten in der U-Bahn erhältlich. Es gibt sie als *Pay-per-ride* Karte, auf die man vorab einzahlen kann.

Außerdem werden angeboten: 1-Tages-Karte *Fun Pass*, 7-Tages-Karte *Unlimited Ride* und 30-Tages-Karte *Unlimited Ride*. Alle drei berechtigen innerhalb des jeweiligen Zeitraums zu unbegrenzten Fahrten mit U-Bahn und Bussen. Fahrgäste ab 65 Jahren erhalten Ermäßigungen.

Info-Telefon: 212-METROCARD, **Internet:** http://metrocard.citysearch.com

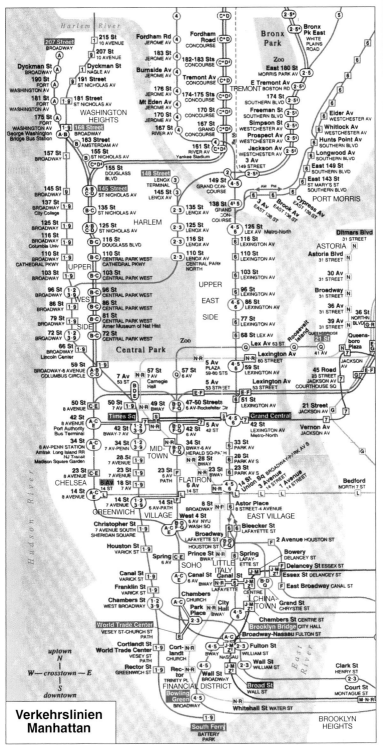

Verkehrslinien
Manhattan

Sprachführer

Das Wichtigste in Kürze

Ja / Nein	*Yes / No*
Bitte / Danke	*Please / Thank you*
In Ordnung. / Einverstanden.	*All right. / Agreed.*
Entschuldigung!	*Excuse me!*
Wie bitte?	*Pardon?*
Ich verstehe Sie nicht.	*I don't understand you.*
Ich spreche nur wenig Englisch.	*I only speak a little English.*
Können Sie mir bitte helfen?	*Can you help me, please?*
Das gefällt mir. / Das gefällt mir nicht.	*I like that. / I don't like that.*
Ich möchte …	*I would like …*
Haben Sie …?	*Have you got …?*
Gibt es …?	*Is there …?*
Wie viel kostet das?/ Wie teuer ist …?	*How much is that?*
Kann ich mit Kreditkarte bezahlen?	*Can I pay by credit card?*
Wie viel Uhr ist es?	*What time is it?*
Guten Morgen!	*Good morning!*
Guten Tag!	*Good morning!/ Good afternoon!*
Guten Abend!	*Good evening!*
Gute Nacht!	*Good night!*
Hallo!/ Grüß Dich!	*Hello!*
Wie ist Ihr Name, bitte?	*What's your name, please?*
Mein Name ist …	*My name is …*
Wie geht es Ihnen?	*How are you?*
Auf Wiedersehen!	*Goodby!*
Tschüs!	*See you!*
Bis bald!	*See you soon!*
Bis morgen!	*See you tomorrow!*
gestern / heute / morgen	*yesterday / today / tomorrow*
am Vormittag / am Nachmittag	*in the morning / in the afternoon*
am Abend / in der Nacht	*in the evening / at night*
um 1 Uhr / um 2 Uhr …	*at one o'clock / at two o'clock …*
um Viertel vor (nach) …	*at a quarter to (past) …*
um … Uhr 30	*at … thirty*
Minuten / Stunden	*minutes / hours*
Tag(e) / Woche(n)	*day(s) / week(s)*
Monat(e) / Jahr(e)	*month(s) / year(s)*

Wochentage

Montag	*Monday*
Dienstag	*Tuesday*
Mittwoch	*Wednesday*
Donnerstag	*Thursday*
Freitag	*Friday*
Samstag	*Saturday*
Sonntag	*Sunday*

Zahlen

0	*zero*	20	*twenty*
1	*one*	21	*twenty-one*
2	*two*	22	*twenty-two*
3	*three*	30	*thirty*
4	*four*	40	*forty*
5	*five*	50	*fifty*
6	*six*	60	*sixty*
7	*seven*	70	*seventy*
8	*eight*	80	*eighty*
9	*nine*	90	*ninety*
10	*ten*	100	*a (one) hundred*
11	*eleven*		
12	*twelve*	200	*two hundred*
13	*thirteen*	1 000	*a (one) thousand*
14	*fourteen*		
15	*fifteen*	2 000	*two thousand*
16	*sixteen*	10 000	*ten thousand*
17	*seventeen*	1/4	*a (one) quarter*
18	*eighteen*		
19	*nineteen*	1/2	*a (one) half*

Monate

Januar	*January*
Februar	*February*
März	*March*
April	*April*
Mai	*May*
Juni	*June*
Juli	*July*
August	*August*
September	*September*
Oktober	*October*
November	*November*
Dezember	*December*

Maße

Meile	*mile*
Fuß	*foot / feet*
Gallone	*gallon*
Pfund	*pound*
Gramm	*gramme*
Liter	*liter*

Unterwegs

Nord / Süd / West / Ost	*north / south / west / east*
geöffnet / geschlossen	*open / closed*
geradeaus / links / rechts / zurück	*straight on / left / right / back*
nah / weit	*near / far*
Wie weit ist es?	*How far is it?*
Wo sind die Toiletten?	*Where are the restrooms?*
Wo ist die (der) nächste … Telefonzelle / Bank / Post / Polizeistation / Geldautomat?	*Where is the nearest … pay phone booth / bank / post office / police station / automatic teller?*
Bitte, wo ist … der Hauptbahnhof / die U-Bahn / der Flughafen?	*Where is … the main train station / subway station / airport, please?*
Wo finde ich ein(e, en)? Apotheke / Bäckerei / Fotoartikel / Kaufhaus / Lebensmittelgeschäft / Markt?	*Where can I find a … pharmacy / bakery / photo shop / department store / food store / market?*
Ist das der Weg / die Straße nach …?	*Is this the way / the road to …?*
Gibt es einen anderen Weg?	*Is there another way?*
Ich möchte mit … dem (der) Zug / Schiff / Fähre / Flugzeug nach … fahren.	*I would like to go to … by … train / ship / ferry / airplane.*
Gilt dieser Preis für Hin- und Rückfahrt?	*Is this the round trip fare?*
Wie lange gilt das Ticket?	*How long will the ticket be valid?*
Wo ist das Fremdenverkehrsamt / Reisebüro?	*Where is the travel info / travel agency?*
Ich benötige eine Hotelunterkunft.	*I need hotel accommodation.*
Wo kann ich mein Gepäck lassen?	*Where can I leave my luggage?*
Ich habe meinen Koffer verloren.	*I lost my suitcase.*

Zoll, Polizei

Ich habe etwas / nichts zu verzollen.	*I have something / nothing to declare.*
Nur persönliche Dinge.	*Only personal belongings.*
Hier ist die Kaufbescheinigung.	*Here is the receipt.*

Hier ist mein(e) … Geld / Pass / Personalausweis / Kfz-Schein / Versicherungskarte.	*Here is my … money / passport / ID card / certificate of registration / car insurance card.*
Ich fahre nach … und bleibe … Tage / Wochen.	*I'm going to … to stay there for … days / weeks.*
Ich möchte eine Anzeige erstatten.	*I would like to report an incident.*
Man hat mein(e, en)… Geld / Tasche / Papiere / Schlüssel / Fotoapparat / Koffer / Fahrrad gestohlen.	*They stole my … money / bag / papers / keys / camera / suitcase / bicycle.*
Verständigen Sie bitte das Deutsche Konsulat.	*Please contact the German consulate.*

Freizeit

Ich möchte ein … Fahrrad / Motorrad / Surfbrett / Mountainbike / Boot / Pferd mieten.	*I would like to rent a … bicycle / motorcycle / surf board / mountain bike / boat / horse.*
Gibt es ein(en) Freizeitpark / Freibad / Golfplatz / Strand in der Nähe?	*Is there a … theme park / outdoor swimming pool / golf course beach in the area?*
Wann hat … geöffnet?	*What are the opening hours of …?*

Bank, Post, Telefon

Ich möchte Geld wechseln.	*I would like to change money.*
Brauchen Sie meinen Pass?	*Do you need my passport?*
Wo soll ich unterschreiben?	*Where should I sign?*
Ich möchte eine Telefonverbindung nach …	*I would like to have a telephone connection with …*
Wie lautet die Vorwahl für …?	*What is the area code for …?*
Wo gibt es … Münzen für den Fernsprecher / Telefonkarten / Briefmarken?	*Where can I get … coins for the pay phone booth / phone cards / stamps?*

Tankstelle

Wo ist die nächste Tankstelle?	*Where is the nearest gas station?*

Ich möchte …	I would like …
Gallonen	gallons of
Super / Diesel /	premium / diesel /
bleifrei	unleaded
mit … Oktan	with an octane rating of …
Volltanken, bitte.	Fill it up, please.
Bitte, prüfen Sie …	Please, check the …
den Reifendruck /	tire pressure /
den Ölstand /	oil level /
den Wasserstand /	water level /
das Wasser für die Scheibenwisch-anlage /	water in the wind-screen wiper system /
die Batterie.	battery.
Würden Sie bitte …	Would you please …
den Ölwechsel /	change the oil /
den Radwechsel vornehmen /	change the tires /
die Sicherung austauschen /	change the fuse /
die Zündkerzen erneuern /	replace the spark plugs /
die Zündung nachstellen?	adjust the ignition?

Panne

Ich habe eine Panne.	My car's broken down.
Der Motor startet nicht.	The engine won't start.
Ich habe die Schlüssel im Wagen gelassen.	I left the keys in the car.
Ich habe kein Benzin / Diesel.	I've run out of gas / diesel.
Gibt es hier in der Nähe eine Werkstatt?	Is there a garage nearby?
Können Sie mich abschleppen?	Could you tow my car?
Können Sie mir einen Abschleppwagen schicken?	Could you send a tow truck?
Können Sie den Wagen reparieren?	Could you repair my car?
Bis wann?	By when?
Ich möchte ein Auto mieten.	I would like to rent a car.
Was kostet die Miete …	How much is the rent …
pro Tag /	per day /
pro Woche /	per week /
mit unbegrenzter Meilen-Zahl /	including unlimited miles /
mit Kasko-versicherung /	including collision damage waiver /
mit Kaution?	with deposit?
Wo kann ich den Wagen zurückgeben?	Where can I return the car?

Unfall

Hilfe!	Help!
Achtung! / Vorsicht!	Attention! / Caution!
Rufen Sie bitte schnell …	This is an emergency, please call …
einen Krankenwagen /	an ambulance /
die Polizei /	the police /
die Feuerwehr.	the fire department.
Es war (nicht) meine Schuld.	It was (not) my fault.
Geben Sie mir bitte Ihren Namen und Ihre Adresse.	Please give me your name and address.
Ich brauche die Angaben zu Ihrer Autoversicherung.	I need the details of your car insurance.

Krankheit

Können Sie mir einen guten Deutsch sprechenden Arzt / Zahnarzt empfehlen?	Can you recommend a good German-speaking doctor / dentist?
Wann hat er Sprech-stunde?	What are his office hours?
Wo ist die nächste Apotheke?	Where is the nearest pharmacy?
Ich brauche ein Mittel gegen …	I need medication for …
Durchfall /	diarrhea /
Halsschmerzen /	a sore throat /
Fieber /	fever /
Insektenstiche /	insect bites /
Verstopfung /	constipation /
Zahnschmerzen.	toothache.

Im Hotel

Können Sie mir bitte ein Hotel / eine Pension empfehlen?	Could you please recommend a hotel / Bed & Breakfast?
Ich habe bei Ihnen ein Zimmer reserviert.	I booked a room with you.
Haben Sie ein …	Have you got a …
Einzel- / Doppel-zimmer …	single / double room …
mit Dusche / Bad ?	with shower / bath ?
für eine Nacht /	for a night /
für eine Woche?	for a week?
Was kostet das Zimmer …	How much is the room …
mit Frühstück /	with breakfast /
mit zwei Mahlzeiten?	with two meals?
Wie lange gibt es Frühstück?	How long will break-fast be served?

Ich möchte um … Uhr geweckt werden.	Please wake me up at …
Wie ist hier die Stromspannung?	What is the power voltage here?
Ich reise heute abend / morgen früh ab.	I will depart tonight / tomorrow morning.
Haben Sie ein Faxgerät / einen Hotelsafe?	Have you got a fax machine / a hotel safe?
Nehmen Sie Kreditkarten an?	Do you accept credit cards?

Im Restaurant

Wo gibt es ein gutes / günstiges Restaurant?	Where is a good / inexpensive restaurant?
Die Speisekarte / Getränkekarte, bitte.	The menu / the wine list, please.
Welches Gericht können Sie besonders empfehlen?	Which of the dishes can you recommend?
Ich möchte das Tagesgericht / Menü (zu…)	I would like the dish of the day (at …).
Ich möchte nur eine Kleinigkeit essen.	I only want a snack.
Gibt es vegetarische Gerichte?	Are there vegetarian dishes?
Haben Sie offenen Wein?	Do you serve wine by the glass?
Welche alkoholfreien Getränke haben Sie?	What soft drinks have you got?
Haben Sie Mineralwasser mit / ohne Kohlensäure?	Have you got carbonated water / non-carbonated water?
Das Steak bitte … englisch / medium / durchgebraten.	The steak … rare / medium / well-done, please.
Kann ich bitte … ein Messer / eine Gabel / einen Löffel haben?	Please, can I have … a knife / a fork / a spoon?
Darf man rauchen?	Is smoking allowed?
Rechnung / Bezahlen, bitte.	The bill, please.

Essen und Trinken

Ananas	pineapple
Bier	beer
Birnen	pears
Bratkartoffeln	hash browns
Brot / Brötchen	bread / rolls
Butter	butter
Ei	egg
Eier mit Speck	bacon and eggs
Eiskrem	ice-cream
Erbsen	peas
Erdbeeren	strawberries
Essig	vinegar
Fisch	fish
Fleisch	meat
Fleischsoße	gravy
Frühstück	breakfast
Gebäck	pastries
Geflügel	poultry
Gemüse	vegetable
Gurke	cucumber
Hähnchen	chicken
Hammelfleisch	mutton
Honig	honey
Hummer	lobster
Kaffee	coffee
Kalbfleisch	veal
Kartoffel	potatoe
Kartoffelbrei	mashed potatoes
Käse	cheese
Kohl	cabbage
Kuchen	cake
Lachs	salmon
Lamm	lamb
Leber	liver
Maiskolben	corn-on-the-cob
Marmelade	jam / marmalade
Meeresfrüchte	seafood
Milch	milk
Mineralwasser	mineral water
Nieren	kidneys
Obst	fruit
Öl	oil
Pfannkuchen	pancakes
Pfeffer	pepper
Pfirsiche	peaches
Pilze	mushrooms
Pommes frites	french fries
Reis	rice
Reh / Hirsch	venison
Rührei	scrambled eggs
Sahne	cream
Salat	salad
Salz	salt
Schinken	ham
Schweinefleisch	pork
Sekt	sparkling wine
Suppe	soup
Tee	tea
Thunfisch	tuna
Tomaten	tomatoes
Truthahn	turkey
Vanillesoße	custard
verlorene Eier	poached eggs
Vorspeisen	hors d'œuvres
Wein (Weiß / Rot / Rosé)	wine (white / red / rose)
Würstchen	sausages
Zucker	sugar
Zwiebeln	onions

Register

Bildnachweis

AKG, Berlin: 29, 107 oben, 108, 124, 125 unten, 130 – *argus Fotoagentur, Hamburg*: 27 oben (Mike Schröder) – *Udo Bernhart, Langen*: 10 unten, 31, 134, 145 oben – *Agentur FOCUS, Hamburg*: (90/91 (Martha Swope) – *Franz Marc Frei, München*: 5 rechts, 8, 12 rechts, 18/19, 27 unten, 64, 71, 85, 103, 175 – *Michael Garff, Bethel/CT*: 9 oben, 11 unten, 20/21, 36, 37, 62, 67, 92, 113 oben und unten, 136, 169, 170 – *IFA-Bilderteam, Ottobrunn*: 25, 51, 152/153 (HJL), 12 links (Chromosohm), 80 (Harris), 158 (Thouvenin) – *Laif, Köln*: 72, 131, 156, 163, 179 (Anna Neumann), 32, 34, 68, 91 oben, 101 oben, 114 unten, 128 oben, 148, 150 oben, 154 unten links und rechts, 157 (Peter Gebhard), 76 (Rea) – *LOOK, München*: 3 unten, 6/7, 9 unten, 13, 22, 23, 24, 30, 35, 39, 40, 42 (2), 43, 44, 46/47, 47, 49, 53, 56, 57, 78, 82/83, 96, 97, 98, 99, 105, 106, 107 unten, 113 Mitte, 115, 117, 119, 120, 121, 122, 125 oben, 126 (2), 133, 135, 137, 139, 141, 143, 150 unten, 152 unten, 153 unten, 154 oben, 164, 167, 175 (Christian Heeb), 11 oben (Jan Greene) – *Museum of the City of New York*: 16, 63 – *New York Architektur, München 1989*: 84 – *Photo Press, Stockdorf/München*: 69 (Schöfmann), 2, 114, 155 (Hapf) – *Solomon R. Guggenheim Foundation/David Heald, New York*: 123 – *Paul Spierenburg, Hamburg*: 50, 60, 61, 65, 73, 74, 145 unten, 147 – *Martin Thomas, Aachen*: 104, 149 – *Transglobe Agency, Hamburg*: 110 unten – *Waldorf-Astoria Hotel, New York*: 95 – *Ernst Wrba, Sulzbach/Taunus*: 10 oben, 52, 54 (2), 86, 87, 88, 93, 94, 101 unten, 109, 110 oben

Impressum

Umschlag-Vorderseite: Statue of Liberty
Foto: Rainer Martini / LOOK, München

Titelseite: Menschenauflauf – während
des New York City Marathon gehört die
Brooklyn Bridge ganz den Läufern
Foto: laif, Köln (Falke)

Abbildungen: siehe Bildnachweis S. 189

Lektorat und Bildredaktion:
Elisabeth Schnurrer
Gestaltungskonzept und Layout:
Norbert Dinkel, München
Karten: Astrid Fischer-Leitl, München
Reproduktion: PHG Lithos GmbH,
Martinsried
Satz: Filmsatz Schröter GmbH, München
Druck, Bindung: Sellier-Druck GmbH,
Freising
Printed in Germany

ISBN 3-87003-616-8

Gedruckt auf chlorfrei gebleichtem Papier

7., neu bearbeitete Auflage 2001
© ADAC Verlag GmbH, München
© der abgebildeten Werke von
Marc Chagall, Roy Lichtenstein und
Escobar Marisol bei VG Bild-Kunst,
Bonn 2001

Redaktion ADAC-Reiseführer:
ADAC Verlag GmbH, 81365 München

In der ADAC-Reiseführer-Reihe sind erschienen:

Weitere Titel in Vorbereitung

Wer New York zum ersten Mal besucht, sollte sich zunächst einen Gesamtüberblick verschaffen. Also am Morgen gleich ab in den Helikopter zu einem **Rundflug** über Manhattan. Ein Heliport befindet sich an Pier 6, East River.

Wer lieber am Boden bleibt, kann die Stadt mit dem **Bus** entdecken: Mit der Linie **M1** vom Battery Park über Union Square und Fifth Avenue bis zum Central Park. Mit dem Bus **M5** vom Washington Square über die 6th Avenue, durch die Upper West Side und den Riverside Drive entlang. Oder mit **M 104** von den United Nations über die 42nd Street, durch die Upper West Side bis zur Columbia University.

Nach dem Sightseeing sorgt ein Spaziergang im **Central Park** für Entspannung. Lunch im Boathouse Cafe oder der Tavern on the Green stärkt für den Besuch in einem der berühmten **Museen** an der Fifth Avenue, z. B. dem Metropolitan Museum of Art.

Den Abend kann man mit einem Bummel durch **Chinatown** beginnen und in einem der vielen Restaurants das Dinner genießen. Krönender Abschluss ist der nächtliche Blick vom **Empire State Building**.

Freitag: Wer früh aufsteht, kann sich zunächst auf dem **Fulton Fish Market** nach dem besten Fang des Tages umsehen und dann von dort mit dem Taxi zur *morning-rush-hour* (8–9 Uhr) in die **Wall Street** fahren. Ab 10 Uhr ist die Börse, die New York Stock Exchange, auch für Zuschauer geöffnet. Aus diesem Tempel des Geldes führt der Weg zum **World Trade Center** und in die angrenzende Battery Park City, von wo aus man einen schönen Blick auf die Freiheitsstatue hat. Zum **Lunch** mit Höhenrausch bietet sich das Restaurant ›Windows on the World‹ in Turm 1 des World Trade Centers an. Wer schon für den Abend vorsorgen möchte, kann bei **TkTs** in Turm 2 (11–15.30 Uhr, keine Kreditkarten!) Tickets für ein Broadway-Musical besorgen.

Samstag: Erst mal ausschlafen und dann – nicht vor 11 Uhr – nach **SoHo**. Lassen Sie sich aber nicht zu sehr von SoHo verzaubern, sonst bleibt keine Zeit mehr für einen Besuch in **Midtown**. Beginnen Sie am **Rockefeller Center** und schlendern Sie die Fifth Avenue hinauf, die gen Norden immer exklusiver und teurer wird.

Am Abend geht's dann auf in einen fremden Kontinent: Man bummelt durch **Chinatown**, bevor man dort zum Dinner geht. Wer nach dem Mahl wieder auf Touren kommt, kann im East Village das New Yorker **Nachtleben** erkunden.

Sonntag: Der Sonntag beginnt in Manhattan traditionell mit einem ausgiebigen, gemütlichen **Brunch**. Man nimmt ihn pompös und teuer im Plaza oder Waldorf-Astoria ein oder legerer im Village bzw. in einem Restaurant der Upper West Side. Als internationale Alternative bietet sich ein **Dim Sum** in Chinatown an, der ebenfalls ein Mittagessen ersetzt.

Danach kann man sich ganz der **Kulturszene** widmen: Entweder im Metropolitan Museum of Art, im Guggenheim Museum oder im Museum of Modern Art. Am Abend bieten das **River Cafe** in Brooklyn oder das **Empire State Building** einen letzten herrlichen Blick auf Manhattan.